# 花燕

## 脫北少年的生死邊界

金革（김혁）／著
郭佳樺／譯

소년
자유를 훔치다

# 推薦序

金榮秀（西江大學政治外交學系教授暨
公共政策研究所北韓・統一政策學系教授）

「畢業後你要做什麼？」

「我想繼續念書，但沒錢。」

「錢到時候再想，先考研究所吧！」

我和阿革的關係就這麼開始。

二〇〇九年六月，在「歷史、統一、和平」討論大會上，我叫住正要離開會場的金革，請他跟我聊一下。因為他發表時的樣子令人印象深刻，怎麼能講得如此一絲不紊！

幾個月後，我再次見到金革，他帶著要參加統一部主辦的「大學生統一論文有獎徵文」的作品來找我。那是篇很有個性的文章，架構是只有金革才能寫得出來的，構思獨特，但是還需要再加一點修飾。那篇文章對北韓的熟悉程度非常卓越，但說服力仍嫌不足。

「先考上，再想辦法弄獎學金吧！」

就這樣，阿革以西江大學公共政策研究所的北韓．統一政策學系新生身分入學。每天固守學校和宿舍的生活、咬牙苦讀的意志力和熱情，每學期都可以看到他不斷變化的模樣。他和同事、學長姐、學弟妹相處融洽的獨特親和力，讓他累積了多次擔任系代表的經歷。做為第一位脫北出身的大學生系代表，讓他成長了許多。

「論文主題定什麼好呢？」

「寫你最熟悉的吧！」

「花燕的研究怎麼樣？」

「花燕出身的人來寫花燕研究，有意義。就這樣吧！」

這本書後半部的論文就是這麼寫出來的，是篇具有「花燕出身所寫的花燕研究」意義的碩士學位論文，內容以生動的經驗為底，將北韓花燕的出現背景、類型、區域及各年齡層特徵、北韓當局對花燕的管控、取締實態等一網打盡。

在指導學位論文的期間，我並沒有仔細地盤問阿革的往事，只是自然地在偶爾聊天中約略可以猜到，所以我看這本書看得很仔細。翻讀的同時，我再次重新拼湊阿革的生活，也讓我更能理解這段期間他的行為舉止和態度的來由。

雖然將脫北經驗以筆記形式寫出來的書並不少，但將自己寫的學位論文和回憶錄一起編輯出版的書目前為止我還沒看過；生動地描寫出作者是什麼樣的人，又告訴我們為何他會寫出這種論文的書這是第一本。果然是金革啊！兼具大眾性和專業性。

日後這本書的主角阿革又會走向什麼樣的路？身為指導教授的我也很好奇。這次竊取了自由，下次又要怎麼竊取統一呢……

# 作者序

一眨眼，在大韓民國定居下來也超過十年了，有時就連我自己也覺得曾是流浪花燕的我，居然能在大韓民國戴上碩士帽好不真實。在北韓，我的生命就只是為了求一口飯、不斷徬徨的時間連續罷了，但自二〇〇一年進入大韓民國後，現在的我是朝目標持續挑戰的脫北者之一，我成為了大韓民國的一員。

即使到現在我去上統一教育時，仍然向學生主張大韓民國是天國的「天國論」。當然，依據不同的環境和處境，可能有些人是處於困境的，但若只從我的經驗來看，這裡的確是天國。我曾經想像在天國裡會有華麗的建築物和幸福的臉龐、親切的人們，而這種想像在我進入韓國時，彷彿變成了現實。華麗的仁川機場和大樓、明朗的子民，還有即使我隨口提問也親切地幫忙回答的人們，讓我不禁感嘆：「原來這就是天國啊！」

在某個課堂上一個學生曾向我問道：「老師，您現在還覺得這裡是天國嗎？」面對這個提問，我猶豫了一下才回答。

「入境時雖然是天國，但在定居的過程中，艱難到讓這個意義失色的辛苦時期並不少。不過，現在的我隨時都能有挑戰的機會，我覺得給我如此機會的大韓民國依然是天國。」

說不定，現在的我就是活用了這挑戰的機會，才能夠站在這裡。

我在韓國初次步入大學校園是二〇〇六年。決定考取大學的第一個理由，是想和大韓民國的人們好好地進行能夠互相理解的對話；第二是想將我的經驗變成書。這樣出發點單純的大學升學問題，的確也參雜了周圍許多人的鼓勵和擔憂。當然，大學生活並不就這麼順利。我曾經因為成績不夠好，經歷了無法拿到大學註冊費的危機，並且在大學的四年生活裡都必須打工維生。不過，到大三以後我找到了自己對念書的興趣，成為了我克服所有困難的原動力。

在學習樂趣熊熊燃燒的時期，我遇見了現在的恩師金榮秀教授，此後，我拿到西江大學公共政策研究所的全額獎學金，開始了北韓學研究。二〇一一年年底，終於開始著手準備論文，我針對幾個主題苦思了很久。在念國史學系時感興趣的北韓女性、北韓市場的變化和過程、社會階級、北韓的匯率和政治問題、花燕、脫北住民適應問題等，我想過許多種題材，這些主題大部分都是我感興趣的內容。

其中尤其是北韓國內的花燕研究，不僅幾乎沒有，且資料也極為有限，當時僅能仰賴「花燕經驗談」進行研究。我能夠在這限制下將「花燕」選為碩士學位論文的研究主題，都是託指導教授積極支持的關係。

我希望這本書的讀者，不僅是單純地看北韓的花燕是如何產生、有哪些生存方法、他們又是如何生活過來的，而是能超越這些內容，進一步看到「他們欲掙脫控制社會的努力」。

我懇切地期望透過文章，能夠成為各位更加理解北韓社會之痛的契機。

## 致謝

在此我也要向支援獎學金的西江大學劉時燦理事長表達感謝，讓我在西江大學研究所能夠無學費擔憂，致力於學業。還要向不忽視每一個學問細節，積極地教導我的柳碩真教授、鄭英哲系主任和趙成烈教授、董龍承教授致上遲來的謝意。另外，還有西江大學北研人的學長姐和學弟妹們，以及公共政策研究所的學長姐和學弟妹們，在此也表達我的謝意。

藉此機會，我還要感謝站在北韓人權改善前鋒的尹賢理事長，和金英子事務局長等北韓人權市民聯合辦公室的相關人員，以及在北韓人權改善現場活動的所有社運人士、專家等，也致上我的感謝。

最後，感謝為了讓這本書能夠出版，給過我幫助的所有人。我想這是因為有金榮秀教授的積極指導和幫忙，才有可能實現。另外，也因為李榮鐘次長和（株）NeulPum Plus的代表理事等所有出版社相關人員的幫忙才能夠出書，在此誠心地致上謝意。

一直陪伴在我身邊的各位是我的幸運，藉此也向所有人低頭致謝。

二〇一三年三月二十五日

＊註：本書人名皆採音譯。

# 目錄

# II 北韓花燕研究

## 第三章 花燕的類型與特徵——262

I

# 竊取自由的少年

소년, 자유를 훔치다

第一章

# 歧路

★

只有早死、晚死的差異
我們，根本沒有選擇可言

## 賭上性命的同行

我們一行人完成要從中國延吉進到內蒙古二連的準備，等待晚間七點的到來。二連位於中國中部的上方，屬內蒙古，也是沙漠。和蒙古邊境鄰接的邊境城市容易進入，所以我們選擇了此處。因為中國政府正到處抓北韓人，只要稍有耽擱，我們就會被抓到然後遣返北韓。這樣一來，我們曾學過基督教的事情也會被發現，只要被發現就是送往收容所或死刑。綜合考量之下，我們只得到必須早日離開中國這塊土地的結論。之前一起研讀聖經的數十個人已經被抓走一次，反正就這樣被抓走也是死，往南韓的途中被抓走也是被以背叛祖國之罪槍殺，根本沒有選擇可言，只有「早死、晚死」的差異而已。我整夜無法好好入睡，苦思著要這樣在中國境內躲藏終生，還是冒著被抓到就完蛋的風險，挑戰一次南韓之行？最後，我選擇了南韓之行，做好即使被抓到也要搶先一步自殺的決心。總之，要是繼續在中國徘徊下去，被抓到的那天我們根本連命運是什麼都無法思考，只會變成走投無路的待宰羔羊。

就這樣，我們四個人聚在一起了。三十歲的一位大姊、一起研讀基督教的二十八歲大哥和三歲男童，還有我。我們做好所有心理建設和外在準備後便前往延吉火車站，就在搭計程車抵達延吉站時，意外在那裡遇見另一個人加入——十二歲的男孩。

男孩的爸爸已經到了韓國，想將孩子一起帶去卻找不到好辦法，於是透過幫助我們的韓國人，讓孩子和我們同行。最後，我們決定也一起帶走這個孩子，他該有多想念在韓國的爸爸啊！就這樣，我們一行意外地多了一人，變成五個人。我們並不知道路，只有比我們早一天，也就是昨天七月一日出發的其他哥哥姊姊知道路。我們用電話聯絡，從他們那邊得知路線，比他們晚約一天出發。

我們在延吉火車站上了車，因為不能搭特快車，所以選擇了普快，除了旅費有限，也因為特快車檢查嚴格，一不小心就可能陷入危險。就這樣經過了整夜奔馳，我們在隔天下午四點左右抵達了吉林。到達之後用完餐，我們開始找尋住宿，雖說是住宿，其實也不過是用木板弄個隔間，地板就是一般水泥地再鋪上人造皮革而已。當天，我們決定在住宿費便宜的地方睡一晚，整個晚上不停確認火車時間，隔天約十二點就坐上經由北京前往二連的列車。由於大哥中文說得不錯，所以我們決定其他人都不要說話；雖然大姊和我也會一點中文，但說得不夠流暢，一不留神就可能被發現。

出發大約有幾個小時了吧？驗票已經開始進行，萬一同時要確認身分證的話就完了。我們雖然有車票，但絕不可能有身分證。該怎麼辦呢？一直到驗票員走到我們面前，我都還在想著「要不乾脆裝成聾子？或是裝成啞巴？」若是有一丁點不自然的樣子被察覺，我們的未來不用想也知道。心裡一方面懇切地祈禱著，一方面又忙著想應對方法，腦子裡亂得毫無思緒。在這麼短的時間裡，我甚至連當場被抓、遣送回北韓和之後被槍殺的過程都在腦海裡快速閃過。我的心臟好像要跳出來了。但令人不可置信的事發生了：驗票員就在我們一行人前面躊躇一下後，直接走過去了！這究竟是怎麼回事啊？驗票員居然不驗就直接走了？是因為我們外表不顯眼，又看起來泰然自若的關係嗎？在驗票員走過去後，我緊張的心情好一陣子都無法恢復平靜。

就這樣，我們驚險地通過不斷出現的危機，途經北京，在隔天七月五日下午三點三十分左右抵達二連站。但此時意外地發生了大問題——快到站之前，比我們早一天出發的帶路人被中國公安抓到了。可是我們都快到站了，總不能現在才說要回頭，於是決定就這樣走下去。聽說這裡是邊境城市，有時人們會一大群地湧入，運氣好的話可以混進人群中離開，我們也打算趁著人潮混亂無序時跟著走。

一群人一起移動的話可能會令人起疑，所以我們決定分開走。我單獨一人，大哥和大姊偽裝成兩個孩子的父母，自然地移動。不過，當我們真的從票閘口要出來的時候，居然又開始檢查身分證和車票！我們不知該如何是好，只能慢慢地走向票閘口。離開閘口剩下約二十公尺，對我們卻像是兩公尺不到，短到無法再短的距離。離票閘口越來越近了，我們毫無辦法。四處都是驗票員把守，一直把離開隊伍的人們叫回來，逐一檢查身分證和車票。環顧周遭，高大的牆壁將車站圍住，四處都找不到能鑽出去的洞。一步一步地，就快輪到我們時，突然間人們開始喧鬧起來。接著，不論是車票檢驗還是身分證查驗，瞬間全亂成一團。人群同時往前擠，我們就隨著人潮被擠出票閘口外了。我把頭伸出去想看看是怎麼回事，原來是因為他們把小門封閉，開了大門的關係，群眾就這麼被亂擠出去了。究竟是不是有人在眷顧我們呢？現在，只要確切掌握我們的所在位置然後出發就可以了。但萬一我們弄錯方向進到邊境內的內蒙古，仍可能被國境邊防隊抓到。

我們一行人進到某個村落。因為是漢族生活的地方，那裡十分混亂，整個村里瀰漫著難聞的大料（譯註：八角）味。周遭餐飲店散發出的味道讓我們頭暈目眩。我們走進某間小餐飲店裡吃飯，並決定拖時間待到天色昏暗，必須撐到四周夜幕低垂的時候。我們準備了四瓶水放進包包裡，也準備了一點途中要吃的食物。聽說到蒙古國境最多要五個小時，方向只能憑感覺抓。我們所擁有的只是一張小小的中國地圖，其他如指南針或能確切知道方向的工具都沒有。在遠道而來的路途中有人曾說過，從二連往東一直走，不用幾分鐘就能看到鐵路，越過鐵路往東走四到五小時就會有鐵網。那麼，我們的生死就取決於接下來的四到五小時。雖然這種程度沒有水也可以撐得住，不過因為有年幼的孩子們在，為了預防萬一，我們還是決定帶上水和簡單的食物。

到了傍晚七點，天色已變得很黑，我們就這麼開始走向鐵路。因為往鐵路的方向沒有村落，所以只要我們走的時候被別人看到，就很可能引起懷疑。但奇怪的是，離開我們歇腳的村落後，路上一個人都沒看到，就這樣不知道走了多久，便看到前方鐵路和人行道連接的模樣。我的心跳加速。周圍十分漆黑，沒有往來的行人和車輛；我們越過小田，爬上鐵路那邊的坡。

鐵道上有奇怪的燈光朝四周察看，一下關掉一下開啟，不斷地反覆。是人。我們又再下坡，藏身於長樹叢裡。燈光逐漸朝我們照過來，看看周圍又走掉了。肯定是邊境防衛隊的士兵。我們在那丟掉幾捲衣服和一些行李，只帶了水和簡單的食物後跑上小坡。幸好沒有人。越過堤防後，浩瀚的沙漠出現在我們眼前，還有像滿月般明亮的月色，照得周圍即刻亮了起來。除了沙漠之外，只能看得到大約在膝蓋高度的荊棘樹。因為剛剛在小坡上已經抓好方向，現在我們就是無條件前進。

過了小坡後我們跑了好一陣子。大哥和我輪流背著男童跑，但問題出在十二歲的男孩。不在我們計畫之中、突然加入的這個少年身形纖細，看起來很虛弱。每次都感覺很吃力的他，讓我們十分在意。因為他說爸爸在韓國很想念兒子，所以我們就讓他加入，但在必須賭上性命移動的情況下，和孩子同行令人非常焦躁。要想避開邊境防衛隊士兵的眼，就必須再跑上好一陣子，到從山坡上往下看也看不到我們的地方。不知道還要跑上多久，男孩要是這時候累了可就出大事了！不得已只好由我帶著男孩，抓著他的手腕向前跑。就這麼跑了約十分鐘吧？在沙粒全滲進鞋裡直到腳踝的沙漠裡奔馳一段時間，大家都精疲力盡了。我們不斷往下跑，直到山坡只能隱約看見輪廓，才放心地決定在原地暫時休息。

但奇怪的是，沙漠裡有不少車輛行經的痕跡，和軍隊裡使用的卡車輪胎痕非常相似。大事不妙，沙漠裡肯定有中國邊防部隊坐車巡邏。雖然現在是晚上不顯眼，但若是白天情況就大不相同了，被他們發現只是時間問題。「只要我們勤快地走就沒事了！」、「我們可以活下來的！」我們互相安慰、稍作休息，喝口水潤潤喉。然後，又再站起來開始走。

「沒關係，五個小時內所有狀況都會結束的。聽說沙漠很可怕，其實也沒有什麼嘛！」

我好像也產生一股莫名的自信。

我們走了又走，約莫超過一點鐘了吧？按照原本計畫，一、兩個小時左右後就應該出現的國境鐵絲網，都已經到了凌晨三點仍然不見蹤影。難不成是因為有這樣的難關等在前面，才讓我們數次驚險通過危機？突然間，我們看到西邊彷彿有大都市般的明亮燈光照向天空。難道那裡就是國境了嗎？聽說只要無條件往東的話就能看見，現在我們也只能執著在這句話上了。

轉眼，月亮消逝的夜幕上北斗七星和其他無數的星星閃爍著。周圍再度變黑，前方那好似白沙灘的東西，不，再看一次好像是小湖的地方出現了。看看周圍，看不到湖的盡頭。無論是要涉水渡過，還是繞過它，總之我們必須跨越這個東西。直到走近了一看，才發現好像是結了冰的湖水。盛夏時節湖水居然會結冰？我們把腳伸進那不知道是沙還是湖的地方，雖然不是冰塊但很堅硬；不像冰塊那樣冷，但感覺很像。不知不覺，我們所有人都已經走在它的中央了，大概走到一半，地面突然間破裂，腳「噗」一聲地陷進裡頭。是沼澤！看起來像冰塊般白皙的東西是鹽。鹽巴像岩鹽般結成塊，而鹽的基底是沼澤。一掉進沼澤，雙腳要想拔出來實在是難如登天。除了十二歲的孩子外，沼澤無法承受三個大人的重量，就這麼陷了下去。不得已我們只好將鞋子留在沼澤裡，好不容易才把腳給弄出來。不過，能就此脫身也算是萬幸了吧！就這樣，我們全都打了赤腳。

我們繼續走了又走……轉眼間清晨慢慢降臨，天空逐漸轉變為藍色。不行，就這樣天亮的話，我們肯定會被巡查的邊防部隊抓到，那樣就糟了。稍早前我們還在鹽田弄丟了水瓶，喉嚨乾到快燒起來。

我們在前方不到五十公尺的地方發現一間大磚頭房，庭院用樹木簡單地圍起來，還有放牧的羊群，屋子裡一定住著人。實在太渴了……水，好想要喝水。此外，我們也想確認自己走的方向是否正確，如果我們所在地還是內蒙古的話，那從屋裡出來的一定會是中國漢族人；若是我們在自己也不知道的情況下，從沒有鐵絲網的地方越境了，那麼出來的就會是蒙古人。但是，如果我們討完水離開，他們就向邊防部隊檢舉，那麼我們馬上就會被抓到。雖然可以潤潤已經乾涸的喉嚨，還可以確認位置，卻又是一個必須承擔莫大風險的情況。每一刻我們都必須做出賭上性命的抉擇，而這些抉擇又經常只在一瞬間——我們決定敲門。在快到門前時，突然有隻狗跑出來凶狠地亂吠，狗吠聲讓一個看起來像是主人的人開門安撫，然後看了我們一下。那個人會說哪國話呢？我們焦急地等待他的第一句話。拜託，希望不是漢族。

「你是誰？」

他脫口而出的是中文。面對他的提問，大哥不慌不忙地走向前詢問這裡是哪裡。我們所在的地方仍舊是內蒙古，這表示我們還未離開中國。他只冷冷地說自己是放牧之人，這裡不是一般人該進來的地方。即使我們懇切地請求是否能給些水喝，那個漢族人仍說這裡是沙漠沒有水，叫我們去別處找，十分無情地拒絕了。此外，他還一直詢問其他事，但我們誰也沒有說話，盡快地離開那間房子。

轉眼間東方逐漸染上藍色光芒，變得明亮起來。大約走了十分鐘吧？我們在那人面前，裝作往中國二連的方向走，然後又重新往那間屋子的後方山坡去了。這麼做是為了預防那個人報警，讓他們誤判方向。果然，我們的猜想對了！不到十分鐘，遠方就傳來警鈴聲，接著車頭燈就照過來了。寂靜的清晨，別說是警鈴聲，我們甚至就在連說話聲都聽得到的咫尺間。狗兒再次狂吠幾聲後又安靜了下來，一定是主人過去了。邊防部隊的兩台卡車停在那屋子的庭院，我們全都躲在荊棘樹叢間。他們談了好一會兒，邊防部隊的卡車就奔往我們為了甩開屋主所引誘的二連方向。果不其然，是屋主舉發的。雖然沒要到水很不幸，但沒被抓住才是大幸。

## 歧路

我們一行人爬上了某座山坡。雖然不是很陡，但是個非常長的山坡，我們所知道的大概就只有東方和西方在哪裡而已。按照一開始的計畫，我們早該在清晨時越過國境，但太陽已經指向早上七點鐘左右了。這樣下去實在不是辦法，我們再次坐下來認真思考。想起昨晚看見的城市燈光，那裡一定有點什麼，但不知道我們的方向是否有誤。昨晚越過鐵道路基時大約是九點，現在是隔天早上七點了，究竟我們要找的國境鐵絲網在哪呢？因為太長時間沒有喝水，我們已經疲憊不堪。本以為五個小時就能結束的旅程，現在已經進行到第十二個小時。目前為止我們一直朝著東邊走，莫非是錯的嗎？必須決定某件事的時刻再次到來，我們又站在叉路前。疲憊的心靈齊聚，苦思之後我們決定換個方向，改往西方走。現在才改變移動方向，也許可能是改變我們命運的決定，但在不時找上門來的生存和死亡的歧路上，無法不做出選擇。

我們又開始行走。自太陽緩緩升時起，那熱度可不是開玩笑的，到了日上三竿，我的喉嚨乾到快裂開，無法承受沙子熱氣的腳底板全都覆滿水泡。走著走著踩到荊棘就破掉，然後又再長起水泡，反覆幾次後，腳底板已滿是血水和膿。可能因為是沙漠，這裡完全沒有能暫時躺下來歇息的樹蔭。雖然大家都很累，但十二歲的男孩總是特別落後，我有時拉著小孩走，有時乾脆背起來走，就這樣艱辛地縱橫沙漠。突然，一個意想不到的幸運降臨在艱難著行走的我們身上。是水！在這四周皆是沙漠的地方居然有水！能滋潤快要乾裂的喉嚨的生命之水就在眼前。滿是瘡痍的腳撐著疲軟的身體，我們走向了水邊，才發現這水不是人可以喝的，是下雨後淤積、動物們喝的水。被各種動物大小便污染的水已變成黃色，牛的排泄物還飄飄地浮在上頭。但若我們嫌髒不喝這水，接下來或許連一兩個小時都撐不過。我心想，動物喝的水難道人還不能喝嗎？於是我們盡情地把水送進口中。不那麼乾淨也不那麼涼快的水下肚後，身體好像開始有了點氣力。我們乾脆將身體泡在水裡，稍稍躲避太陽和沙漠的酷熱；將衣服全部浸濕後再穿上，才能略微減少體內水分被太陽的熱氣帶走。我們又再次上路了，轉眼間時間已指向十二點。

在像蒸籠般的熱氣中，開始看得見我們焦急尋找的國境了。是我最先認出鐵絲網和與它連結的眺望台，從遠處看眺望台上沒有人。鐵絲網大約有四個左右，中國這邊有兩個，往後約十里左右蒙古方也有兩個。由鐵絲網大略推算，鐵絲網在我們左邊，我們是一直向東走過來的。首先我們沒看到人，吸口氣後，我們開始奔跑，直朝鐵絲網奔去。我們連切開鐵網的時間都沒有，只用手套將鐵絲網搬起來，從下方匍匐前進。越過一個鐵絲網後就有路了，那是卡車行駛的道路，正當我們企圖穿越道路時，遠處的卡車揚起白塵，朝我們開過來。我們迅速地越過那條路，藏身於下面的池塘裡。經過了幾分鐘，幸好車子根本沒有看到我們，就那樣開過去了。我們稍微察看了四周，各眺望台的邊防部隊員正在下車，鄰近的眺望台也有一個邊防部隊員下了車，然後車子就馬上離開了。要爬上眺望台至少需要爬三層樓高階梯的時間，我們必須盡可能在短時間內再越過一個中國鐵絲網，進到非武裝地帶。就算沒有被抓到，不，就算被抓到，也絕不能停下來。我們就這樣再次跑了起來。我抓著十二歲男孩的手腕跑，大哥和大姊背著男童跑。就這樣跑了大約一半吧？喘口氣看看四周，看不到哪裡有任何反應。我們繼續跑了又跑，但與其說是跑，其實大概不過就是一般人快走的速度。我們都已精疲力盡，加上帶著年幼的孩子們一起，這種情況也是很理所當然的吧？就這樣，我們越過非武裝地帶，從四處死掉的動物骨頭之間穿越，終於越過了蒙古鐵絲網。直到穿越蒙古這邊的兩個鐵絲網後，才從遠處傳來某個人大聲嚷嚷的聲音。若存活和死亡也有邊界的話，我們當下大約就站在離存活比較近的地方。

我們走進蒙古國境了。但這還無法保證我們活了下來，因為我們都已經虛脫到再也無法走了，這是比最後被誰抓到還要基本的問題——我們已經有兩個小時沒喝水。既然是國境，我想應該至少能找到守備隊。望向山坡上方，果然，一間草屋映入眼簾，就在不過約五十公尺左右的山坡上。男童趴在背上哀求著：「一口水、一口水……」十二歲的男孩則說再也走不下去了，老是蹲下來。大人們也個個精疲力竭，想著就算休息一下也好。我們用盡最後的力氣爬上山坡，但原以為是屋子的那個物體，其實只是岩石。太絕望了，我們所有人都將岩石錯認為屋子。不知道這些岩石到底從哪滾來，它們看來約有四到五噸重，幸運的是，岩石的縫中有陰影，似乎可以稍作休息。為了躲避太陽，我們進到了石縫中，雖然涼爽了些，但襲來的熱風仍舊讓身體熱呼呼的。突然，大哥喊了一聲。在離我們不遠處，有煙燒起來，大哥喃喃自語地說道：

「是不是來迎接我們的人？」

我們準備好前往煙飄出來的方向。但這回又是什麼啊？居然是龍捲風！我們看到的不是人燒出來的煙，是草和小石頭被龍捲風吹起的模樣。已經疲憊到昏頭的我們，總是把眼前之物看成我們想要的、腦海裡浮現的東西。龍捲風以可怕的速度朝我們襲來，但是看不太清楚輪廓，直到在我們前方約十公尺左右時，才驚覺龍捲風已來到眼前，急忙躲到大石頭後面。幸好龍捲風乘著岩石呼嘯而過，我們又再次度過緊急狀況，所有人都大大鬆了口氣，這才放心地躺在位子上。

現在我們已沒有行走、硬撐下去的力氣，有的只剩下嘆息。這麼一躺下來，彷彿瞬間就能進入夢鄉似的，我們稍微閉上了雙眼。再過一下子又得開始走了，究竟我們還有沒有那麼一絲氣力能撐起身軀？體內殘留的水分都沒了，皮膚就像乾旱時龜裂的泥土一般脫皮了，在火辣辣的炎熱太陽下，全都像曬死一樣變得灼黑。

已經是虛脫狀態。這樣的話，我可能又要再一次踏過那經歷數次的死亡門檻。我不想死。我們是如何走到這裡的？我已經看過無數正在死去的、已經死亡的人們，甚至還和死人共眠過。我可是比誰都更近地目睹過死亡，所以更想活下來，絕不能在這裡如此空虛地倒下。我迅速站起來，心想必須叫醒同伴們，現在不喚醒他們的話，我們就要一起死在這兒了。我用強烈的生存欲望命令搖搖晃晃的身體，搖著一動也不動的大哥、大姊還有男孩。他們正在往睡夢中走去，不，是正在死去。我用盡全身僅有的力氣搖晃他們，直到他們都醒過來為止。

跟大哥說好讓他們一直朝下方走後，我決定率先往前去看看有沒有水。就這樣，大哥和大姊帶著男孩和男童慢慢往下走，我則是在他們之前急急忙忙地跑了下去。雖然已經精疲力盡的身體跑起來速度也不會快多少，但我仍舊跑了又跑。就這樣跑了多久呢？我看見遠方像地平線的東西，也看到了鐵路橋，那地平線看起來像非常大的江河。我的心怦怦跳。另外，從我所在的地方約兩百公尺處，看到了很像溫室的東西，那說不定不是溫室，而是我們渴望的水。我們現在真的能活下去了嗎？若那是水的話……如果那是水的話！突然，我望向右邊，看到了像崗哨的地方，距離目測約是一百五十公尺。我的身體該選擇哪裡呢？

我需要想想。身體裡的能量現在所剩不多，萬一魯莽地行動，到了真的該移動的情況時，說不定反而動彈不得。萬一兩百公尺前的東西不是水，我眼前所看到的只是溫室的話怎麼辦？在傾斜十度的沙漠裡要再次爬上去是件非常艱難的事。那麼往右邊走的話，崗哨裡會有人住，就算沒有人說不定也會有水，於是我選擇了稍微近一點的崗哨。我奔跑著。當崗哨變得越來越近，我才知道剛剛所看到的火車或鐵路、江河等，打從一開始就不存在，我又再次看到了海市蜃樓。我們的體力已經見底很久，只靠意志力支撐橫越沙漠，眼裡總是看到假象。即使就在一百公尺不到的距離，我們仍無法辨認那是什麼，每每得知那是假象的當下，心情就近乎崩潰。

所幸我好不容易選出來的崗哨並不是假象，而是真的。那裡的門是關著的，無論我怎麼叫喊也不見四周有人影。崗哨下方有做成像椽子（譯註：椽音同篸，韓國傳統瓦房在建造屋頂時，會在主要樑架上先用樹枝或胡枝子等編織一層，以利接下來的鋪土作業，最後才貼上瓦片。中間這層編織物就稱為椽子。）屋頂一樣的通風口，所以我拆掉那塊通風口進去看看。裡頭乍看像是軍隊醫護室的氛圍，正當我不經意轉向角落時，發現一個大約是雙手圍起來之大的水缸。我克制興奮的心情，趕緊跑過去打開蓋子——是水。我們徘徊、渴求的水，是水。我用小瓢子裝滿水，一口氣咕嚕咕嚕地喝下，我必須將這水帶給跟在我身後正慢慢下來的夥伴們。我查看周邊，發現一個可以裝水的中國製保溫瓶，將瓶子裝滿水後，我離開崗哨，朝著我走下來的方向再次奔跑起來。因為喝了水，身體總算有了點力氣。看見從那頭辛苦跑下來的大哥、男孩和大姊，我急忙跑過去，把水遞給他們。

我們懷抱期待，想著剛剛看到的溫室說不定也是水，於是決定朝那邊走下去。但男孩突然說他再也走不動了，我們連自己的身體都無法支撐，全是搖搖晃晃的狀態，更別說有多餘的力氣背男孩或拖著他走。在我們確信眼前所看到的真的是水時，因為不能再拖延時間，就決定讓大姊先下去查看。想盡辦法讓男孩走下去的大哥和我最後也放棄了，想著只能取水來餵他，要他稍等一下後就往下走了。

我們覺得像溫室的那個東西的確是水，而且還是從地底湧出來的泉水，像冰塊一樣又冰又涼快，我們欣喜得不知所措。大姊將走下來時帶著的男孩衣物全都浸濕，然後再走回男孩所在的地方。我們也將水灑在身上後讓衣服浸濕，但是正當我們從水裡走出來時，大姊突然跑了過來大喊：

「怎麼辦！孩子死了！」

這實在荒唐到令人難以置信，不過就是三五分鐘的時間，太讓人無語了！水也餵了，而且這麼短的時間裡至少眼睛也該睜著啊！我們急忙朝著男孩奔去，一看，男孩的眼睛是睜著的，但卻是因為沒辦法靠自己再次閉上，眼睛才瞪得大大的，疲憊到連眼睛都無法闔上就走了。不知道是否因為太陽的熱度，不用幾分鐘小孩的身體就已經僵硬。

雖然我已幾度歷經生死界線，看過無數死人和正在死去的人，但沒有一次像那時候一樣整個內心積累的怨恨爆發、如此痛心。好想衝上去對這世界痛罵一番，這是第一次死亡讓我覺得如此冤枉。每當男孩疲憊時，我們都努力將他背起、安撫他，有時候甚至是抓著手，一直拉著到了蒙古，但男孩卻連留下一句遺言的力氣都沒有，就這麼安靜地離開我們身邊。我們只是餓了，這有什麼罪？為了不餓死卻要流浪到這個連話都講不通的國度，然後這麼空虛地死去？

我們抱著死去的男孩走到水邊，將他泡在水裡洗澡。大哥、大姊和我三人全都無法抑制住悲憤，實在太冤枉了！我們哭了又哭，世間怎麼可以有這樣的事？這孩子是我們彼此分享生命，辛苦地帶到這裡的，而他現在卻死了，一起共苦的我們到底成了什麼？我們可是在寒冷的夜路和大白天的炙熱太陽下一起走過十八個小時啊！我們一起走了好久，那時有多麼口渴啊！我們在泉水前讓男孩躺平，希望他的靈魂至少可以在此飽飲那泉水。

窘迫的情況讓我們連失去夥伴都沒有平復悲傷的時間，我們需要先找到蒙古國境守衛隊。雖說這裡是國境，但卻完全看不到人。就這樣過了晚上五點，遠處有台軍用卡車揚起白塵經過。我們用盡全力大聲喊了又喊：

「救命啊！救命啊！」

第二章

# 少年

我體內可能有拒絕束縛的
自由之血在流動著吧

# 1 幼年記憶

父親豪放的笑聲在草屋裡迴盪。

爬行在草屋屋頂上的壁虎排泄物掉到哥哥臉上，而我則被母親抱在懷裡，一動也不動地望著天空。天花板是用塑料做的，綻放光芒的星空在我眼裡閃耀。陶醉在密密麻麻繡上星星的夜幕裡，那個不知道多麼夢幻的夜晚，幾乎讓我窒息。

隔天我們也要走上好一陣子到深山裡，雖然那對四歲小孩是有點辛苦的旅程，不過和家人一起度過的時光中，那是我記憶中唯一一次如此美麗的夜晚。那是一九八六年某個夏夜。

在我大概四歲的那年夏天，我們一家人簡單地收拾行囊前往石幕。位於幽幽山谷裡的石幕是父親的新工作地，為四十九號保養所的原料基地所在。六歲的哥哥由父親看著，我則是被母親背在背上，足足走了兩天才走進石幕——那是幾乎沒有人居住的深山。

在走往石幕的路上，背著我走的母親累了，父親就像訓誡我似地說道：

「男人就該自己走。」

總是強調男子氣概的父親話一說出口，我就從母親的背上下來。抓著母親的手，就這樣不知道走了多久，在太陽逐漸西沉時，父親開始建造可以過夜的草屋，母親則煮了南瓜粥。哥哥協助父親的工作，我則是在母親旁邊嬉鬧。母親可能覺得嬉鬧的我很可愛，用雙手摸了摸我的臉頰。在家裡我總是小皇帝，而哥哥則是男子漢。

當大家躺下來準備要睡覺時，哥哥突然擦了擦臉，說屋頂有水滴下來。父親往上看確認屋頂。

「壁虎這傢伙尿尿了。」

至今我仍記得總是嚴格又可怕的父親那放聲大笑的聲音。

隔天早上我們一家人又再度啟程，沿著山林小徑一直走，四周不斷出現蛇。每當蛇一出現，父親就一邊碎念著真令人厭煩，一邊用鐮刀將蛇打跑；哥哥則是不知道為什麼很興奮，開心地用腳踢了枯樹枝又踩過它。那樣做的哥哥看起來很帥氣，所以我也學哥哥那樣走。松茸到處探出頭來，有時候甚至會出現老虎的排泄物。就這樣，我們抵達了原料基地，在已經準備好的屋裡解開行囊。

全家人跟著父親來到四十九號保養所原料基地所在的石幕山谷，這完全是父親的意思，因為他堅信必須要將兩個兒子培養成堅強的人，所以將全家人帶到深山裡來。四十九號保養所用一句話來歸納就是「精神療養院」，是將患有精神疾病的患者隔離的地方，而這個四十九號保養所的原料基地，就是父親新的工作地點。大部分的工廠都有原料基地，在這裡除了國家供給的量之外，其餘工廠所需要的食物如蔬菜或水果、食糧等都在這裡生產。四十九號保養所原料基地在幽深的山谷裡，是孩子們能盡情奔跑、成長的優良環境，但因為必須離開我們之前生活的清津公寓，所以母親辭掉了先前的工作。

在如此幽深的山谷裡居然有廣闊的黃豆田和馬鈴薯田，真是令人難以置信。在這裡除了我們之外，還有另一家人：哥哥和我稱作「獵人大叔」的叔叔，還有他的妻子和襁褓中的孩子。從我們家經過小溪，再往下走一點就是獵人大叔的家。

有一次我在小溪玩耍時意外地看見老虎，牠在一塊我們稱作磐石的大岩石上俯視著我。老虎好像覺得很新奇似地坐下來俯看我，但我一朝上面望，牠就咻地起身走了。以前我一個人在馬鈴薯田裡跑來跑去玩耍，第一次看見老虎時被嚇了一大跳，還哭著跑回家裡；在幾次看見老虎後，我雖然不會再被嚇到了，但是知道牠是多麼可怕的野獸，反而感受到更大的恐懼。看來我也一點一點地在長大吧？「懂事」也許說的就是這樣。

哥哥和我那時沉醉在當地的美麗風光，不懂事地盡情玩耍、開心地跑來跑去。那時根本做夢都沒有想到，去石幕這件事將會如何改變我往後的人生……

當時我們家裡養著一頭小牛，但某天小牛突然就死了。父親把牛肝解下來給我和哥哥吃，那是塊沒有煮熟的肝。哥哥和我把父親給我們的食物呼嚕嚕吞下肚，當晚我們一家人就圍在一起吃了小牛肉。隔天，父親為了帶糧食過來去了一趟清津。

那個晚上母親睡在中間，我和哥哥則睡在母親的左右側，大約是凌晨一點多，母親一如往常把我叫醒上廁所。當時那個地方沒有電，晚上通常使用油燈，我上完廁所後哥哥總是用嘴呼的一聲吹熄燈火。那天我也很想吹吹看油燈，所以我向母親耍賴，她為了我再次點燃燈火，並將我抱起，好讓我可以離燭火近一點。我用嘴呼出滿滿的氣將燭火吹熄，滿懷欣喜地再次進入夢鄉。

後來，我被某人的哭聲吵醒了。睜開眼睛察看，原來是哥哥在哭泣。我一愣一愣地看了周遭，除了母親還在睡覺以外，沒有任何異常的事。不，的確是奇怪的事！總是比我們早起的母親居然還沉浸在夢鄉裡。我小心地搖了搖母親，奇怪的是她沒有反應。和平時不一樣的母親讓我心急了起來，我慌張地呼喊著「母親」，一邊試著用力搖醒她，但她一動也不動地躺在那裡。那麼慈祥的母親竟然完全不理我，讓我感到手足無措。母親昨晚還把已經熄滅的燈火重新點燃，好讓我能自己吹熄的啊！僵硬如石頭般不理人的她，陌生得好像不是我所認識的母親。我不自覺地哭了起來，哥哥也是因為相同的感覺而哭的吧？那麼愛我的母親為什麼裝作不認識我呢？我不知道哭泣是因為傷心還是害怕，我一哭出來，哥哥的哭聲就更響亮了，然後我的哭聲又變得比哥哥更大聲……

母親就好像陷入沉睡，任憑哥哥和我怎麼呼喊都沒有一絲動靜。母親就這樣白蒼蒼地睡著了。看著好像再也不會回到我們身邊的母親那蒼白的臉，我奮力掙扎：

「母親！母親，母親……」

母親沒有睜開眼。

我們哭了多久呢？在母親好像再也不會睜開眼的茫然恐懼中，我們的哭聲未曾停歇。在幽靜的清晨裡，獵人大叔聽見哥哥和我委屈的哭聲，隨即跑來我們家。一眼就洞悉所有情況的叔叔為母親蓋上白布，抓著我和哥哥的手腕走。我覺得母親彷彿隨時都會起身，嚷著不要走；哥哥則是直掉眼淚，低聲呼喊著「母親」。獵人大叔看我們不肯輕易離開母親身邊，就強制將我和哥哥帶離，我們止不住地放聲大哭。

進到叔叔家，我們兩兄弟的哭泣依然無法停止，直到阿嬸做的馬鈴薯卡馬其讓我們收起眼淚。我們叫獵人大叔的妻子「阿嬸」，她做了我們平時很喜歡的馬鈴薯卡馬其，是將馬鈴薯切半放在飯底下，等到飯都盛完時，馬鈴薯就會變成像鍋巴一樣。我不顧稍早之前的悲傷，像發了瘋似地吃著馬鈴薯卡馬其。

忘我地吃著馬鈴薯之後的事，彷彿就像斷掉的底片一般，我想不起任何片段。我唯一記得的，是母親葬禮當天的景象。

母親的葬禮有外公、外婆等許多親戚前來致意，外公和外婆哭得十分傷心，哥哥和我也跟著大哭，整個家裡變成一片淚海。姨丈則和父親起了爭執，說父親以前是會動拳頭的人，是不是因為有了別的女人所以故意殺死母親。接著姨丈就被火冒三丈的父親揍了一頓，整個臉都腫起來，阿姨和姨丈就這麼被趕出我們家。這樣的說法對父親來說應該很冤枉，沒能見到妻子最後一面就已經很鬱悶了，居然還要背上故意殺害妻子的污名。

母親的死因是心臟麻痺。前一天除了吃小牛肉外，就是平凡的一天。當天清晨母親一如往常地叫醒我，讓我去上廁所，和其他日子沒有任何不同。雖然我不知道小牛肉和心臟麻痺之間有什麼關係，但害死母親的不是父親。葬禮之後，父親好一陣子都要被傳喚到分駐所接受調查，直到證明了母親過世那天父親人的確在清津，這才擺脫了嫌疑。

母親的墓地準備設在離市區稍微有點距離、一個叫「芹洞」的地方，軍隊在管轄區域的山中看好了安葬地，完成三七二十一天的祭祀，我和家人親戚便前往芹洞。在芹洞站下車後，沿著山溝往裡頭走約一個小時才看到軍隊，舅舅、叔叔、伯伯等許多親戚已經來到山裡頭等著我們。外婆抱著母親的棺木放聲大哭，攔著外婆的外公眼角也充滿淚水。還有拍著山地放聲痛哭，彷彿天塌下來似地掉著眼淚的親戚長輩們……無法感受大人們的悲傷，難過的親戚小孩們也跟著一同哭泣。不只所有在那裡的人，山和天空，草和樹木，世間萬物彷彿都在悲憐我母親的死去。

我們好像全都被某種東西勾走了魂魄，四周只充滿了哭聲……

結束葬禮後，父親說將我暫時託在伯伯家，哥哥則是託在姑姑家。伯伯是排行在父親之上的手足。從此，哥哥住在茂山郡茂山邑，我則住在茂山郡七星里，父親和我們兄弟分散各地。

伯伯和伯母是農場農員，伯伯還是黨細胞的秘書。黨細胞秘書是黨最基層的組織負責人，為帶領兩百多名黨員的部落首長。伯母是在黃海道那邊認識伯伯，後來才嫁到茂山的，膝下育有一男三女。

在伯伯家我有好一陣子必須生活在哥哥和姐姐之間。姐姐雖然有時候會給我白眼，但有時候也會跟我玩在一起；哥哥則時常在我做錯事感到難堪時，站在我這邊包庇我。

那個時期每當我起床後，總會發現被子染上各種地圖形狀，弄濕被褥時伴隨而來的是伯母可怕的訓斥。這種時候我總是躲在伯伯身後，他每次都包容我，哥哥則是幫我辯解，說我還是小孩當然有可能尿床。

我和伯伯家比我小兩歲的老么一起去托兒所。那個孩子是個長得非常白胖可愛的女孩，她叫我哥哥，很聽我的話。那時候我真的很討厭去托兒所，所以時常趁著孩子們都在睡覺時偷偷跑出去玩。白天我叫醒在托兒所午睡的妹妹，幾乎每天都帶著她去豆滿江玩耍。

小孩子不管處於什麼樣的環境，總是適應得特別快。我在沒有父母、兄弟的陌生環境下過得還不錯，對去世母親的記憶，也在腦海裡迅速變得模糊。那是一九八六年的秋天。

隔一年的秋天，父親和哥哥還有一個陌生女子一起出現了。先到姑姑家接來哥哥的父親，向我們介紹那位初次見面的女子，並吩咐我們要叫她「母親」。這是我們時隔一年的見面，父親、哥哥，和那個叫作「母親」的女子全都好陌生，不知道為什麼我有點害羞。那位「母親」是個性格非常積極的人，她和父親在結了厚厚冰層的豆滿江上，抓住我的手教我溜冰，我的心情也因此變好，心門一點一滴地打開。

父親和母親、哥哥和我一起在那裡住了幾天後，一家人就回到原本位於清津的公寓。而到清津後不久就多了一個女孩，他們說那是我的妹妹。她是繼母的女兒。

# 2 理解繼母的存在

我幼年時期的記憶並不清晰，雖然有的時候記憶會像破碎的底片般，從四面八方突然蹦出來，但就和很多人一樣，要將幼年時期的記憶一氣呵成連貫起來，經常讓我感到困難。

我的故鄉在咸鏡北道清津。我在一九八二年一月十七日出生於咸鏡北道清津市水南區域，除了父親和母親之外，還有一個相差兩歲的哥哥。雖然我們年紀差不多，但他總是像老大一樣穩重，我就是個不懂事且愛撒嬌的孩子。

父親是咸鏡北道茂山人，在四男一女中排行老四。家中有排行老大的伯伯，下面依序是姑姑、伯伯、父親，以及最小的叔叔。詳細的內情雖然我也不清楚，不過聽說父親從小時候就沿街要飯，將父母親奉養至今。他在十七歲時入伍，曾任軍團偵查局組長等，服役十四年後年過三十才退伍，之後遇見母親結了婚，生下哥哥和我。

父親出身於對南聯絡所，曾經三次被派往南韓，也就是所謂的間諜。之後因為身分暴露的關係，父親結束公職生活，於軍團偵查局五三一特殊部隊轉任教官職。父親曾在金日成面前進行訓練和演練，還曾獲頒刻有金日成名字的名錶，是頗有威望的人。印有金日成名字的手錶代表無上的榮譽，能拿到這手錶的人身分極高。父親是英雄，是沉默寡言的人，也是威嚴的家長。雖然他的性格像火一樣剛烈，但平時父親極少說話，也幾乎不表現出情感，很少看到他開心或悲傷的樣子。偶爾看見父親的笑容，那模樣就不斷在我腦海裡徘徊。

母親是家裡一男二女中的老二，於化學纖維工廠的生活必需紡織品任職領班。外公也在化學纖維工廠任職，但聽說在清掃金日成事蹟碑時，金日成正好親臨現場指導，他意外地變成「金日成接見者」。

母親會一邊牽著哥哥的手，一邊將我背在背上去上班。被背在母親背上時，我很不喜歡背巾的束縛感，只要一有機會就從裡面撥開，努力想逃脫出來。正當我想著再一下就能看到那蔚藍天空時，母親又立刻用背巾遮蓋住我的視線。雖然母親是怕我感冒生病，才將背巾蓋上，但每當那時我就覺得母親很討厭。我想我對自由的渴望，大概在連我也記不得的幼年時期，就開始在體內蜷縮著了吧！父親不忍母親上下班太辛苦，做了台嬰兒推車給母親，好讓我跟哥哥可以坐在裡面。那是一台能防止冷風或水灌進去的防水推車。

母親將哥哥和我分別托在化學纖維工廠的幼稚園和托兒所。但是，我在托兒所裡常常捉弄別的孩子，母親只好把我帶離，讓我睡在作業班的休息室然後自己去工作。

一直到前往石幕之前，我們一家人生活的地方就在清津化學纖維工廠的八層樓公寓裡，我們就住在最頂層的八樓。記得被母親背在背上時，有時候會突然進入一個令我感到驚險又害怕的空間——公寓的頂樓。只要我一哭，母親就會將我背上頂樓，一直等到我睡著。

其實我對親生母親的記憶所剩無幾，因為母親和我在年幼時分離，我對她甚至還沒有清晰的印象。和親生母親一起在清津生活的回憶也就僅有這些，其他就是在石幕一起度過的短短幾個月了。不過，從那模糊記憶之中散發出的溫暖氛圍來看，我大約能知道母親是個什麼樣的人，這點令我很感謝。

在清津的化學纖維工廠公寓生活的幼年時期，給我很安穩的感覺。在南韓是間諜、但在北韓是英雄的父親，我記得託他的福，我們一家人的生活幾乎沒有什麼困難。當然，這指的是在母親去世以前。

我五歲時再次回到清津，家裡又多了一個妹妹，變成一家五口。父親非常疼愛妹妹，而妹妹也很聽從哥哥和我的話。

我很喜歡讀書。雖然並不是完全識字，也不是喜歡念書，但就是喜歡讀書。在五、六歲時，我已經是村裡有名的模範讀書人了。當時我很喜歡讀一本成人看的《人民之中》，但我只是能念出來，要說理解書的內容，也只知道金日成又到哪裡進行了現場指導這樣而已。

小孩們去圖書館借書時，一不小心就有可能弄丟東西，所以需要獲得父親的許可。我拿到父母親的許可，很認真地讀書，圖書館還頒給我模範讀書證，我連父親收藏的其中一本《金日成著作集》也認真地讀完了。

在化學纖維工廠幼稚園念了一年後，我進到人民學校，因為我的生日比較早，所以比其他人早一年入學。念幼稚園的期間不知道為什麼我經常發燒，體溫在四十度左右徘徊，據說母親牽著我的手抵達幼稚園後，大約在中午時我就全身發熱，更嚴重時老師甚至親自背著我到家裡去。

第一次見面時就表現出積極個性的母親，對工作的野心也與眾不同，在清津市漁港洞的海產機械工廠任職領班的她，認為若想成為組長就必須變成黨員，於是她不分日夜地辛勤工作，父親也默默地從旁協助。即將加入成為勞動黨黨員的母親，沒有多餘的心力照顧我們，哥哥和我時常代替母親帶妹妹去上托兒所。

我念人民學校二年級時的一九八九年，成為我短短七年人生中的一個小小轉捩點。那年，我得知現在的母親並不是自己的親生母親後，開始不想去上學了，我第一次逃出家裡，還學會了抽菸……

哥哥某天趁著父母親不在，突然跑回家拿一本相簿給我看。那時九歲的哥哥時常離家，在外頭晃了好一陣子才再回來。照片裡的女子好像有點眼熟。

「這位才是我們真正的母親，現在的母親是假的！」

現在的母親是繼母這件事對我是非常大的打擊，我的腦袋一片空白，不懂哥哥那時為何那麼常衝出家門的我，此時彷彿才能理解哥哥的心情。哥哥每次逃家後都要流浪個幾天，直到被安全員抓住後才無可奈何地回家。哥哥主要在水南區域站前分駐所或清津站分駐所被抓到，然後接到電話的父親，就會把他抓回來狠狠教訓一頓。

其實那陣子也是我心有不滿的時期。我夾在哥哥和妹妹中間，老是只能穿舊衣服、用舊的物品，所以我很討厭和學校相關的所有東西。用品質差的文具讓我覺得丟臉，只能穿哥哥留下來的破洞體育服更加令我厭惡。

得知母親是繼母的事實後，所有芝麻綠豆大的小事都讓我感到有差別了，我不知道該如何消化複雜的心情。雖然那時我是村莊裡形象還算好的孩子，但一想到父母親只把關心放在妹妹身上，逃家的想法就開始生根。

母親是個擁有新女性形象、性格強韌的人，雖然也很擅長做家事，但在外面的活動更是出色。她擁有要實現男女平等的堅韌意志，本身的能力也很出眾，社會地位很高。她是黨員，在黨裡頭是有名的工作狂，連原先的職場同事都知道，是位威風凜凜、很有能力的女性。

母親是原則主義者，教養風格也令人覺得到了殘忍的程度。她對我們要求非常嚴格，不因為是自己的孩子就溫柔以待，因此我從她身上感受不到母親的溫暖。現在想想，倒不是因為母親是繼母的關係，其實她性格上本來就比較強勢，是位想出人頭地、對社會地位欲望強的女性。母親對我們也沒有做錯過什麼……但也許就是因為這樣，所以我更加難過吧？

哥哥和我當時最迫切需要的，並不是理性又有條理的母親。我們需要的是將我們擁入懷中，安撫我們的溫暖懷抱。

我開始抽菸也是在那個時候。從那時起，我開始跟村裡的孩子們混在一起，偷偷學抽菸，那是大家從各自家裡偷來的東西。我反覆過著和周圍朋友混在一起抽菸、和哥哥一起隨時逃家的生活。和哥哥分開的時間對我來說既悲傷又難過，於是我和同儕朋友們一起偷偷躲在村里的郊外，學大人將香菸捲進紙裡然後點燃——那奇妙的感覺彷彿能讓我暫時忘卻現實的難受。

在人民學校念書時，有一次我躲在廁所後巷裡抽菸老師正巧經過，於是我急急忙忙將菸塞進衣服口袋然後丟掉。制服燒起來，也升起陣陣白煙。老師走過去後，我趕緊將香菸拿出來，一看衣服已經燒破了一個洞。

說不定，哥哥覺得把繼母當成親生母親的我讓他很受不了，雖然只差兩歲，但哥哥和我可以說有著相同過去，卻是截然不同的記憶。我記得比較清楚的是母親過世那天清晨，但卻沒有想過新母親不是我的親生母親。

小孩的記憶，不，也許該說人的記憶本來就是這麼一回事……

哥哥因為對親生母親的死亡記憶很清晰，所以心裡頭似乎沒有接受新母親的空間。哥哥經常自己逃家，但因為害怕父親所以不敢進門，時常在家附近徘徊。我覺得偷睡在我們公寓一樓倉庫然後再出門的哥哥太可憐，所以把吃的東西準備好，等哥哥躲進來時再偷偷拿給他。不只食物，我也會偷偷拿家裡的東西給哥哥，哥哥就將這些東西賣掉，勉強維持生活。

早上在上學途中遇見哥哥時，我也會裝作去了學校，然後偷偷蹺課和哥哥度過一整天。我和哥哥四處逛、四處玩，到晚餐時間再若無其事地回家。從某個時候開始，沒遇見哥哥的日子我也不去學校了。早上跟父母親說我去上學後，就離開家自己去玩，回到家後再謊稱放學回來了。直到老師和同學們找上家裡我才被發現，被父親大訓了一頓。

難道真的是夜路走多了，總會遇到鬼嗎？有一次我下去倉庫找哥哥，被爸媽發現，導致我也被趕出家門。因為家裡的東西或食物老是不見，父母親覺得非常可疑，才發現我偷偷到倉庫去見哥哥的事。父親把趕我出去後，冷酷地將門鎖上，那時我覺得好茫然。不過一切都是暫時的，我還有哥哥。

那天，成為我走上花燕之路的第一天。

離開家後，我跟著哥哥去的第一個地方是位於新岩地區的青年公園。青年公園的對面就是東海岸，夏天時能在那裡涼快地游泳，因此觀光客很多，是個容易討到東西吃的地方。我們在青年公園開心地搭著小船玩耍，去了座落在新岩區和青岩區中間的動物園，這裡沒有什麼了不起的動物，但若不是跟著學校集體參觀，幾乎沒有什麼機會去，是個足以誘發孩子好奇心的地方。即使進去後會感到失望，但在門前掉頭的話又會百般好奇——這就是小孩的心態。沒想到無聊又漫長的一天居然這麼快就過去，離家出走的第一天，晚上睡覺的地方不是他處，正是我們家公寓的倉庫。在那之後，又經歷了三、四次的離家出走，我找到了幾個不容易被人注意到的地方睡覺。

我在外頭當花燕，一旦被強制帶回家裡後，就得挨父親一頓毒打，然後在被打的當下我立刻又奪門而出。平常寡言的父親在訓誡子女時非常嚴格，只要我們做錯什麼，他就會狠狠地打我們，所以即使我必須回家一趟，也定會在父親看到我之前跑出去。我覺得只有這樣我才能活下來。父親原本就有像火一樣烈的性情，加上過去還曾擔任過偵查局的教官，我們兄弟倆每次都是瞬時間被撂倒。有時候我甚至覺得他是否期待哥哥和我逃走，因為我們逃走的時候，父親從來不抓住我們。當棍子打得越來越厲害時，有時母親會幫忙擋著，爭取我們能夠逃走的時間。父親真的揍我們揍得非常狠，除了臉以外的地方，全都被皮帶毫不留情地抽打過。要說痛，其實是難過。

就這樣開始的花燕生活並不順利，一開始沒有吃的，我甚至跑到外公家或茂山郡的親戚家討食物，也在車站前乞討，好取得些食物安撫轆轆飢腸。我就這樣在外頭流浪，被安全部逮到的話就得回家去，而那時等著我的就是父親嚴厲的體罰。

我們若被清津站分駐所、水南站分駐所，或羅南站分駐所等抓到的話，接到電話的父親會來接我們。尤其是清津站分駐所，因為太常接觸了，安全員只要看到哥哥和我就會開玩笑地說：「又出來啦？」那個安全員似乎知道父親的地位，一定是因為看到他手腕上戴著金日成手錶。白髮蒼蒼的父親在安全員面前接連低頭，那模樣讓我覺得難過，所以我有時也會老實地去上學，只是每次都不超過一星期。

除了兩個兒子在學校是引起問題的不良學生之外，在村里間被流傳的繼母形象讓母親非常不好過，她漸漸地對我更加冷淡，我和她之間的距離也就更加疏遠。

# 3 撿食和乞食，還有偷食

## 惡化的糧食危機

哥哥離開的空缺，讓我的心失去了依靠。不管是學校還是家，四處都找不到能綁住我的地方。我離家的第一天是因為偷偷見哥哥被趕出來，之後卻是不得已自己逃出家門。

不去學校之後我有的是時間，想看的、想做的事情也變多了。在外頭流浪，解決三餐變成每天的例行公事和目標，但哥哥和我不會主動回家。想著地上會不會掉點吃的，整天盯著地上走變成了我們的習慣。哥哥和我甚至還到有錢人住的村子裡去翻找垃圾，但最好的辦法，還是找會對像我們一樣的小孩產生同情心的大人，激發他們的憐憫進而要到食物。我們主要是到青年公園或清津站向觀光客乞討，就這樣，我正式踏上花燕之路。

一九八九年左右時，像我這樣的小孩要討到吃的還不是件難事，清津站本來就是許多觀光客來往的地方，因此不時可以得到一些吃食。我通常在遠處觀察往來清津站的人們，決定好要向誰乞討後再慢慢地接近，在那人附近偷偷地佔好位置，然後努力擠出可憐又悲傷的表情，等待觀光客先向我搭話。一開始我因為大人們一些令人意想不到的提問感到慌張，無法馬上回答，但逐漸習慣類似的問題後，我開始能預知下一個問題是什麼，變得游刃有餘，甚至可以誘導遊客向我搭話。回答事先預想的問題，比翻找垃圾堆要來得乾淨又輕鬆多了。

年幼的孩童若沒有和大人一起、自己四處閒晃的話，一般會被認為是孤兒。若對方問起有沒有爸媽，用一種眼淚馬上就要掉下來的悲傷表情點頭答是，這些人看見像我們這樣的小孩，就會露出憐憫的表情，經常給我們食物，特別是久違回歸到社會的軍人，更是充滿同情心。但是哥哥的體型大，乞討食物也不符合他的個性，因此哥哥很難要到食物。討食物的事通常是我自己來，或者雖然和哥哥一起，也經常是由我負責。次數一多後，我找到了能順利要到食物的訣竅。

討到吃的東西後，通常由我和哥哥一起分掉，然後再尋找其他對象乞討。在念人民學校的時期，我繼續和哥哥一起四處流浪要吃的，不過那也是在一九九〇年代初期前，因為生活逐漸變得困難後，遊客也就不太願意給食物了。

我進到高等中學之後，乞討食物變得不容易。在快要進入一九九三年的時候，只靠人們的同情乞討，已經無法填飽飢餓的肚子。大家都一起生活困難後，人心就不再像過去一樣了。

自社會主義陣營崩潰之後，經濟變得很艱難，配給量大幅減少，人們也無法再只靠配給維持生活。在自己必須找尋食物的情況下，自然地就形成了「市場」。在北韓，初期沒有什麼可稱得上市場的，大約只有一些開始拿老年保障的老人因為配給減少，為了維持生計將糖果或飴糖、原子筆等物品到學校附近偷偷賣給小孩子們而已。這樣慢慢開始聚在一起形成的市場就是巷弄市場。以巷弄市場為起始，市場的規模逐漸擴大；而市場的觀念開始產生後，自然地就形成了偷吃的環境。

花燕們為了生存開始偷竊。因為若不偷竊，就不知道何時會餓死。受害於這些花燕的生意人越加警戒，花燕們偷竊的手法就變得越發多樣。市場形成，市集變得活躍後，花燕和市集一起走過那歷史的潮流。

一九九〇年中碰上糧食危機時，許多人感受到性命威脅，在配給完全中斷後，實際上有許多人真的餓死。當時，我們清津的家也面臨一點五噸左右的配給延遲的情況。光是清津市就住有九十萬人，因為整體可供配給的量有限，一定得中斷某些區域的配給，而那個區域就是咸鏡北道。

平安道和黃海道因多種植稻米，當時還不需要太擔心；咸鏡北道則因為是高山地帶，只能種植黃豆或玉米等農業，也離首都很遠，是很容易被疏忽的地區。社會主義體制下嚴格禁止的「市場」會在咸鏡北道發達，也和這些環境因素有很深的關聯。徹底實施配給制的北韓，在配給中斷後人們維生的方法不見了，在一九九三年進入一九九四年的時期，甚至產生「行方」這個用語。四處尋求糧食就叫做行方，許多人會到產米的地方去，用各種物品交換米回來。農村的人很單純，有時候給他們價值一塊錢的碗盤，他們也會給你十塊錢的糧食。我的父母親主要去平安北道的文德行方。

清津在一九九四年完全被中斷配給，情況嚴重到如果不自行尋找吃食，就只能活生生餓死。咸鏡北道的首長只要想將商業行為以反社會行為之名嚴格禁止，清津市民就會強烈抵抗。本來出於無奈的商業行為，政府照理說應該睜一隻眼、閉一隻眼的，因為交易實在太熱絡，再取締也有極限，市政府那邊只能默許這些臨時的市集。但也因為這樣，咸鏡北道首長的腦袋時常不保。

當面臨糧食危機時，看著無數死去的人們，活著的人領悟到離去之人的悲傷，很快也會變成自己的悲傷。

我在九歲的時候，第一次目睹了「死亡」。雖然在那之後，要了解生存和死亡其實只有一線之隔這件事也花了我好一段時間，但那天我所看見的死亡，是我那時經歷過的最大恐懼。

我和朋友們在水南市場，如往常般偷拿生意人的食物，就在邊吃邊玩時，目睹了人死掉的場景。在那天我才知道，所謂的「人」是有可能會死掉的。

前一天因為人民班班長公告在輸城川有公開處刑，一定要過來看，充滿好奇心的我和朋友們一心想在最近的地方看死刑犯，於是使出渾身解數來到了輸城川。輸城川是清津最大的河川，從水南市場要走大約三十分鐘才會到。那天在該地如期地舉行公開處刑，數百名的人為了看死刑犯行刑來到輸城川，現場沸沸揚揚。

為了執行槍殺，死刑犯被綁在用木塊製成的木樁上。犯人是一對雙胞胎兄弟，以殺害獨居老奶奶的嫌疑被處以公開行刑。老奶奶是知名的有錢人家，據說他們闖進老奶奶家偷竊，在要逃出來時被發現，就用水果刀刺了老奶奶好幾刀致命後逃走。

穿著制服的安全員將被綁在木樁上的死刑犯眼睛蒙上後，將他們的嘴堵住，然後對那兩個完全無力抵抗的人施加好一陣殘忍的拳打腳踢，被毫不留情暴打的死刑犯幾乎要失去意識。接著，安全員把吊在木樁上癱軟的死刑犯嘴裡咬的東西拔掉，問道：

「還有話要說嗎？」

就算已經神智不清的死刑犯有話要說，又有什麼力氣說呢？

每一名死刑犯被三名安全員抓住後，槍口開始瞄準，十八發的槍聲劃破輸城川天際。槍枝依頭、胸、膝蓋的順序發射後，被綁在木樁上的死刑犯們就滾到放在下面的麻布袋上。安全員們將裝有死刑犯的麻布袋捲好丟上車子，然後將剛剛綁住死刑犯的木樁塊丟進輸城川後就坐上車子離開。

貫穿死刑犯身軀的無數顆子彈扎進那木塊裡，我和朋友們為了將它從水裡打撈起來費了好些力氣。子彈深深地扎進木塊裡頭，很難拔出來。其中好不容易拔出來的子彈，我們彼此搶著把玩，搶來搶去玩得忘我。

那天頭一次目睹人死去的場面，對年幼的我十分衝擊，更深深地烙印在我的腦海裡，至今難以忘卻。但對九歲的孩子而言，或許那兩個死刑犯的死亡，不過是別人的死亡罷了！要懂得什麼是害怕，當時的我可能還不夠成熟。對一起目睹那場景的其他少年來說，那對雙胞胎兄弟的死亡，也許不過是和自己毫無關聯的事吧！

經過不懂事的年少時期，目睹無數個死亡後我才明白：所謂人的性命，每個人都只有一條，只要是在蒼天之下活著的人，無論是誰，生命都是具有同等價值的，是很珍貴的東西。死亡是就算不犯罪也可能面臨的，而這個對象可能是我的家人或朋友。死亡有時就在我的面前或身後，也可能就在身旁徘徊，且死亡也可能找向我……

## 金革同志，你承認嗎？

「燕子啊，燕子啊……你去了哪裡又回來？你是燕子對吧？」

我的拳頭因憤怒而顫抖著，每當那時我就按捺住情緒強忍下來。如果我在現場打了那些笑我是流浪漢的孩子們，之後要承擔的處罰可是非常可怕的。

開始流浪生活，偶爾好不容易回去學校時，孩子們的嘲弄常常令我難以忍受。要用盡全身力氣忍受同班同學嚴厲的目光真的好難，甚至連那些孩子的爸媽，都要他們的孩子別和那些花燕孩子說上半句話。

若我去學校，每天必須針對過花燕生活的事寫一篇批判文，還有打掃教室等殘酷的處罰等在後面。其中最難受的，是每週我必須去找指導員交出批判文，然後在少年團委員會面前罰站。

逃出家門後好不容易回去學校，這個地方卻沒有讓我能夠放鬆心情之處，哪怕一刻也好。同班同學陌生到我連臉都不認得，他們嚴厲的目光甚至令我感到恥辱。整天被拖來拖去寫著反省文、不斷地自我批判、聽同學們對我不停批判等，這些東西總是阻斷我的去路。

毫無喘息空間的時間表和團體生活非常辛苦，讓我感到窒息，難以適應學校生活。加上必須不擇手段完成難解的作業，也對我造成很大壓力。我真的不知道學校存在的理由到底是什麼？

要上學的話，首先同校的孩子必須在早上七點三十分前到集合場所。進到學校後，七點四十到八點要看路燈新聞，進行「讀報會」，研讀偉大的將軍給了什麼教誨，又到了哪裡進行現場指導，從這時起就開始一天的行程。

上午的課程結束後，下午就複習，並進行一個叫「兒童計畫」的東西，然後是彼此批判對方生活的總會。兒童計畫是每個學校必須交出分配量的廢紙或破銅爛鐵，這種東西若爸媽沒有幫忙準備，一定會拿不出來。父母無力幫忙準備的貧窮家庭小孩，為了完成兒童計畫，迫不得已只能走上街頭，在外面流連尋找廢紙和破銅爛鐵。偶爾運氣好的時候可以撿到，但多半是走上街頭也無法尋到想要的東西。這時候有些人甚至偷偷進入工廠，偷走廢棄的紙張、銅鐵或玻璃等。不管你是從家裡帶來、去路上撿，或是去偷別人的東西，只要能夠完成作業就好了。這個徹底的計畫性社會絕對不因為是小孩就放過你，不計任何手段和方法，機構被分配到的計畫只能去執行。只要可以平安完成計畫，老師們也不太介意，但是必須不被抓到。

在學校的團體生活中，讓我厭惡到背脊一涼的就是生活總會，這是必須在同班同學面前自我反省，並批判過去一週或三、四天內自己做錯的事情的時間。在生活總會上必須互相批判，一開始就得進行約兩個小時。

大部分學生其實也沒什麼好反省的，他們甚至會刻意製造自己的錯誤。因為被老師要求互相批鬥，所以做還是得做，可大部分的人都沒有做錯事，常常不知道要反省什麼才好。總是逼著同班同學互相批判，在這種尷尬的狀況下，同學們有時候就會說謊，甚至帶出一些完全不像話的事情。

「金革同學在上課時間不念書打瞌睡。」

某個人做了此番發言，老師就向我問道：

「金革同志，你承認嗎？」

瞬間感到慌張的我馬上就這麼回答道：

「是，我承認。」

說我打瞌睡的同學沒看到我打瞌睡過，而那天上課時間並沒有打瞌睡的我，也承認自己打了瞌睡；明明沒有看到還編出謊話批判我的同學，明明沒有做卻承認說有的我。我們都有那樣做的理由，因為若我不承認在那裡說出來的批判事件，就會被老師拖下去重新寫批判文。上課時間打瞌睡算是輕微的犯錯，所以不如當場承認還比較聰明。和抽菸或是去哪裡做了非社會主義的行動等相較之下，打瞌睡屬於非常「安全的錯誤」。

對其他孩子們來說，要自我批判的恐懼也非常大，因為這不僅是在同學們面前講完就結束，還得在少年團指導員面前寫批判文，必須將過去做錯的事情全部端出來寫反省文。因此，孩子們會彼此拿輕微的犯錯互相協議，也是為了不去少年團指導員那邊的關係。

一轉眼我也到了上高中的年紀，過著花燕生活被抓回家的我，無可奈何只得去上學。我回去的時候開學日已過去很久，父親只叫我好好上學，除此之外他什麼都沒有說。

雖然回到了校園，但對於過著流浪生活的我，學校的一切都十分陌生，我連同學的臉都不太認得。回去的時候入學期已經結束，因此我不太認識同班同學。坐在陌生的教室，環顧周圍同學的面孔，好一陣子都沒見到我熟悉的人。

「你現在是高中生了，這裡就是你要念的學校，你的學校啊！」

無論再怎麼向自我喊話，重新回到學校生活對我而言並不簡單。

我上的學校光是高中部學生就有三千到五千名左右，是規模相當大的學校，加上人民學校的話，學生數就更多了。高中一般是從十二歲到十七歲，一共要念六年，高中畢業後就是成人了，但早入學的我即使畢業後也無法馬上變成大人。

我們村裡有幾個從小和我就是朋友的同儕，跟我一起上幼稚園，有吃的東西總是一起分享，甚至還特意到遠處共享菸和酒，是友情深厚的朋友們。不只這樣，他們也是和我一起打架的朋友。

即使我在外頭度過流浪生活，這些朋友也不會對我起戒心，反而包庇我。進到高中時我很常打架，厲害到可以排進同屆同學中的前五名。擅長打架的小孩們因為想保護自己班的意識很強，若自己班的同學被其他班同學欺負，馬上就會找上那個班和他們打上一架。小時候我因為常被父親打，所以學到很多打架的方法，要說動拳頭，我非常有信心。有架打的地方，總是會有我上場的位置。

離家出走前科太多的我，在學校也是被特別關心的對象，新來的老師們也幾乎都知道我的存在。那時像我一樣過著花燕生活的同學還不是很多，所以我無可避免地成為老師的注目焦點。他們只要想到這傢伙隨時都會跑出去，就總是緊張地盯著我。

雖然我回到了學校，但開始到處動拳頭，母親見狀便託一位在美術社團當老師的朋友來指導我。看來她是覺得我對藝術有天分，只要讓我對美術產生興趣，就不會再四處闖禍了。不過因為當時美術社老師和班導師之間的關係矛盾，我也很難對休閒活動產生興趣。不會念書的我照理應該在正規課程結束後留下來念其他書，但若選擇去美術社團的活動，班導師和社團老師間就常常會產生矛盾。

不管是什麼，要有個能持之以恆去做的環境。雖然不知道在那樣的環境之下，我是否再累也能大致跟得上？但像這樣偶爾去參加幾次活動，老是想蹺掉大概就是一般人的心態吧？學校功課也好、美術社團也好，我都無法產生興趣，我對所有事情都好厭煩，想逃出去的衝動又湧了上來。

直到一九九四年為止，我就這麼反覆著上幾個月課，又逃出去的生活。

# 4 父親的選擇

## 曾經幸福的時光

一九九四年金日成去世前後，哥哥和我好一段時間都無法離家出走。哥哥也無法逃出家門，是因為那段期間不只車站前，清津所有地方大幅增加「非社格魯巴」，取締非常嚴格。非社格魯巴是專門抓進行非社會主義行動之人的機構，尤其以花燕為取締重心。只要一出門就很有可能馬上被抓走，於是哥哥和我忍住想離家的衝動，以被關在監獄的心情生活好一段時間。我們一天天忍受著，等待時機。

一九九四年九月是新學期開始的季節，父親卻意外地跟哥哥和我說可以不用去學校了。那是父親和母親為了尋求糧食，到遠處去行方的時期。在金日成去世之後，清津完全被斷絕糧食供給，當地的人們若不去行方，根本沒有辦法獲得糧食。父母親從清津帶著漁獲，到農村去換來白米；為了求得白米到遠處去的期間，哥哥和我、妹妹就待在家裡用僅剩的糧食撐到爸媽回來。

一直在等待時機的哥哥和我，最後在那年冬天還沒過去之前，就再次奪門而出。記得那時候我作為花燕度過了很長時間，和我一起閒晃的哥哥先被抓回家裡，我則在那之後又獨自流浪了一陣子，但最後也在過年前後被抓到。

我被逮到的時候應該是一九九五年春節左右，在過年前一晚被站前的分駐所發現。春節連假結束的那一天，父親來接我回家，站前分駐所的安全員給了我糖果並問道：

「你是因為不想去學校所以老是離家出走嗎？」

「……」

「是誰叫你這樣的乖孩子這麼做的？」

「……」

「還是，父親經常打你？」

那時我才點了點頭。「回家之後沒有東西吃，要餓肚子然後父親又一直打我，所以不想回家。」我如此回答道，還說了我會自己回去。聽說自己回家的話可以獲得某種程度的原諒，但若讓父親來接我的話，就會受到處罰。在我問安全員是否可以這樣處理之前，父親又再次來到分駐所接我，安全員向父親好生勸說別再打孩子了。

即使安全員千叮嚀萬囑咐，我也沒有期待父親不會打我，在回家的路上，父親一句話也沒有說。路途上我忙著東張西望尋找出路，想著會不會有逃跑的機會、該往哪條路跑，每當我試圖轉移視線時，父親只是緊緊抓住我的手繼續向前走。

到家後，父親只是叫我去洗個澡，真的沒有打我。一九九五年的春節就這麼回家後，我大概有兩個月都沒有出去，一直待在家生活；沒過多久學校開始放假，哥哥和我都在家待了一個半月。正當我們因為想再次離家出走的念頭感到難受時，父親卻說了令我們意外的話：一個月後，父親、哥哥和我三個人，將會一起去好的地方生活。我們壓抑想逃家的衝動，相信父親的話然後等待著。假期結束後，哥哥和我也再次去上學，同學們為了即將去遠方的我辦了歡送會一起喝酒，還送了我菸和文具等禮物。我上學的時間，好像不過也才一個月而已。

那時似乎是父親的離職期，他決定離開賺外匯的事業所，前往四十九號保養所的管理大樓。待在賺外匯的事業所時，父親好像因為目睹嚴重的貪腐情況而難以承受，因此決定離職。當然，父親的選擇一定也有許多我這小毛頭難以理解的理由。我猜想，品行剛正不阿的父親，可能很難在看到那些將國家的錢搜刮進自己口袋的貪腐行為後還視而不見；有兩個將離家出走當家常便飯的兒子，可能也令他煩惱了無數次。

在一九九五年春天到來之前，父親帶著哥哥和我到了位於清津市連津洞的四十九號保養所，這個擁有大湖環繞的保養所是設有軍事基地的地方。父親一開始兼任保養所管理大樓倉庫負責人和黨細胞秘書，後來就只負責管理大樓。父親、哥哥和我三個人一起在那裡生活將近一年，當時並未預料到，在那裡的生活，會成為我一生中無法忘卻、如夢般的一年。

在來到連津以前的一九九四年秋天，父親向哥哥和我認真地問道：

「你們討厭母親嗎？」

「對。」

「為什麼？母親對你們不好嗎？」

「就是討厭。我們想念親生母親。」

那時十二歲的我因為害怕父親，不管是什麼話我經常都不願意說，但不知哪來的勇氣，我卻對這個問題不懂事地答了出來。

那天父親喝了酒，然後我馬上就從小房間裡聽到父親的哭泣聲。雖然是很安靜的哭泣，但那清清楚楚傳來的聲音讓我的心情也變得奇怪。那時我才知道，原來像父親一樣強悍的人也會哭。照理說父親應該不是全然不知，但在親自確認成天離家出走又回家的孩子們討厭繼母的事實後，好像受了很大的打擊。說不定，這件事對父親下的決定起了很大的影響。

父親無盡的沉重煩惱，不懂事的我又能猜到多少呢？對於我們一家人的未來，父親應該熬了無數個夜晚思考了吧！他那焦急殆盡的心，又有誰能夠明瞭呢？我只是猜想，父親大概沒有對我們一家人的未來抱太大希望。因為父親雖然是身分高貴之人，但配給的糧食量減少了許多，當時就連我們家都有大量糧食配給延遲的情況。就連身為英雄身分的父親，還算核心階級的我們家也無法避免貧窮和飢餓。

來到連津以後，哥哥和我非常有活力地玩樂，不用去學校又讓人更加興奮。不必去討厭的學校，也不用再看到繼母和同父異母的妹妹，哥哥和我很享受那段時光。

雖然是不大的房子，但我和父親還有哥哥一起在連津度過了寶貴的時間。哥哥和我平時負責管理牛隻、幫忙農活，有時候也上山去砍柴回來。工作本身是遊戲、是學習，也是生活。

那個時期在連津餬口飯還不算太差。我們剛到連津時是二月，最常做的事就是四處去撿海帶。到海邊去的話，會有很多叫做環形解氏藻的冬季海帶被海浪捲上來，那是一種味道很好的高級海帶。哥哥和我用鉤子將它們撿起來蒐集在背包裡，一部分帶到市場去賣，一部分拿回去給父親。父親偶爾來回清津，在前往清津的路上將我們幫忙準備的解氏藻拿去賣，然後再把錢交給母親。

在保養所附近的淡水水域有很多鯉魚。因為連津是軍事基地，一般人無法隨意出入，所以沒什麼人去抓鯉魚。在那之前或是以後，我都不曾吃過那麼多的鯉魚。哥哥和我決定要去抓鯉魚時，碰到那邊的軍人問起，就說我們是倉庫負責人的兒子，他們經常就這樣放我們走。甚至他們會要我們帶父親一起來看操練，軍隊裡的軍人對父親的尊敬就是這麼不一樣。只要潮水上漲，草地上就會鋪滿被潮水席捲上來的鯉魚，哥哥跟我只要用手抓住然後放進容器裡就好，我們提著牠們到市場賣掉。

不知道父親有什麼打算，但不管我們兄弟倆做什麼，他就只是在一旁靜靜觀看，讓我們能盡情玩耍。

父親帶著我們再次回到清津時，大約是那年的十月左右。從連津回來的哥哥和我又再次在家待了約一個半月，而父母親在這期間不斷地去行方。一九九四年後，清津已是被完全中斷配給的狀態，因此母親也向公司告假，不得不努力地到處行方換取白米。哥哥和我、還有妹妹，就在清津用母親預備好的糧食度過三餐，我們因為沒有調配好糧食份量，有時候食物會比預定日還要早吃完。若父母親沒有在約定好的時間回來，哥哥和我就只好到清津站去偷點吃的回來，否則無法解決我們的三餐。

一九九四年之後，非常非常多的人死去。

## 前往孤兒院

一九九五年末，哥哥和我進入位於穩城郡的鍾城繼母學院。那時是十二月，天氣非常冷。只要是父親說的話，無論是什麼哥哥和我都願意聽從，當父親表示要我們去孤兒院時，我們也沒什麼反抗地接受了。父親買了衣服和鞋子給我們，我們離開出生成長的清津，在連津度過將近一年的時光後，現在在穩城生活。

相信父親在決定要將我們送到孤兒院去以前，一定煩惱了許久，好幾個晚上睡不著覺。雖然我無法得知父親決定要將我們託給孤兒院的時間點，究竟是在去連津之前還是之後，但可以確定的是，在連津和我們一起度過的那將近一年的時間，一定更加深了父親的憂慮，讓他內心備感煎熬。或許父親在看到曾經一天都無法好好待在家，只想奪門而出的兩個兒子，居然那麼活潑、開心地玩耍奔跑，內心又更痛了吧？按照我們的心意，學校也不用去了，還可以和討厭的繼母分開生活等，父親似乎想在最後一回為我們做所有他能做的事。

雖然我無法猜到父親是何時整理好思緒的，但日漸惡化的經濟狀況、看起來沒有好轉跡象的母親和我們的關係，還有母親日漸增長的氣焰，也許這些都讓父親不知該如何是好。又好像是他在連津的時候，就慢慢地做好心理準備了。

父親的選擇應該是經過無數次的考量，我們也只能尊重他。

經濟危機到來，伴隨著的是家庭的破裂。有許多家庭破碎，許多的孩子們被送到孤兒院。其實在孩子們的認知裡，孤兒院就像是個監獄般的存在，因為在那裡，團體生活是基本，組織的管控也比一般學校要來得更嚴格。特別是像我一樣自由遊走，當過花燕的小孩們一開始來到孤兒院，多半都會因為煩悶而難以忍受。即使上午結束學校課業，下午也無法到外頭吹吹風，這就是孤兒院的生活。

孤兒院的學校教育和一般學校不同。一般學校在回家後的時間可以自由活動，而這裡的規律本身就大不相同，所以像哥哥或我一樣過慣自由自在的生活後進來的孩子，很難適應這個地方。哥哥和我在那裡會特別難受的原因，就是來自於此。孤兒院的孩子們也要付出許多勞力，放假時去砍樹、做農活和插秧、除草和秋收等，除了念書以外的時間也要做許多事情。

第一次進到孤兒院時，我因為適應不良，和其他孩子們經常打架。先進來的孩子仗勢欺人的情況非常嚴重，那些人一直找我麻煩。進到孤兒院的多半是有花燕經驗的孩子，聽說其中也有一些身手矯健的人。不過我可沒有那麼輕易就垂頭喪氣。

「我在清津的時候也是有一身功夫的人！你們這些被關在柵欄裡的東西跟誰挑釁啊？」

在外頭鬼混時敏捷俐落的孩子們進到孤兒院，經過被管控的生活洗禮後，感覺好像變成笨蛋了。但他們之中也有些人是偶爾還到處當花燕的，不管是白天或黑夜，他們會偷偷翻過圍牆出去，然後到市場偷吃點東西再回來。白天他們主要是利用休息時間，不需要太久，十五分鐘就夠了；有錢的話，甚至可以到走路兩三分鐘距離的市集買點東西吃再回來。

這些孩子當中也有受不了煩悶生活、忍不住飢餓，最後逃出孤兒院去過花燕生活的人。他們如果逃出孤兒院，就各自分散到全國各地去。

偷偷出去再回來被發現的話雖然會受懲罰，但那些人本來就很有眼力，動作也很快，所以不太常被抓到。

在繼父母家庭裡長大的小孩們齊聚此處，其實也是非常可怕的一群人。因為曾經過著流浪生活、自由奔放的這些孩子們非常粗鄙，也不懂害怕兩個字怎麼寫。他們的繼父母大部分都是再也無法忍受他們，最後才將他們送到孤兒院的。一般鍾城學校的孩子們也不敢隨便惹我們，只要我們孤兒院的誰在外面被打了，孩子們就會結伴在晚上偷偷找上那家人報仇。或是打破他們的玻璃窗，或是他們的小孩出來就將他揍個半死不活，實在兇狠到連一般居民都不敢隨便對待我們。

我從一九九五年底到一九九八年三月為止都在孤兒院生活，哥哥比我早一年在一九九七年從孤兒院畢業，離開時他叫我繼續留在那裡。自己一個人也很會偷東西、懂得填飽肚子的哥哥，對他來說其實我無疑是拖油瓶般的存在。以前被取締時我也跑不快，最後經常都是只有我自己被抓到。哥哥叮囑我留在這裡好好過完孤兒院生活，而其實那時的我也已經充分適應，沒有太多的不自在。我擅長打架的程度甚至還可以和哥哥同屆的打上一架，沒有人敢輕易動我，所以我也沒有非得到孤兒院外的理由了。

哥哥畢業的那年曾經來找過我一次，他要我和他一起去找父親的金日成手錶。哥哥說父親告訴他自己離開清津公寓時，把金日成手錶交給管理室的黨細胞秘書保管，要我們去找回來。我記得我在什麼都搞不清楚的情況下就跟著哥哥去找，最後我們還是沒有找到那隻手錶，哥哥和我去找黨細胞秘書時，他已經餓死了。

當我知道那隻手錶原來是父親的遺物時，已經又過了三年。

進到孤兒院不久，我們曾經短暫到清津去見過父親一次。大約是寒假時，我再次回到家裡，父親已經不是以前的父親了，如火一般的性格已經消去大半，那落魄的樣子更是令人心疼。連工作都辭掉的父親，已經不再像過去可怕又嚴格。他和母親之間的關係，也感覺好像比之前更冷淡，不知道是不是因為這樣，我們待在家感到很不自在，於是又趕緊離開。我們並沒有馬上回到孤兒院，而是在清津過了好一陣子花燕生活後，在寒假快結束時才回去。

一九九六年夏天，和我們相處很長時間的少年團指導員，叫我們去把逃出孤兒院的幾個花燕孩子抓回來，把哥哥、我還有另一個小孩總共三人送出孤兒院外。因為我們三個拳頭厲害，又在孤兒院裡受到大家信任，還熟悉清津的地理位置，所以將任務交給我們。離開後我們前往位於清津的公寓，但父母親並不在家，而是一對新婚夫婦前來應門。他們說，父親告訴他們自己的兩個兒子總有一天會回來，然後遞出父親目前住處的地址。在無法買賣房子的北韓，這對進到我們家的新婚夫婦，可以說一定是具有某種程度身分的人。雖然戶主是父親，但因為房子為國家所有，父親只向新婚夫婦收點錢，便將房子讓給他們。新婚夫婦看起來像是跟父親很熟，他們表現出對父親的敬意。

父親在將我們送到孤兒院之後，辭掉工作、賣掉房子，搬到化學紡織工廠附近一間看起來很寒酸的房子住。父親那破舊的房間裡，能稱得上食物的就只有一點點的麵粉，和我們住過的清津公寓相比，那是一間非常狹窄又簡陋的房子。父親居然這麼窮酸地一個人生活著，令我難以置信。父親說：「遠道而來肚子該餓了吧？」然後便將南瓜葉放在鐵鍋裡，把麵粉全部倒進去煮給我們吃。

哥哥說要再到咸興去抓花燕孩子們，要我留在這裡幫忙父親。就這樣，哥哥去了更遠的地方，而我則繼續留在父親身邊。

「對不起啊！」

從來沒有想像過父親會說這句話，我的心情好奇怪，不知道該怎麼反應。一想到父親的個性變了很多，就不禁悲從中來。晚上我在父親身邊睡覺，白天就到水南市場去偷點吃的東西回來供養父親。

在孤兒院的期間我並沒有繼續花燕行動，才短短時間身手就變得不靈活了。我已經不如從前，現在只能偷到夠我和父親馬上要吃的食物。父親一直以來都很強調做人必須誠實且善良，而且非常討厭偷竊行為，我常常編故事騙父親東西絕對不是偷來的，是向別人要來的。

哥哥在清津逮住一名花燕回來的時候，我預料到了我們和父親的離別即將到來。我難以承受別離，而父親則一如往常地囑咐我回到孤兒院要好好生活。我們將父親的叮嚀當作安慰，就此回到了孤兒院。

那是我見到父親的最後一面，在一九九六年的夏天……

孤兒院是政府最優先支援的地方，即便如此，因為整體糧食配給的情況越來越艱難，就連孤兒院的配給情況也不順利。大部分的孩子因為沒有東西吃，患上營養失調，在那樣的情況下，授課當然也無法好好進行。平日的上課時間變成複習時間帶過，老師們總希望孩子到外頭去吃點什麼再回來。有花燕經驗的孩子平時常到穩城或南陽去偷吃食，放假時則是長時間在外流浪，過著花燕生活。

一九九七年左右，某個美國僑胞曾到中國去，表達想幫助北韓的意向，並提供泡麵支援。年紀小的孩子腸胃比較弱，只要吃了泡麵就會全吐出來，根本無法下嚥，於是年紀較大的孩子們能吃的量就變多了，我甚至曾經一次吃過四碗泡麵。

經濟危機對孤兒院也造成很大影響，導致糧食配給無法順利進行，自一九九六年度起開始出現因為營養失調而死去的孩子。一九九七年則因熱病等各種傳染病流行，許多孩子們逐漸死去。大多是年紀小的孩子淒冷地失去體溫，我們孤兒院裡有二十四名孩子也都是這樣去世的。

在念幼稚園時經常患上熱病的我，在那個時期又再次得到了熱病，體溫在四十度上下游移，沉浸在幻覺中。得到熱病的代表性症狀之一就是幻覺，因為無法區分夢境和現實，孩子們時常陷入危險。我的眼前總是出現哥哥來找我，拉著我要去找父親，我往哥哥說的父親所在地一看，是一片綠油油的山坡。我一心一意想跟隨哥哥去找父親，老是想到孤兒院外頭去，非常清楚患上熱病的小孩會深陷幻覺的孤兒院員工，在我要走到危險的地方時，總是用聰明的方法將我留住。他說，哥哥已經說好要來孤兒院了，只要在孤兒院等著就可以見到哥哥，然後將我說服折返。

從一九九六年末左右開始，跟我一樣年紀比較大的孩子們在提供孤兒院勞動服務時，他們也會分點食物給我們。像是幫教職員砍柴或修房子等，就可以拿到定量的食物，還算過得去。在孤兒院裡我可以說是年紀較長、力氣又大的，在複習時間時我就這樣幫教職員工作，經常能要到飯吃。所幸能吃到玉米和白米各半混成的飯，身體也恢復得比較快。一九九七年冬天，我的身體已經好得差不多了。

但是，年幼的孩子和我們就不一樣了。一九九六年時，我們孤兒院裡也有免疫力較弱的幼小孩子們，因為一直以來只吃玉米芯，最後因為飢餓和營養失調而死去。隔年，非常可怕的傳染病開始流行：熱病、傷寒、副傷寒、疥瘡、肺結核、腹瀉等，許多的傳染病帶走了無數孩子的性命。

和我差不多大的孩子中，年紀較長的在孤兒院後面的杏樹底下挖洞，將這些年幼孩子們的屍體包好埋葬。雖然無法用任何言語表達的悲傷正在發酵，但我們卻束手無策。我們可以做的，只是靜靜地看著孩子們痛苦死去的模樣，然後將已經冰冷的遺體收拾起來，埋在地底下，除此之外再無別的。

第三章

# 我是花燕

★

我偷的，是自由

## 1 孩子啊，你是誰？

「你叫什麼名字？」

「我叫燕子。」

「燕子？你的名字真美！」

「雖然也算是燕子，不過我是花燕。」

旅客覺得難堪，又問了其他問題。

「那你主要吃什麼呢？」

「線呀！」

「你說你吃鴨（譯註：韓文中「絲線」與「鴨子」的發音相近。）？哇，你吃得真好！」

「要說是鴨也對，不過我吃的是麵線。」

旅客又問了，

「那你住在哪呢？」

「我住在首都。」

「喔？真的嗎？你住的是好地方啊！」

「要說首都也對，不過其實是首都的下水道。」

名為「花燕」，撿拾掉在地上的麵條來吃，只要是能遮擋寒風的地方，即使是下水道也可以睡上一覺。我們就是這樣的孩子。第一次見到的大人們對陌生孩子大約都是問這樣的問題。大概在我十歲、十一歲左右時，旅客們分給我們一點食物之前，經常這麼問：叫什麼名字？住哪裡？主要都吃些什麼？在獲得東西吃之前，這些提問彷彿是固定進行的儀式般，而我們也都已做好欣然回答的準備。

當花燕孩子們自己在打鬧閒聊時，若有一般人靠過來拋出問題，我們大抵都以這樣的方式回答。也許，我們對自己的身分實在已經了解得太多太多——炭灰堆、餐廳的小房間、熱水爐室，我們生活的空間並不是任何一個特定的地方。我們日常的面貌就是如此。

說不定，我們是在回答某些人的提問時，慢慢整理出「我是什麼樣的人」？然後這麼活下去的。

現在想起來，不知道那些人是以什麼樣的想法去問年幼孩子那些問題？真是和強調吃好住好的北韓社會主義自相矛盾。孩子們年紀雖小，但他們說不定已經對我們所生活的北韓社會的矛盾有所了解，又好像對那樣的自身處境自嘲似地，就這樣順從地生活著。只不過孩子們年紀太小，無法對我們生活的社會做出價值判斷，但在年幼孩子們的潛意識當中，也許已經帶著對政府當局的批判意識過活也說不定。

花燕孩子們在學校這個組織裡，通常難以承擔校內要求的許多東西。學校要求的所有物品都因為家裡窮而無法準備，但這並不是只要反省就能改變的事。就以離家出走然後回家這件事來說，反省這個錯誤要付出的代價實在太慘痛，不如乾脆永遠離開學校這個組織更好。為了活下去，不得不反覆犯下所謂的「錯誤」的花燕孩子們，在組織要求的「反省」裡，找不到任何意義。

成為花燕的孩子們時常站在死亡邊緣。對這些孩子們來說，有三件事是必須要覺悟的：遭生意人或管控機關抓到時被打死的覺悟、找不到下榻處而凍死的覺悟，以及沒有食物時就得餓死的覺悟。若沒有對死亡的這三項覺悟，是無法繼續花燕生活的。對死亡的覺悟改編自金日成在抗日武裝時期喊出的：「凍死的覺悟、餓死的覺悟、被打死的覺悟」，在花燕之間用來嘲笑自己的處境。

實際上真的有被打死的孩子。遭到拳頭毆打是基本，有時甚至還會被用棍棒痛打或是用腳踢踩，想在被暴打的情況下存活，這群孩子們實在太年幼又太柔弱了。我也是在被打了太多次之後，才有了挨打的訣竅。首先，你得滾很大一圈，然後不停地喊叫，如果口吐白沫倒下的話還可以爭取點時間。只要演出很痛苦的樣子，那怕是一點點，也可以少挨些揍，就算是狠毒的棍子也可以大略地避開。我曾被無數次狠狠地揍過，次數多到記也記不清。大約十歲的時候，有一次在偷裝塑膠袋裡的糖精時，被老闆娘的老公發現，差點走進了鬼門關。若不是周圍的商人們勸道「孩子要死了」，說不定那時我的性命就已走到盡頭。

因為沒有地方睡，也有在街頭露宿時凍死的孩子們。若沒能搶到留有餘溫的石炭灰燼堆，孩子們就只能在街上睡覺，而冬天的氣溫降到零下二、三十度是常有的事，若連一席棉被都沒有，只蓋著一條塑膠布睡著，可能會就此陷入醒不過來的長眠。

因為各種理由特別難以出外活動的時期，有很多找不到食物而餓死的小孩。有的孩子是在挨打時勉強活了下來，卻因為挨打的後遺症，不靈活的身體無法再繼續花燕行為，最後還是活活餓死。像我們一樣沒有監護人、獨自流浪的孩子，若沒能親手弄來食物，就無法保障我們的明天。

對我們而言，除了維持今天的性命以外，其他的都不重要。

即使當了花燕，但我真正認知到自己做了花燕的行為，還是在正式走上偷竊之路以後。不管是哪個花燕，大部分的人在路上撿食物和乞討的行為，大概都是在同時期做的。而光是撿拾或乞討已經不足以填飽餓扁的肚子，不管是市場的食物攤架、黨幹部的私宅區域，或是餐廳周圍等垃圾堆翻找出來的餿水，許多孩子們會四處尋找還可以果腹的東西。

撿掉在地上的東西吃、到處翻垃圾堆，或是刺激人們的同情心要食物，是花燕中年紀較小的孩子們主要的消極性行為。也有的孩子是以旅客、女性和軍人為目標，秀自己的才藝來要食物。通常唱歌是最一般的，也有說要表演魔術，然後用針在自己身體上刺出傷口的花燕。

這樣子要食物的情況，也只到一九九〇年代初期為止可行，在碰到糧食危機的一九九〇年代中半以後，若不去偷別人的東西，就難以維持性命。所有人都變得謀生困難後，人們就不再主動解開腰包了；若花燕不強制打開他們的荷包，就無法活下去。

哥哥和我以及花燕孩子們有個主要下榻的地方，是一處把鐵門的移動範圍圈起來的水泥牆空間，靠著清津站圍牆，位於企業所辦公室的入口處。晚上鐵門關上時，那裡面還有能和幾個花燕孩子一起睡覺的空間。白天大家各自分散到車站前或市集去突襲食物，或專門以旅客、行方人為目標使出環形刀，偷走東西或錢。就這樣白天各自活動，到要睡覺時再回到同一個地方，在尚留有一絲熱度的炭灰堆上入睡。

我和哥哥在一起四處閒逛時，已經看好可以安全睡覺的空間，因此我獨自在外頭流浪時，甚至可以拿睡覺的空間和其他花燕孩子做交易。我告訴他可以睡覺的地方，然後要點吃的，大部分的孩子都會答應和我交易。和哥哥分開的期間，我也慢慢地摸索出自己的生存之道。

花燕孩子們一開始雖然都不認識對方，但在見過幾次後，當有需要時彼此也會互相給予和接受幫助，從某個時候起變成了同甘共苦的夥伴。我也遇到過幾名花燕，曾經一起結伴同行，但在看到他們被抓走時，我常常只顧自己的活路，頭也不回地跑掉。為了活下去，這是不得不的選擇。關於這點，花燕的世界也許是不得不冷酷吧？

即使是個人主義傾向的花燕，隨著時間流逝，我想他們有時也必須團結才能活下去。那時市場的生意人已經碰過夠多花燕，為了保護自己的商品，正是他們提高注意力的時期，花燕想完全靠一人之力去偷東西變得更難了。當個人活動變得不易時，花燕們開始慢慢地團結起來，雖然不是有組織性地展開活動，但若是花燕孩子中有人碰到難關，我們就會不分你我地上前去幫忙，用這樣的方式彼此團結。

花燕開始集結起來後，市場的商人們以及其他很多人都開始感到害怕，因為一個人可能是弱小的，但幾個人成群結隊的話，就可以發揮非常大的威力。在形成群體之前，花燕們偷東西後一定是先逃跑，但現在即使偷了東西，也能表現得很自然，一點都不想著要逃跑。

當然，商人們也不敢對花燕群隨便採取行動了。以前孩子們主要是單獨行動，在市集上突襲或偷東西跑掉後，商人們大部分都是馬上追打，但隨著花燕們開始成群結隊，當誰偷了東西被抓到，正要挨揍時，花燕群就會瞬間湧上來，讓女老闆一個人不知該如何是好。於是，接下來老闆娘的丈夫就登場了。為了保護商品，讓妻子不要遭到花燕攻擊，丈夫們就一起到市集去，站在妻子背後，睜大眼睛盯著看是哪個花燕上門。這些丈夫不僅幫忙將貨物裝上車，在花燕們偷走東西逃跑時，還賣力地追趕上去抓人。

一開始像我們一樣年幼的花燕們，不得不對成年男子感到懼怕，因為只要偷東西被抓到，一定是先挨一頓揍，被成年男子打是多麼痛苦的事，我們比誰都還要清楚。而我也有過無數次因偷走食材或食物，被老闆娘的老公抓到後打個半死的經驗，因此對成年男子的存在總是感到無比負擔且害怕。

我們這些到了晚上就肩並肩、在同一個地方睡覺的花燕們，就這樣偶爾互相幫忙過日子，不知不覺地形成了團體。雖然也稱不上是什麼厲害的組織，但當我們在同一個市集上各自散開偷東西，發現被成年男子抓到痛打的花燕時，就會立刻蜂擁上前，對正在打人的男子行使暴力，拯救陷入危險的夥伴。

不過，花燕中有的人會隨身攜帶刮鬍刀或像刀子類的道具，有時反而招來危險。

記得大概在一九九五年的時候，我們花燕是分開時頭也不回，但同行時絕不會坐視不管的。那時我們一群人中有名孩子在市集突襲時被抓到，因為在同一個地方每晚一起睡覺，他也是我熟識的人。我們不僅僅是睡在一起，那時也是我們一同進行偷竊行為的時期，不過即使如此，其實我們之間並不存在著必須互相幫忙的理由。花燕真正可怕的原因，在於我們是盲目的。

那天，那個孩子也跟其他幾個孩子一起突襲，自己一個被發現、抓到後，只得等著挨打。雖然這也不是一天兩天的事了，但當天不知怎麼地，那個孩子被老闆加倍修理得鼻青臉腫，他覺得實在太委屈了。那個孩子原先設定為目標的商人其實並不知道自己的東西不見了，本人不知情的狀況下，是目睹孩子偷竊經過的其他生意人發現，去告訴了原本的主人。被狠狠揍一頓的孩子覺得非常委屈，便把花燕孩子們都叫上，一同湧上前去。那時，我們這群花燕中被狠狠修理的孩子，鮮血和淚水都還掛在臉上，帶著我們前去指著一名男子說道：

「我就是被那個年輕人揍成這樣的！」

彷彿要我們替他平反冤屈似的，他氣喘吁吁地看著我們，而我們也沒什麼好猶豫的，下一秒，孩子們就一窩蜂衝向那名男子。好幾個孩子衝上前開始揮舞著拳頭，男子倒下，無法施力還擊，就那樣挨打著。但下一秒，我們之中的一名孩子突然拿出藏在舌頭下的環形刀片，夾在兩手食指和中指之間。我邊想著：「他想做什麼？」視線邊跟著他移動的方向而去。他原本站在我們後面，突然，他撥開揮拳的孩子們，從中間的縫隙闖進去，迅雷不及掩耳地用環形刀片朝男子的臉劃下一刀。下一秒，鮮紅的血就開始從男子的臉上滴落，直到看見男子裂開的皮膚不斷湧出紅色的血，孩子們的群毆才停了下來。四周突然沉默起來，慢慢退後的孩子們霎時間一哄而散。

後來，聽說男子被送往醫院，但之後怎麼樣就不得而知了。

花燕孩子在火車裡會玩「車頭遊戲」，車頭一般是指車站的意思，例如講清津車頭就是指清津車站。車頭遊戲是搭火車時做的行為，簡單來說可以說是火車遊戲。在花燕孩子們之間，這個火車遊戲大抵意味著上下火車去掏空旅客的行李或口袋。

花燕們在正式開始火車遊戲之前，會先在火車站找尋目標，觀察好一陣子來來往往的人們，選擇最容易下手的對象後，緊跟著他上火車。若車內人很多的話，這個遊戲就不簡單了；但是人少時，連要接近這些對象都不容易，因為很可能馬上被抓到。這時，有個可用的方法，就是等火車通過隧道。

做好身體和心理的萬全準備後靜靜等待，趁著火車穿過黑暗時迅速掏空目標對象的行李或口袋。在什麼都看不到的漆黑處，旅客經常無法馬上察覺遭竊，但即使如此，也得在他們發現之前趕緊在下一站下車。萬一距離下一站還很遠，就算要跳出車窗也不能有一絲猶豫。雖然火車的速度不快，跳下去其實沒那麼危險，不過要跳還是有好時機的，那就是等火車隨著海岸蜿蜒轉彎的時候。火車沿著海岸轉彎速度會減緩，此時跳下去是相對比較不易受傷的安全方法。

這麼危險的遊戲，只要反覆進行獲得訣竅後，就真的如字面上說的是「遊戲」。但花燕玩的所有遊戲，總是跟著必須賭上性命的危險。

旅客在旅遊期間必須待在火車內好幾天，多會先買好食物、準備便當。因為火車的車次不多，加上延遲到站的情況頻繁，旅客們只能被困在車裡。而花燕們瞄準的就是旅客的便當。

糧食配給斷絕，吃的東西不足，那時正是許多行方人外出尋求糧食的時節，人們直接到米的產地去換來白米。行方人通常背著很大的背包，背包裡的最上面總是放有便當。因為我們實在太清楚便當的位置，就算只試一次，也幾乎都能正確地偷走。但很多時候背包不只有一、兩個，行方人帶著三、四個背包，我們通常會在一旁靜靜地觀察，等待他們打瞌睡的時候。一般來說因為火車經常延遲到站，等待的人們會越來越多，越來越混亂。越混亂、人越多，對我們就是更好的機會。有人把風、有人分散他們的注意力，這時再由一個人去翻他們的背包，然後悄悄地離開。結束各自分擔的工作後，我們聚集在不起眼的地方，填飽當天飢餓的肚子。

即使我們一起活動、一起分享食物，甚至也在同個地方睡覺，但當安全員一出現，我們只想著自己，頭也不回地死命向前跑……我們就是這樣的花燕。

## 2 花燕的生存法則

### 火車沒有來

清津站為咸鏡北道最大的車站，是有許多人來往的地方，不管是北上或南下的列車都必須經過清津站，因此這裡包含旅客在內，人群總是熙熙攘攘。北韓的道路並不發達，鐵道成了居民最重要的交通工具，但是隨著電力變得極度不足，白天因為電壓的關係，火車誤點逐漸變成家常便飯。進入一九九〇年代中期，曾經一天進站五、六次的火車，經常一天都沒到站過一次。那時是四處行方的人們大幅增加的時期，等待火車的人潮不斷增加，許多人就這樣好幾天都無法離開火車站一步。有的人在車站裡等了三天，甚至一個星期都在車站裡徘徊等待列車進站。

我第一次看到突襲偷食物的場景是在一九九〇年代初期，那是我四處撿食物或要飯的階段。突襲偷食物的行為是在車站或市集裡，瞬時間偷走生意人的物品然後逃走的行竊手法，我們稱這樣突襲的行為或做這件事的人為「突襲手」。有好一陣子當我們沒辦法要到吃的，已經餓到頭昏眼花時，哥哥曾經大膽試圖突襲過生意人。在清津站有很多生意人用塑膠容器裝好糯米麻糬、紫菜包飯、麻花捲麵包，還有豆腐飯等，到處向旅客兜售。生意人主要是女性，因此當孩子們搶走她們的東西，她們也大多沒什麼法子。

當時哥哥和我實在太餓，為了在清津站找到好下手的生意人，我們就在遠處開始觀察。雖然突襲行為一瞬間就可以結束，但為了提高成功率，必須好好觀察商人們一段時間，從他們的行動歸納出習慣。仔細看他們在給客人挑選商品時，是怎樣打開，又會打開多少程度給客人看。在不被商人發現地悄悄接近後，一把將食物抓出來然後拔腿就跑。我們將一大盆差不多是雙手環繞大小的容器頂在頭上移動，當我們避開安全員的視線，偷偷在遠處觀望做生意的人們時，發現了一個新手商人——穿著老鼠顏色褲子的年輕阿嬸。只要客人一靠近，她就會將裝滿糯米麻糬的容器的塑膠布口整個打開給他們看。大部分的生意人都怕花燕，所以即使客人上門，也只會將塑膠布打開一點點，讓我們很難接近。但這個大嬸不知道是不是第一次來清津站做生意，所有行為舉止都看起來很生疏。哥哥和我就選定了這個目標。

我們事先商量好，我在遠處靜靜看著哥哥突襲，他成功逃出來的話，我們就在清津站前面的住宅區後巷裡見面。看準目標的哥哥走進人潮，我則在遠處觀望，等待逃跑的瞬間。哥哥混在坐成一排的生意人和被綁在車站動彈不得，想填飽轆轆飢腸的客人們之中。看著哥哥的一舉一動，我焦急得一直緊握雙手。哥哥慢慢地走近事先看準的新手商人旁邊，不知道是否有旅客說要看糯米麻糬，阿嬸用親切的表情將蓋在容器上的塑膠布全都打開了。哥哥當然不會錯過這個機會，迅速將手伸進大嬸的容器裡抓了一把出來，然後趕緊離開，並且看了一下我所在的地方。我心想就是這時候了，和哥哥配合步伐，賣力地衝向我們約定好的地方。這不過是短短幾秒鐘裡發生的事。

個子高、體格很好的哥哥手也很大，突襲一次就可以抓到七、八顆糯米麻糬。比一般成年人手掌還大的糯米年糕，厚度也大約有拇指指節之厚，只要吃上幾個就能填飽肚子，所以比起紫菜包飯或豆腐飯等其他食物，我們主要集中在突襲偷糯米麻糬。商人們雖然總是將食物牢牢地蓋上一層塑膠布，但在賣給旅客之前，一定會有打開它的時候。尤其是剛開始做生意不久的新手商人，總會將塑膠布整個打開給客人看，想讓客人知道自己的食物真的很好。我們瞄準的就是那個時間點。

我第一次單獨進行突襲的地方也是清津站。和哥哥分開後，我在清津站流連乞討過生活，好一陣子都沒有人給我食物，我也已經精疲力盡了。肚子很餓，但我卻沒有做過突襲偷竊的行為，緊張到只敢在遠處觀望商人，卻連靠近都沒辦法。我僅曾在其他孩子們偷東西逃走時，趕緊撿走他們掉在地上散掉的食物而已。因為我的心臟一直砰砰跳，突襲行為根本下不了手，常常猶豫到最後就放棄了。甚至連找到最容易下手的商人，也因為不斷猶豫，靠近那人身旁後就躊躇不前，幾次轉身逼自己冷靜下來。但是肚子實在太餓了，在我已經精神不濟的某個晚上，我不自覺地將手伸了出去——矛盾和猶豫的時間雖然又長又無聊，但突襲出手的行為，只不過是一瞬間罷了。

「啊，原來這麼快就結束了啊！原來是這麼簡單的事情！」

雖然不過是碗豆腐飯，但「嘗試」對我來說是很重要的事。無論是什麼，第一步總是最困難的；第二次、第三次就不再那麼艱難了。成功一次後，我開始慢慢產生勇氣，不再猶豫去偷搶食物。向前偷襲食物，接著往後逃跑就結束了。膽子越來越大的我，甚至在商人將食物打開給面前的客人看時，也曾經兩手都伸進去偷食物。我已經充分準備好了，左手往下、右手往上，一下子兩隻手就往商人的容器裡伸進去又抽出來。不過，雙手伸進去也會帶來一些麻煩，因為食物如果不小心弄碎掉到地上的話，其他花燕孩子就會衝過來迅速將東西抓了逃跑。

就這樣，我過著反覆在車站前偷東西吃，然後到候車室去睡覺的生活。白天安全員加強取締時，就到附近的青年公園玩，晚上再回到清津站。夜晚安全員們幾乎不會取締，一進到車站裡頭，左邊有軍人專用的候車室，那裡不是安全員們可以隨便進去的地方。我時常躲進軍人候車室裡暖氣設施後面的小空間，側身躺著睡覺，迎接下一天的早晨。

初期雖然我過著花燕生活到處流浪，卻無法輕易移動到其他地區，因為我害怕在移動到其他地區的過程中，萬一找不到吃的就會餓死。當然，還因為一直以來我都沒能自由到其他地區去過，對陌生區域產生了恐懼。於是，我無法離開熟悉的清津車站前和市集。

打算在市集突襲食物，膽子要比在站前時還大。市集裡的商品架分成好幾個區塊，第一列是餅乾或糖果等，第二列賣的是糯米麻糬和麵包、紫菜包飯、麻花捲麵包等，第三列是麵類或豬肉湯飯等。通常我可以在市集入口最前面一列先偷走餅乾或糖果，再轉一圈到另一邊去偷別的食物吃。車站前人潮不斷來來去去，但市集並不是，因此危險負擔就相對比較大。一個商人通常會賣兩、三種食物，他們的警戒心很高，像糯米麻糬或麻花捲麵包等食物會罩上網子，不容易偷拿。當我肚子實在太餓時，偶爾也去偷湯麵或豬肉湯飯。我通常會偷在舀湯進去之前，裝好在鋁箔碗或瓷碗裡的一人份麵條，或是抓一把白飯上面放好的豬肉碎片逃跑。因為在倒入湯汁之前都是乾的食材，方便手拿，不過要想填飽肚子卻是極為不足。

當一群花燕孩子盯上同一個商人時，最先嘗試出手的就是贏家。因為有人偷襲過之後，其他孩子就很難再接近那個生意人周圍。這個時候，先偷到食物的孩子有時候也會將食物分一點給其他沒成功的孩子，就這樣互相分享食物、累積義氣，不知不覺地形成了花燕群體。

哥哥也是名厲害的「鬧事者」，專門將生意人的物品狠狠地摔在地板，讓東西全部散在地上。通常好幾名的突襲手會跟在搗亂手的身後一起行動，鬧事者相較突襲手要更加大膽，力氣大又身手矯捷，因為他們得將裝有食物或東西的容器一把丟在地上。像我一樣體格瘦小又沒有力氣的孩子，根本想都不敢想。鬧事者通常看上的是麵包或糕類、豆腐飯、麻花捲麵包等食物，除此之外，其他像是裝在小塑膠袋裡的糖粉或調味料、辣椒粉、油等也是目標物。這些人多半是從突襲手開始，後來才轉變為鬧事者。

在花燕之間只要有鬧事者出現的消息傳開，大家都會為了去撿掉在地上的食物或東西，聚集到車站前或市集靜觀其變，在鬧事者周圍流連，等待出手的時機。也有的時候是鬧事者和偷襲手一起有計畫性地行動，突襲手會在聽到消息後去找鬧事者，然後在周圍徘徊等待時機。突襲手人多對鬧事者並不會帶來壞處，可以說他們彼此是相生的關係。突襲手越多，生意人就越容易被分散注意力，不知道該抓誰好。對生意人來說，比起一、兩個人，偷襲手越多受害程度就越大。

我體格瘦弱、力氣又小，雖然沒當過鬧事者，但也曾藉由哥哥鬧事、我隨後突襲的方式一起活動過。

## 如同彗星般出現的古茂山花燕

一九九三年我十一歲時遇見的古茂山花燕，是名非常厲害的扒手。遇見他的時候正好是十月十日黨創建紀念日，那是我和哥哥暫時分離，一個人辛苦地四處流浪的時期。當我從夢中醒來時，和我一起過夜的其他花燕們早已離開，不知道那之中是誰偷穿走我的鞋子，我只剩一雙襪子一個人被留在那裡。

那時正是我們這些花燕難以撐下去的時期，因為非社格魯巴嚴格取締非社會主義行為者，他們四處抓花燕，導致我們無法去偷吃生意人的東西。加上那時又是人們視為重大節日的黨紀念日期間，車站前面也沒有賣食物的商人，旅客同樣不多，只有少數因火車延遲被困在清津站的遊客。當天早上，我緊緊掐著已經餓扁的肚子，寄望街上會不會有些能吃的東西掉在那邊，四處打轉尋找。

「以後該怎麼過活呢？哥哥也不在我身邊。」

真的很茫然。每當刺骨的寒風穿過我的骨肉呼嘯而過，我就因為想念哥哥而掉淚，但不懂事的肚子卻不停地咕嚕嚕叫著。別說是可以偷來吃的東西，連掉在路上的食物碎屑都找不到的我，當時已經是連續幾天餓肚子的狀態。拜託，真希望可以發現有什麼東西掉在地上。可惜我殷切的期盼並沒有成真，那天，我沒有找到任何食物。

我找到一個陽光照得到的向陽位置，將餓得虛脫的身體倚靠在牆上。不知道是否因為好幾天沒吃任何東西，眼前一片漆黑然後又變亮，反反覆覆。我連動的力氣都沒有，只是茫然地望著天空，突然，當我看向地面時，有個東西映入眼簾。那是根菸蒂。好吧，就算無法填飽飢餓的肚子，至少也能撫慰一下我痛苦的腸胃吧？我急忙將菸蒂放進嘴裡，這時，某個人遞來一盒貼有金箔的５５５香菸，我往上一看，彷彿明亮的光芒滿滿地照射在我眼前。

那是一個又白又發光，充滿靈氣的臉龐，藏青色的制服端莊地圍上紅色領帶，甚至穿著貴到一般人都不敢奢望的中國製運動鞋（在北韓又稱為迪迪米）。他的眼神和一般人不同，閃亮到散發一股朝氣。

在我最餓最累的時期，如同彗星般出現的他是古茂山出身的花燕，我們的緣分就從他遞出的那盒高級過濾嘴香菸開始。那盒香菸一般人不容易弄到手，是只能在收外匯的商店取得的珍貴香菸。

「這個，為什麼？這真的……是要給我的嗎？」

他點點頭。我猶豫了一下，然後反覆道了幾次謝後，收下了他給我的香菸。其實我非常過意不去，也相當感激。

「你現在看起來很糟，要不要去站前的廁所洗個臉再過來？」

我突然感到很不好意思。那時我穿著四處都是油漬的學生制服，已經許久沒有洗過的頭上長滿頭蝨和頭蝨卵，臉和手都沾滿黑黑的髒油漬。這麼帥氣看起來又高貴的人，為什麼要給我這個呢？

不過，對整件事感到荒唐也只有一瞬間——不知何時我已經照著那孩子的指示去做了。

那個人帶我到清津站前的一家餐廳去，讓我吃了湯麵和香肉湯飯飽餐一頓，然後又帶我到青岩市集去買衣服，甚至讓我洗澡。下午他帶著我再次回到清津站，給了我選擇權。他讓我選擇跟著他，還是他給我可花一段時間的錢，我們就此分道揚鑣。根本沒有選擇餘地的我，當然是跟著他。

古茂山朋友是個非常厲害的小偷，通常被稱為扒手。扒手不用環形刀（刮鬍刀），在市集或列車上四處活動。他們使用非常難的技術，而且很大膽。這些人只以錢為偷竊目標，所以有人說，真正的扒手絕對不偷物品那點東西。偷皮夾被稱為「解開豆莢」，他們的雙手非常迅速且正確，一般很難被人們察覺。在他們解開豆莢時，就連被偷的人都不會察覺自己的錢包或錢不見。他們主要在列車的客車車廂活動，有時候他們甚至可以在一天之內賺到足夠吃飽好幾天的錢。

扒手們用錢的方式跟我們等級大不相同。為了不遭人起疑，扒手有錢的話會先投資在衣服上。像我一樣的攻擊手雖然也有穿好衣服的時候，但只要肚子餓又沒有錢，我也會將衣服賣掉過活，因此衣服經常是髒兮兮的。扒手中有人會給擁有房產的人一些錢進去住個幾天，他們總是穿得光鮮亮麗，甚至有某種程度可以住的房子。過著游刃有餘又乾淨的生活，扒手一直都是其他花燕們欣羨的對象。

這個古茂山朋友是獨子，父親已經過世，母親病重無法工作。年紀還小卻得成為一家之主的他，好一段時間都過得很辛苦。他將四處流浪偷來的錢寄回家，或是回家一趟把白米買好後再次離家，就這樣生活過來。主要是獨自活動的他，似乎覺得我是個很有眼力的傢伙，我們之間就算只看眼神也能知道彼此的想法。他覺得我可以協助他，或彼此能互相幫上忙，因此主動接近我。

自那天起，那個孩子和我由清津站出發，到茂山四處打轉，然後又到穩城或旺載山、吉州、金策、會寧等地去當扒手。當然，沒有技術的我總是負責在那孩子前面吸引人們的注意力，擔任把風的角色，實際上所有作業都是他自己完成的。雖然我在和古茂山朋友結伴之前有時候也會用環形刀，但遇到這個朋友之後，我才真正地成為了攻擊手。

我們主要在火車站四周晃，等待大批人潮湧上前搶著出站的時候開始行動。古茂山朋友只要使個眼色告訴我「就是他了」，我就會在已經夠擁擠的人潮縫中，將場面搞得更亂，分散大家注意力，而他就在那個時候上工。每當我邊把風邊想著他是否已開始動作時，回頭一看，他已經完成任務正準備脫離現場了。有一次我們甚至在火車站打開一個人的後車廂，發現裡面裝滿大把鈔票，發了一筆意外之財。

其實，真正的扒手是不用刀的。扒手的感覺神經非常發達，他們可以猜到人們衣服裡的暗袋大約裝了多少錢。在一旁悄悄觀察人們買東西的樣子，確認好他們從哪邊掏出錢後，就大膽地將手伸進去。古茂山朋友告訴我一般人衣服的暗袋通常位於心臟位置，教我要抓好方向，正確地運用雙手才能讓對方無法察覺。但就在我好好將這技術學起來之前，我們無奈地經歷了痛心的離別。

那天，也許不該去會寧的吧？

會寧市有許多中國商人，他們平時帶著很多錢在外面跑。就在我們決定好目標，追著一名中國商人的時候，不巧被安全員發現，急忙逃跑時便在會寧分開了。我們曾約定過，不管他跟我在哪裡活動、不管我們何時分開，就在清津站見面。在被安全員追趕時，他在古茂山下車，我則直接到清津站去。但奇怪的是，已經超過一星期了，他卻沒有出現在清津站。我猜想他可能發生什麼不好的事了，四處向花燕孩子打聽他的消息。但從其他孩子們那獲知的情報，實在令我太過心痛。

就在我們分開之後，聽說他在古茂山盯上新目標，離開現場時，不小心動到了政府相關人士的資料。告訴我消息的花燕孩子們說，他碰的那個後車廂裡，有政府相關人士的重要資料，除此之外還有槍枝。之前我們在人山人海的火車站裡，曾經打開裝滿大把鈔票的車廂，他可能覺得那個後車廂的包包裡也裝滿了鈔票吧？

只要想到他，至今我仍覺得難過。在我一個人幾乎沒什麼能力做什麼事的時候，遇見了古茂山朋友，他教會了我很多，也讓我得到許多東西。我無條件付出的個性也許正是向他學來的也說不定。那個比我大一、兩歲的朋友，就像我的哥哥一樣，無論是什麼都經常慷慨地買給我，也教會我什麼是攻擊手，把風時要怎麼做。遇見他的一九九三年，或許可以說是我花燕生活的巔峰時期吧！當我沒有哥哥在身旁，孤單地流浪時，他是我在最艱辛、最飢餓的時期所遇見的，一生難忘且感激的朋友。

## 無論什麼都能打開的巧手

哥哥非常會打鑰匙，厲害到我覺得他天生是該吃這行飯的。只要哥哥的巧手一碰，再平凡的別針也能變成鑰匙；只要他的巧手一碰，無論是什麼都可以被打開。那時候的房子，多半是主臥室或廚房等可以各自鎖起來的構造，依哥哥的技術，要想打開鎖頭不需要太長時間。就連我認為不可能的鎖，哥哥也能瞬間打開。不會用環形刀的哥哥繼鬧事者之後，專門做的就是破門者。

哥哥是我認識的花燕中，最出色的破門者之一。很會觀察事物的他，破門這項功夫了得。首先，破門者膽子要非常大，敏捷又力氣大的人才能勝任這項工作，因此許多花燕也很憧憬破門者。

破門者總歸一句就是偷偷闖入主人不在的空房，偷走家裡的東西，換句話說就是入屋行搶，膽子大且力氣大的成人們常常做這種事。花燕們破了空屋的大門後，進去偷走家中物品或能換錢的東西，拿到市場販賣用以維生。要想成功破門，首先得找一戶好人家，然後長時間觀察，掌握那戶人家有幾名成員，他們各自回家和出門的時間又是何時。甚至連家中的鎖頭有幾個，窗戶的位置在哪，以及入侵屋裡時，萬一主人突然回家該往哪裡逃等等，所有事情都得仔細計畫後才能行動，通常兩人以上一起行動的情況比一人單打獨鬥要多。

我曾經和哥哥一起在水南區偷過一家做餅乾的家內班。家內班是隸屬人民班（譯註：人民班為北韓最底層的行政輔助組織，每二十至四十戶組成一個班，受人民委員會管轄。）底下的機關，裡頭有做手套、做麵包的等等，雖然沒有接受國家支援，但也不是受直接管控的機關。因為北韓社會不能容忍買賣概念，餅乾或是商品等並不能擁有它的價值。大約只是我們想吃餅乾時，就要拿著白米去村子裡的家內班，請那邊的人幫忙製作然後給小孩吃。

在水南區的家內班裡，有一位老奶奶和一位年輕女性在工作。哥哥和我看好店裡沒人的日子，決定在那天前去行竊。我們仔細觀察了好一段時間，終於等到屋子沒人的週末。

決定趁著清晨的漆黑舉事。屏住呼吸，我們用眼神交換訊號開始執行計畫。我待在外面把風時，哥哥悄悄地打開店裡的鎖，我的心臟撲通撲通地跳。哥哥進去那間屋子裡不知過了多久，天開始慢慢亮了起來，但無論我怎麼等，哥哥還是沒有出來。天越來越亮，卻仍然不見哥哥的蹤影；不知不覺，天完全亮了，早晨已然降臨。我焦急地繼續堅守在那，但害怕往來的人們覺得我在那間屋子附近閒晃很可疑，有時也會暫時躲起來。在哥哥出來之前，我不能離開那個位置，雖然我已逐漸精疲力盡，但還是決定耐著性子等。

哥哥現身時已經是中午十二點了。看到背著裝有白米和餅乾等一大袋東西出來的哥哥，我真想馬上衝過去給他一個大大的擁抱。鬆了一口氣後，因為等了太久，身體湧上一股疲累感，淚水在眼眶裡打轉。果然，哥哥不是會丟下我逃跑的人。他準備從屋內出來時，附近卻一直有人經過，因此他猶豫了許久，然後天就亮了。看到哥哥揣著滿滿的布袋出來，我覺得從清晨等到中午也值得了。我們從水南區提著偷來的米，到青岩區的市集賣掉。

雖然我從清晨開始就在外面等哥哥，一直等到了中午，但哥哥從來沒有辜負過我對他的信賴。過程中總是擔心會被發現，焦急的心情讓我覺得時間好漫長，但是我對哥哥一定會達成目標、出現在我面前的信任卻不曾動搖過。我對哥哥一直都是這樣，他的心大約也和我一樣。哥哥一定會遵守和我的約定，會以值得驕傲的面貌出現在我面前。

跟隨哥哥一起破門時，我主要負責把風，若觀察的時間拉長，有時我們也得餓著肚子過一段時間。在和哥哥一同闖空門時，我很自然地學會了爬繩。爬繩指的是專門偷別人家曬的衣物，然後拿到市場去賣的行為，或從事這類行為的人。專業的爬繩者可以翻過屋子的圍牆進到庭院裡，將晾著的衣物偷去市場賣以換取食物，好的衣服甚至可以賣錢。

有一次，我們偷了一個看起來像是賺外匯的家庭，哥哥已經觀察完那間屋子。那是在我們兄弟倆分開好一陣子，又在清津站偶然遇見後的事。那個家庭似乎過得非常優渥，孩子們早早就去上學，早上九點丈夫上班後，妻子就在上午十一點到市集去做生意，那時家裡才會沒人。我們利用那個空檔偷了兩百條魷魚乾、香菸，還有被稱作「迪迪米」的鞋子等，搜刮到不少有價值的東西。尤其是那間屋子外頭晾的衣服，都是一般人無法輕易買到的名牌。把那些衣服拿去賣了以後，足夠讓我們生活好一陣子。

## 哥哥是破門者，我是攻擊手

破門者開始盛行後，人們逐漸加強戒心，將家裡的鎖加裝好幾層，有的家庭乾脆請個專門守門的人。而破門者之間將這種看門的人稱為「狗兒」，彼此也會交換哪家有狗哪家沒狗的資訊。在難以成功破門的時期，不管怎樣我們還是得活下去，因此我只能代替哥哥出去進行活動。那時我和哥哥的角色互換，我去辦事的期間，變成哥哥來把風。

我們前往人潮眾多的火車站，哥哥把風並且分散目標對象的注意力，我則用最快速度將藏在舌頭下的環形刀弄出來，割開他的背包。偷出東西趕緊轉交給哥哥後，只要我迅速離開現場，誰也不會察覺我們動了某人的東西。就連被偷的當事人也得先離開那裡後，才會發現自己的東西全都不見的事實，因此我們有很充分的時間可以逃離現場。

我是名攻擊手。攻擊手主要使用刮鬍刀來偷走他人之物，金錢或物品都可以算是攻擊手的目標範圍。刮鬍刀稱為「環形刀」，使用環形刀的行為稱作「射刀」。若裝有錢包等隨身物品的東西可以從外面看到標記，他們就能輕易地使用環形刀拆開對方的背包或口袋。攻擊手大部分都是單獨行動，有時碰到比較大宗的，也會和其他花燕們合作。他們不分日夜，在移動前往其他區域時，車站前、市集或是奔馳的列車上都可以進行活動。攻擊手大部分都穿得算整齊，和一般人沒什麼兩樣。

包括我在內，當攻擊手的花燕孩子們，平時都將環形刀藏在舌頭下，必要時拿出來用完後再放回去。一開始藏刮鬍刀時雖然有點不舒服，弄不好還可能割傷舌頭，但經過訓練後，只要能將它緊貼在下巴裡邊，從外表完全看不出來，說話時也幾乎沒有問題。習慣之後，就完全不會感到不適。將刀子藏在舌頭底下雖然不是件非常危險的事，但這塊刮鬍刀有時會被用得很驚險。偶爾孩子們之間打起架，這塊環形刀可能就會被當成凶器，造成危險情況。有些孩子覺得自己被別人看扁時，會將刀片卡在雙手上，一個瞬間就在對方身上弄出傷口。花燕之所以令人害怕，在於他們既不懂得害怕，也沒有懼怕的東西，他們是一無所有的孩子。

我和哥哥結伴時，有他負責把風；和哥哥分開的期間，則經常單獨行動。我最常做的是用刮鬍刀稍微割開其他人的背包上方，然後從裡頭拿出吃的東西或便當。有時覺得需要人幫忙把風時，也會和幾個選定的花燕一起行動。我會從專門突襲食物的孩子當中，挑出比較有眼力又聰明的孩子，讓他們幫我把風。被我選中把風的孩子，會自己一群人嘻嘻哈哈地打鬧，將人群的注意力轉移到他處，這時我就射刀在目標對象的背包上。或者趁行方人、旅客晚上睡著時下手，需要有人幫我擋著，以防他人看見，這時也會找他們來幫忙。像這樣有人幫忙擋的話，我就可以比較輕鬆地弄破背包、拿出便當。

相較於攻擊手不分金錢、物品或糧食等目標物，「出作人」則是集中攻擊行方人的背包，他們也使用環形刀。出作人平時會攜帶大小適當的布袋和刮鬍刀，割開目標對象的背包後，將裡頭的物品放進自己的布袋後逃走。他們多半不會自己行動，通常以兩人一組的型態行走江湖，主要在人潮眾多的火車站裡，以一個人用刀子割開背包後抓著，另一個人負責將破洞裡掉出來的東西接到自己布袋裡的方式行動。出作人能猜出行方人背包裡大約裝有多少糧食，此外，他們不常在一般市集裡出沒，主要在接近火車時刻人山人海的車站前，或者在車廂內動手。為了不遭他人疑心，出作人通常穿得像一般行方人。

行方人之所以會被出作人盯上，是因為列車經常間隔許久才進站，為了搭上那班列車，火車站裡會一下子湧入大批人潮，場面混亂。一九九〇年代中半以後，火車進站次數越來越少，乘客也只得在車站等上三、四天，甚至一個星期以上。人們不想錯過久久才開一趟的火車，因此拚盡全力也要湧進車站裡。在人山人海、動彈不得的情況下，他們既無法回頭也無法閃躲，出作人就在此時下手。就算他們清楚地看見自己背包裡的白米一顆顆地流出去，也只能束手無策地乖乖站在那。

## 青龍派花燕

我給了在清津站裡一名看起來肚子很餓的孩子食物。那是一九九四年左右，看起來比我大幾歲的他，模樣十分疲累且難受。當時，正是我幹完一件大事，在飽餐一頓後還有點餘裕的情況。他是一名攻擊手，主要在火車上行動，因為火車遲遲未進站，他在走出清津站後，接著就遇見了我。

「你有地方可以睡嗎？」

我從他嘴裡聽到意想不到的問題。

「嗯……睡覺的地方是有幾個……」

聽到我的句尾模糊不清，他說道：

「沒地方睡的話要不要和我一起睡？你知道青龍派嗎？」

「青龍派？」

青龍派……難道他說的，是那個所有花燕都很嚮往的組織嗎？聊了幾句後，他說他主要是在清津以外的區域活動，正當我疑惑他為什麼對清津站周圍那麼了解時，才得知原來他和那個在咸鏡北道清津，幾乎所有相關人士都知道的「青龍派」——也就是清津站周圍的花燕組織——有關聯。

青龍派是清津站周圍非常有名的花燕組織，只要這個組織的成員一在市集上出現，就會弄得商人灰頭土臉然後又瞬間消失，因此市集裡的商人也都非常怕他們。自他們踏入市集後，一眨眼就可以完成所有行動，而且被搜刮過的地方可以說就像被「夷為平地」。據說他們消失離開後，一點痕跡也不會留下。

雖然不清楚「青龍」是不是那個帶領組織的人的本名，不過，那個區域的花燕人人都想進青龍派。聽說青龍的父母親是旅日僑胞，一般在我們之間，旅日僑胞被稱為「倭胞」。他的父母因不小心說錯了政治相關言論後進了監獄，此後青龍就和奶奶一起生活。

根據我所聽到的，青龍的年紀大約是二十六、七左右。傳言青龍是非常可怕的人，很會打架，就連安全員們也不敢隨便動他。他那飛天遁地的技術，厲害到甚至足以扶養十幾名花燕。我在清津站遇到的那個人，雖然不是青龍派的正式成員，但他和青龍認識，據說有時候也會去他的屋子稍作休息。

那個人告訴我，從清津站往上走一些，會看到對面的村落緊鄰著山坡，青龍的屋子就在那裡。我記得那邊有個小市集，附近就有青龍的宿舍。那是一棟古老的房子，為一般獨棟住宅，是一間至少有一百坪以上的大房子。

那裡面養著一隻又大又可怕的牧羊犬，藉此徹底管制外人進出。總歸一句，一般人無法輕易靠近那間房子。傳言清津一位非常有名的破門者高手，想去挑戰掏空那間屋子，結果被那裡養的狗給咬了，情況十分驚險。

青龍透過極嚴格的測試來挑出有眼力、手又巧、技術好的孩子，在他的房子裡提供住宿和吃食。那間屋子還有兩名女性同住，一名是負責家事的女性，另一名是青龍的同居女友，兩人都是約高中剛畢業，十幾快二十歲的年輕女性。那個時期，所有人都生活得很艱難，也有些女性因此離開家去過放浪生活。

花燕搶破頭想進這個組織，因為進去了以後，可以放下心中的大石頭去過流浪生活。對花燕來說命運殘酷，任誰都不知道明日會發生什麼，他們需要一塊能守護自己的穩妥浮木。若有天不小心被政府抓走，也可以透過青龍的人脈或錢交換他們出獄，這樣一來，他們才能夠放心進行花燕行動。組織給他們歸屬感，他們就更願意效忠。

青龍派的成員可以用自己的方式，不管怎樣只要偷到一定的量獻上去，就能夠獲得組織首長青龍的保護。專門偷錢的孩子就繳納金錢，偷白米的孩子就獻上白米。只要完成一定數量，剩下的可以各自拿走。

此外，安全員們因為害怕被這些花燕組織報復，不敢輕易動他們。人家說的背後被捅一刀，舉例來說就像是花燕會在安全員平時行走的巷弄裡等待，然後突發攻擊，安全員就只能毫無防備地挨打。再加上安全員也不時會從青龍派組織那裡收到錢，他們沒必要去動那個組織。就像好好一塊餅乾，沒必要去敲出餅乾屑一樣。

我在那裡吃了別人煮好的飯，也換上洗好的衣服，舒服地睡上一覺。以我的實力要進這個組織，根本想都不敢想。雖然那個人看起來很希望我被收進去，但成員人數本就有限，當時並沒有空位能進去。組織成員加上兩位女生，也不過就十多人，而且嚴格規定核心成員的人數。組織若過於龐大，可能變成難以徹底查驗所有成員，或者可能會有對組織造成傷害的人進去。因此他們在挑人時，總是得經過完備的驗證，並且維持小規模人數。此外，為了預防被抓到，組織還訂有必須遵守的絕對原則，非常重視義氣，無論在任何情況下都絕對不能提及組織。因此，組織必須嚴格挑選花燕，並不是嚮往就能進去。再加上想進去的花燕要聰明、技術又好，在一般花燕之間，青龍派幾乎是令所有人嚮往的組織。

當時跟著那個人去了青龍派組織的宿舍，那裡對我而言完全是個新世界。其實該組織早已存在，只是當我親眼目睹那傳說中的宿舍，仍受到很大的衝擊。我雖然不過住了一個晚上，卻已是永生難忘。那個組織在我心裡種下一株小小的憧憬，我開始懷抱大大的夢想，想著以後一定要累積實力，加入青龍派！

## 3 再也見不到的哥哥，那些和他一起的時光

一九九〇年代初期，哥哥和我決定嘗試一直以來夢想的平壤行。那時藉由破門大賺一筆之後，我們沉浸在喜悅裡，心想這次一定是去平壤的大好機會。

為了遠行，我和哥哥一起慢慢地做準備。哥哥因為當過突襲手、鬧事者和破門者等，身上經常有點錢，我和他在一起時，也能穿得乾乾淨淨。在決定去平壤後，我們特別花心思在服裝上，也準備好夠吃很長時間的糧食。我們用心準備的食物是白飯和狗肉乾小菜，是將去除水分、乾燥後的狗肉加入調味醬做成的。白飯和小菜各準備了兩公斤，我們立下目標要進入平壤。

可我們的計畫卻出現了差池。在聽到隔天有火車進站的消息後，我和哥哥一起在車站前睡覺，早上睜開眼後，卻發現花燕孩子們紛紛四散。原來是安全員出現了，然後就連我們辛苦準備的便當也整個不見，鞋子也消失了。其他花燕孩子趁我們睡著期

間將便當偷走，連我的鞋子也被脫下來帶走了。我們只吃了一頓晚餐，就把所有便當全弄丟，哥哥和我非常心痛。幸虧哥哥身上還留有一些錢，那些錢並沒有失竊。

我們決定在車站前購買糧票。在車站可以用糧票買一個叫槨飯的便當，並且可以選擇份量。我們買了二十天份的糧票，決定按照預定計畫走。

我和哥哥一起去了位於平壤入口處一個叫做「間里」的地方。因為此行是長途旅行，我們搭火車移動的期間，要特別小心別被取締員抓到。哥哥和我穿著乾淨的衣服，雖然不會被懷疑是花燕，但我們畢竟還是年幼的孩子，有時還是會被取締員上下打量，要我們拿出車票檢查。當然，我們有車票，不過卻沒有旅行證，一旦開始查驗，還是三十六計走為上策。這時，最快的方法是躲在椅子底下，而更安全的方法是當列車靠站時，暫時下車然後再上車。一般列車通常在進站之前驗票，但因為車子經常延遲，開始驗票常常都已經是列車停下來的時候。

於是，我們就用這種方式避開驗票，一直到了間里。當我們進到間里市集時，那裡彷彿是個不同於我在清津所經歷過的世界。清津的市集大多熱熱鬧鬧、充滿活力，而那裡卻是非常不一樣的氛圍。好安靜、沒有一點生氣，沉悶到彷彿有人擰著我的心臟一般。我已經習慣充滿活力氛圍的清津市集，那種感覺對我十分陌生。也許我們的年紀還太小，以致於無法認同其他地區的色彩並接受它。那個市集本身很狹小，商人也不多，根本不可能在那裡進行突襲或鬧事。

我們在間里停留的期間去做了爬繩者，翻過一般家庭的圍牆，進去偷走他們的曬洗衣物，拿去賣錢維生。

此後，哥哥和我不得已只好前往吉州，決定在吉州的站前市集晃晃，突襲食物。要想填飽餓扁的肚子，當下也只有那個方法了。在吉州的站前市集裡，像我們一樣的突襲手雖然不多，不過周圍有一些悄悄辦事的扒手們。有一次，那些扒手來找哥哥和我，警告我們不要去突襲。市集商人因為我們提高了警戒心，讓他們難以活動。那些扒手孩子幾乎是用威脅的方式說話，哥哥和我好幾次差點就要和那些人打起來。那個時期花燕正開始成群結黨，就算哥哥和我拳腳功夫再怎麼厲害，和那些人隨便槓上打起來的話，仍然是件很危險的事。我們必須在那群人聚集起來之前逃跑。

我們抱著前進平壤的夢，來到幾乎是平壤大門的間里，卻因為無法在那裡進行花燕行動，只好轉往吉州。這時我們的旅費沒了，當地也沒有花燕的活動空間，我們陷入苦思。往平壤的火車原先管制就很嚴格，驗票也很確實，哥哥和我難以決定要怎麼做。但無論如何，我們還是得下決定，最後，我們不得不放棄去平壤的夢。

哥哥和我決定在吉州做最後一次突襲，然後回到清津去。偏偏那天安全員出現了。哥哥和我拚了命地跑，跑在前頭的哥哥上了火車，而跟在後頭的我卻沒搭上。和哥哥分開後，我在吉州待了一陣子，獨自摸索出一個人活下去的方法。

我和哥哥從小就很會做生意，只要有可以賣的東西，都會拿去市集和商人議價。不管是從家裡偷來的東西，還是父親從賺外匯的事業所拿來的稀有物品，全都成了我們的轉賣品。

父親之前上班的地方是五三一部隊所屬的賺外匯事業所。隨著社會主義崩壞，北韓的貿易中斷，為了從國外進口所需物資，需要有像美金一樣擁有國際價值的國際貨幣。而為了獲得這個貨幣，北韓開始在全國推動賺外匯計畫。其中父親所在的單位，是進行軍隊次要糧食或外幣相關交易的地方。賺外匯事業所裡有許多一般人平時不容易接觸到的新奇物品。

哥哥非常擅長轉賣物品。雖然年紀輕輕，卻能夠和年紀大的商人們熟練地展開議價。哥哥的判斷大多很正確，他和在一旁觀看議價乾著急的我不一樣，總是看起來沉著又游刃有餘。

一九九四年年七月八日，那一天是哥哥和我大發橫財的日子。

父親曾經從外匯事業所拿來非常多的明太魚，哥哥和我偷了其中兩大串，總共四十條。我們倆好一陣子都乖乖地待在家裡吃玉米飯，但哥哥和我都悶壞了，再也忍不下去。我們將明太魚藏在倉庫裡，早上去上學時將書包裡的書本換成明太魚後出門。當時，因為市場非常盛行，有不少做生意的商人。

我們拿著那兩串明太魚去了水南市集，在市集裡跟生意人議價，但他們說無法給我們高於五塊的價錢。當時，那些數量的明太魚大約賣十塊錢左右。熟稔這種事的哥哥大力地搖頭，說沒九塊就不賣；我夾在生意人和哥哥中間，什麼話也說不出地杵著。時間已經到了中午，肚子很餓的我心裡想著便宜賣也好，趕快賣一賣好讓我填飽肚子。但是哥哥卻泰若自然地和生意人展開心理戰，一步也不讓。正當價錢談不攏，繼續你一言、我一語時，突然間管理員出現了。接著，市集裡不知從何處傳來某個人偌大的嗓音：

「偉大的將軍辭世了！」

女管理員叫我們趕緊回家打開電視，然後開始趕商人們離開，說今天不能做生意了，馬上就把市場封閉。那時正值夏日，生明太魚若無法馬上賣掉就糟了，我們不知道該怎麼辦。「早知道賣五塊就好了！」因為太失望，我們碎碎念地走出市集。結果，稍早和我們議價失敗的阿嬸跑了過來，她說要用九塊向我們買。哥哥和我雖然開心到想跳起來，但我們藏住笑意，將明太魚用九塊賣給了她。市場其他人哭喊成一片，但哥哥和我無法理解他們的悲傷心情，只想著我們賺到大錢了，開心不已！

果然是偉大的將軍！托將軍去世的福，本來只能賣到五塊錢的明太魚，居然賣到了九塊！哥哥和我也向偉大的將軍祈禱、致上謝意。我們將那筆大錢藏在家裡，然後每天四處買各種吃的。

那時，因為父親拿了不少明太魚回來，家裡生活還不是很艱困。母親有時也會拿明太魚去市集換白米，總的來說，是還不需要擔心吃食的時期。

將軍的恩惠還不僅如此。他的辭世帶給哥哥和我的，不只是那一天的喜悅，整整半個月的日子都帶給了我們歡喜。那時，從志工事業所來的人在青年公園裡的金日成銅像前，發糯米麻糬和乾淨的水給前來弔唁的民眾，學生們也不分日夜地在銅像前哀悼金日成的死亡。發東西時不會另外登記名單，所以就算拿了一次食物又再去重新排隊，志工事業所的人也不會知道。尤其是在漆黑的夜晚，更不需要看任何人臉色，可以盡情地拿糯米麻糬和水來享用。我在金日成銅像前大哭，然後在努力擠出來的眼淚乾掉之前趕緊跑過去排隊，之後晃了好幾圈，不斷地享受麻糬和水。但是在一直看著民眾哭泣的模樣後，不知不覺地，即使我不努力擠，眼淚也會自己流下來。不知道是不是受到周圍氣氛感染，我好像也變得有點哀傷。我不是因為某一個人過世然後悲傷地流下眼淚，而是那些哀傷的人們讓我覺得悲傷，因此流下淚水。

對哥哥來說，有時候我可能是他的負擔吧？但他對我而言，無論是身體或心靈，都是能讓我依靠、世上獨一無二的。我們結伴同行，有時也會因為其中一人被取締員抓到而分開，不過我和哥哥不需要特別約定，在我們之間，似乎有著總會在某個地方再次相遇的信念。許多時候，我也沒有哥哥在身邊，獨自一人流浪，所以即使和他分開我也不會哭。我會堅強地自己單獨行動，有時也和其他花燕孩子們結伴成行，這都是因為和哥哥在一起時所獲得的力量在支撐著我。

我和哥哥四處行走的同時，也一起做了許多事。離開家以後，和他一起過著放浪生活、一起吃、一起睡的時期對我而言，是比和其他任何人在一起時還要幸福的時光。只要和哥哥在一起，我時常能感受到可靠又濃厚的兄弟之情。

當時，我並不知道哥哥有多麼擔心我，多為我著想，直到回想過去的時光我才明白。即使哥哥知道母親不是我們的生母，他也靜靜地等到我長大後才讓我知道；那種難受的心情沒人可以傾訴，所以他經常奪門而出。只要想到他那時候的心情，我至今仍覺得心痛。哥哥怕我受到衝擊，就連父親去世的事實也沒有馬上告知我。

就在我們回家見了父親的一九九六年秋天，哥哥得知父親餓死街頭，但他沒有馬上告訴我。他為了尋找父親留下的痕跡，在聽說父親的遺體被用牛車載往青岩區域醫院時，一個人哭著追了上去。他不想留給我同樣的傷痛，於是一個人承擔所有事，然後獨自抱著那顆沉重又難受的心，等待我成長到能夠理解父親的死亡，並且接受它的時刻。

若我是哥哥的話，能像他那樣做嗎……

哥哥和我自少年時期以來，不斷反覆著數不盡的離別和重逢。有時彼此依靠、一起在外面的世界闖蕩；有時遇到取締員，其中一人被抓到時又會分開。即使兩人都待在家乖乖去上學，但只要其中一人先逃出去，就又是一次分離。就這樣，我們反覆著重逢與離別，度過了十多歲的年少時節。

其實，哥哥自己一個人闖蕩可以吃得更好、穿得更暖。兩個人一起時，哥哥總是得照顧我，還得目睹我跑不快被取締員抓走的樣子，他該有多受不了我呢？等到我長大一點，發現我對哥哥是負擔以後，就不會硬是要和他結伴了。

在哥哥到農村區去當破門者之前，我們曾經偶然見過面。我們之間有種神奇的力量，讓哥哥和我都相信「會再見面」。有一次，我們在清津站偶然相遇，然後一起到一個賺外匯的家庭去闖空門。即使我們一起吃、一起睡、一起生活，但若其中一人被抓到強制送回家裡，就又得分開各自過活，期許將來的某天能再見面。我們在某個區域行動時，大致將那個區域畫為一個圈，彼此往反方向去，並且秉持著不久後就能見到面的信念。若我往順時鐘方向走，他就往逆時鐘方向去，想著某天能再見面，藉此獲得力量。

那是我升上高中，大約十一歲的時期。我們被安全員追趕，彼此分開後我苦思著要上哪才能見到哥哥？我在清津站附近或是周邊市集到處閒晃，心想至少也能見到一、兩次面吧？但是卻沒有見到哥哥，只是內心乾著急。到底該到哪裡才能見到哥哥呢？

後來才發現，哥哥和我在完全不同的地區打轉。我主要在清津行動，而哥哥則在茂山那區出沒。我無法和哥哥結伴同行，是因為他不太擅長除了破門以外的偷竊行為，加上遭闖空門的屋子越來越多後，許多家庭也開始加強防盜。要打開那些每個門上裝了兩、三個鎖的房子，實在要耗費太多時間，想進到屋內變得不容易了，所以哥哥只好往門禁鬆懈的農村去，而那裡就是茂山。像茂山郡那樣的農村，門禁大抵都很寬鬆，破門者的行動成功率很高，因此他不大想離開去別的地方。

入侵別人家本身就是一件令人很感負擔的事，一般花燕不會輕易挑戰破門，但哥哥卻恰恰相反。對其他花燕有難度的闖空門，對哥哥卻是最輕鬆的事，也使他很難離開破門容易的地區。相反地，當攻擊手的我因為主要圍繞清津市活動，根本沒有一絲和哥哥見面的機會。

雖然我們不常被抓，但年幼的孩子總是容易被取締員注意，有時還是會被他們送回家裡，然後去上學一段時間。當我們被安全員追趕，力氣大又跑得快的哥哥總是用閃電般的速度逃跑，不容易被抓到。只有在哥哥背後辛苦追趕的我會落網，然後就被關在分駐所，等父親來拖我回家。

偶爾回到家去上學，也是身在學校，一顆心懸在街頭。離開家生活後，我根本沒有交朋友的時間，偶爾去上學也只是參雜在一群不認識的孩子們之間，那種陌生的感覺和身為花燕必須遭受的各種恥辱和痛苦，讓哥哥和我難以對學校產生感情。

我在二〇〇五年前往中國時，透過認識的人打聽到了哥哥的消息。一直以來，雖然我並沒有拋下「只要活著，總有一天可以見面」的期待，但當我聽到哥哥被抓進去的消息時，彷彿天都塌下來了，而且事情還發生在很久以前。聽說在二〇〇一年我前往延吉的前一天，哥哥在圖們市的一間教會和其他人一起進行禮拜時被公安抓了。哥哥已經在中國住了很久，加上信基督教的罪行實在太重大，我根本無法得知哥哥被判了多久的刑期。

聽聞哥哥進了教化所後，直到現在我都無法確認哥哥的生死。雖然他很可能已經不在世上了，但在我沒有親自聽到哥哥的死訊前，仍相信也許有一天我們會再見面，往後我也不會拋棄這個信念。

第四章

# 不是人

★

人類在陷入窮途末路時
會產生這輩子最大的力量

## 1 非法越境罪

一九九九年三月二十四日，我因為非法越境（意指脫北）的嫌疑，被拘留在咸鏡北道穩城的某個安全部裡。在接受審判前的八個月我都在那裡度過，然後被依非法越境一年、買賣貨幣一年、走私一年的罪名，在法庭被宣告三年有期徒刑。直到大赦令頒布之前，自一九九九年十一月十二日至二〇〇〇年七月六日為止，我在咸鏡北道會寧的全巨里第十二教化所度過了八個月。

第一次被拘留時，大約是晚上九點左右，戒護員送來我的晚餐，是難以下嚥的玉米糠飯。即使那是剛用完餐的時間，其他囚犯卻爭先恐後地對我說如果不吃就拿給他們吃。一看，大家都彷彿只剩下一副骨頭，力氣只夠在監獄地板爬行。看著他們我真的吃不下飯，於是我把飯給了一個看起來最虛弱的人。

裡頭大約七、八成的犯人都是因非法越境罪入獄，其他的兩、三成則是經濟犯或殺人犯。牢房總共有十個，每間可以收容十到二十名犯人。

四月八日下午，戒護員傳喚我的名字。我曾聽說，十七歲要出獄的可能性還很高，因此抱著一絲的期待起身。但是，事情卻不如我的預期，他遞給我一把剪刀，要我剪頭髮。剪頭髮其實有特別的原因：過去監獄裡經常充斥著頭蝨、頭蝨卵和跳蚤這些小東西，有時它們給囚犯帶來的痛苦，比戒護員的教化還要大上許多倍。

在監獄裡基本上不容許有「動作」。囚犯必須坐好，並將雙手放在膝蓋上乖乖地待著。若因為抓了身上那些恣意橫行的跳蚤或頭蝨，身體動了一下，就必須被戒護員處罰一整天，甚至還要挨棍子。那時我才知道，不是只有見血才叫做殘忍的拷問。一整天乖乖地坐著不動，還得受害蟲折磨的痛苦，沒經歷過的人根本插不上嘴。人們因此變得越來越虛弱，不少人都因為受不了肉體和心靈的雙重痛苦而想尋死。

為了擺脫害蟲折磨，人人都想剪頭髮。只不過，削髮也成了一道證據，告訴世人「我現在是囚犯，被剝奪人權了」。我覺得眼前一片黯淡又難受。真的沒辦法避開這條路了嗎？難道，我就得去接受審判，然後去那個被詛咒的人間煉獄了嗎？削髮的人被認為是有罪、必須接受審判的人，大家戲稱他們是即將前往教化所的「桌球」。

監獄裡的規定非常嚴苛，沒有任何一件事是自由的：早上六點起床，七點結束用餐後就開始一天的教化行程。其中最辛苦的，莫過於跳蚤和頭蝨的教化帶給肉體的百般苦痛。大約晚間七點結束用餐後，九點半左右就寢，頭絕對不能躺在床鋪上面；若沒有確實整理乾淨也不能睡覺。每當此時我就會想起家裡的地炕，至少還能溫暖、舒服地躺著睡覺。有幾個夜晚，我也在黑暗裡獨自哭泣，以前從來沒有一次那麼迫切地思念過父母親。每當我難受又痛苦時，只要一想到父母，悲傷的感覺就會越發膨脹。有時，還真想一頭撞上牆角或鐵窗一死了得。這個痛苦彷彿看不見終點。

只要在監獄裡稍微做錯一點事，或者讓戒護員稍不滿意，囚犯就會馬上受罰，處罰的重點在肉體的痛苦。戒護員會不出聲音地貼在牆上，注意誰做了他們覺得刺眼的行動，只要被他們盯上，馬上就會被叫起來教化。他們讓囚犯手往鐵欄杆外伸，然後拿來槍架或是一種五乘五格的木塊，不分青紅皂白地打下去，囚犯的手會變成黑青色腫起來，然後流血。因此，戒護員和被收監的囚犯之間總是瀰漫一股緊繃的氛圍。

那時，在我們監獄裡有一名茂山人，經常遭到戒護員毆打和欺負。戒護員每天都可以挑出小缺失揍他、懲罰他。據說他原先性格就高傲又不懂得屈服，經常和戒護員槓上。戒護員越是不給他飯吃、越是欺負他，他就更加頑強地反抗。他用頭拚命撞鐵欄杆，最後一片血肉模糊地昏了過去。

我也曾經做了幾次遭禁止的行為然後被戒護員發現。有一次，我用打火機的鐵片做成刀子，結果被裡頭最壞的戒護員抓到。他將我的左手臂抓出鐵欄杆外，用我做的刀硬是從我的左手臂上直直劃了下去，纖細的手腕裡流出好多血。又有一次我做了銅針，正當我做到第十二根針時，被戒護員發現了。戒護員用那些針亂刺我的手，針尖穿過我的手背，從手掌心出來。他一直刺著，直到心滿意足後，才又去了別間牢房。雖然我很想抗議，但最終還是忍了下來。每當視線移到那雙被針任意戳爛的手，就不禁想著為什麼這雙手會被戳得泛黑、發青？為什麼我得受這種詛咒？實在好冤枉！

第一次見到她，是在一九九八年九月左右，她在我看守的玉米田裡偷了玉米。那個女人流著淚說她的孩子們已經餓了好幾天，而她自己也已經餓了兩天了。我就這樣放走了那個女人，但是她又再次回來找我。女人哭訴她那當國境守衛隊的丈夫去世後，她就一個人帶著兩個孩子生活。她向我提議，若我沒有下榻的地方，可以在她家過夜。餓得精疲力盡的女人和孩子讓我感到十分不忍，那個女人以在她家睡覺作為交換條件，提出兩個要求：一是我得幫忙找來糧食，另一個則是幫忙砍柴。我稱呼三十多歲、接近四十歲的她為姐姐。

當天晚上，我開始在農場的玉米田裡偷竊。七歲女孩和五歲男孩因長期飢餓變得消瘦，但自從我給兩個孩子食物後，他們的臉上開始有了血色。對我而言，偷農場作物是維持生命的最後一種手段。現在，人們已不再像以前一樣，認為餓死的人很可憐。現今世態，餓死的人反而會被認為是傻瓜，沒人會給予同情。就算偷了糧食，人們也不再認為那是偷竊，我也同樣沒有選擇的餘地。也在那時候，我才明白在飢餓這個人類最原始的本能面前談論道德或倫理，甚至是犯罪行為，都沒有任何意義。

不知不覺秋天過去，初冬已經慢慢到來。天氣越來越冷，樹葉都已飄落，只剩下那枯瘦的枝幹。我每天辛苦在農場裡偷來的數百公斤玉米，都用來幫忙她還債。雖然辛苦得來的糧食就這樣消失著實令我心痛，但我是真心想幫助她，因此盡量去克制那種感受。我不希望女人和她的孩子們在她遇見下一任丈夫前必須一直挨餓，也不希望她被債務纏身。但是，就在不久之後，那不期待任何回報的真心卻被無情地踐踏。

在初冬的某一天，我跟著她到了中國。那裡的朝鮮族會給我們一些舊物，附近也有許多被丟棄的衣服或鞋子等，只要把那些東西帶回去賣，可以換得錢或是糧食。之後，她和一名三十出頭的國境守衛隊軍官交往。接著有一天，那個軍官叫我去賺錢，一天若沒賺到一定的錢就別回家——要我滾出去的意思。過去是我盡全力為餓壞的女人和孩子們找來糧食，又幫他們砍柴，現在居然要我出去？

離開女人家的那天，大雪紛飛。我沒有方向，只是一直走著。我一無所有，身邊僅剩的只有一樣，那就是「希望」。

在那之後，我不時非法越境，生活還算滿足。當他們看到我別說是餓死，還過得好得不得了的樣子，又開始想和我親近。但我已經不再和他們打交道了。

那是一九九八年十一月的某天，一早感受到的不祥預感一直持續到下午，我的心劇烈跳動，隨後找上門的，是保衛部所長和指導員一三〇號特務們。我常常害怕哪天會被發現我去過中國，但那天卻特別無法冷靜，不安的感覺強烈地來回穿梭。

我被套上腳鍊，關在位於街頭中心的保衛部後，承受蠻不講理的暴力折磨。那些人用鞭子和火鏟毆打我身體的每個部位，彷彿就是一群瘋子。他們要我自首，說出一起過來的兩個中國人是誰。那兩個人真的是純粹想來一探北韓，也已經回到了中國，所以我沒什麼好說的。我的臉血肉模糊，腰、小腿和背等全都一片黑青，到了晚上，就連躺下都有困難。因為極度的痛楚，我的身體根本沒辦法碰到地上。他們甚至拿著木塊，不管是肩膀、腰還是背，全都毫不留情地敲下去，實在令我難以忍受。晚上看到那遭受一頓毒打後不堪入目的身軀，眼淚不自覺地流了下來。

但是，保衛部究竟是如何知道這件事的呢？

十二月中旬，我被移交到鍾城分駐所，在鍾城區分駐所（類似管轄鍾城區的派出所）的安全科再次接受非法越境的相關調查。和保衛部相比，在那裡挨打的程度相對低一些。我在保衛部已經接受一個月左右的調查，在那過程中，又因為營養不良變得非常虛弱，就快要變成監獄鬼了。有位負責的課長專門調查我，白天我在課長辦公室裡繼續寫調查書，晚上則在監獄睡覺。每當他們蠻橫地用飛鴿式（譯註：飛鴿式拷問法是將人的雙手往身後摺，銬在有一定高度的欄杆或水管上，讓人站也不是、坐也不是。據說只要經過一天就會四肢無力，胸骨突出如同飛鴿一般，是最痛苦的拷問方式之一。）拷問我，或讓我跪下，在大腿和小腿之間夾進木塊使勁地踩，又或者是用木塊打我時，就好似一群瘋了的人。牢飯則不過是一天給一個玉米麵包，或者有時兩天給一次玉米湯。

調查得差不多後，負責的課長和我說，如果我認真完成分駐所的差事，就會放我走。不過，他卻讓我做起各種雜事，像是打掃分駐所走廊、劈冬天爐火需要燒的柴、汲水等。除了我之外，那裡還有另一個比我大的哥哥。在經過調查後，其他囚犯就會去別地方，只有那個哥哥和我留在分駐所繼續做事。就這樣，我在鍾城區分駐所監獄度過了三個月的時間。

接著，在一九九九年三月二十四日下午，院子裡突然進來一台拖拉多魯（拖車），分駐所的安全員出來，將我和那位哥哥戴上手銬，要我們上去載貨車廂。我們還來不及搞清楚狀況就搭上貨車，之後又有另一名安全員和一名戒護員也上來了。就這樣，車子朝安全部駛去，在車上時那個哥哥對我說：「我以為你不會落到這步田地的。」那句話的意思大概是覺得我年紀尚小，應該不會被送去軍糞窟（指軍隊安全部監獄），但我居然也被送去，他只能面露無奈。

其實，當時我還屬於未成年者，而且已經被移交分駐所，不該到軍隊安全部監獄服刑的。但分駐所所長為了達到揭發犯罪業績指標，將我關進監獄後，等到了可以服刑的年紀，再把我送到穩城郡安全部監獄。尤其為了捉拿和我有關的守玉（當時守玉為了避開鍾城分駐所的追捕，將住處改到其他區域，因此鍾城並沒有調查權限），特別將我移送至管轄穩城郡全區的上級機關，而這也是讓我接受審判的理由。當時負責移送我的課長還特地見了軍隊安全部的預審課長，送了一包中國香菸當賄賂，才能將年紀那麼小的我送進軍隊安全部拘留所。

## 2 罪犯也是人

我待的是十號牢房，共收容了十二名囚犯，其中有幾名和我走得較近，後來都去世了。那幾個人的事情，我直到現在都還記得很清楚。

哲南哥是為了找吃的結果迷路，最後因為抓了頭牛吃掉而被關進大牢，最後用極為可怕的方式結束自己的生命。不過，尋死似乎並不是他一開始就計畫好的，他好像一直有點期待自己的病令下來。他說，即使用這種方法，也想回去看看媽媽和弟弟。病令是一種能在監獄外頭治好病，然後再回來服剩下刑期的制度。我無法得知他的生命意志是在何時凋零，只知道他在吞下十四顆釘子後，不到一個月就離開了。某天清晨，我聽到起床聲，看到他如木石般蒼白地一動也不動，想著「我很快也會變成那樣吧？」心情久久無法平靜。他抱著對生病母親和虛弱弟弟的留戀，變成一副冰冷的屍體離開監獄。

另外還有一名背叛祖國犯，可以說是我們這房的優良囚犯。他遊走中國進行走私，也做人身買賣，最後因為向南韓人洩漏國家機密而進了監獄。至少從表面上來看，他已經是穩城郡安全部裡犯下最大罪刑的囚犯了。他是一個非常熱愛生命的人，說自己活到現在不曾有過後悔，但若要說覺得惋惜的部分，那就是二十四年的人生實在太短、太可惜。這名二十四歲年輕小伙子想要的，只有自由；他之所以走上叛國之路，是因為飢餓。祖國無法滿足他那餓得乾扁的肚子，一開始他只想著不要挨餓，決定賺到一定程度的錢後就金盆洗手。但是，他卻在達到目標以前就被抓，最後和他的共犯一同在清津市遭到槍殺。

除此之外，還有一名囚犯是我目睹過的死亡之中，最令人惋惜的。在感染肺結核的情況下，沒有人願意照顧他，他的身體狀態差到連飯都吃不下。我也努力試著讓他吃幾口飯，但他卻說完全無法下嚥，將自己的飯碗推給我。一個正在走向死亡之人的飯我實在嚥不下去，每次都猶豫許久：「好吧，不管我吃不吃，反正飯也會被送去別間房。」結果，我並沒有拒絕正在邁向死亡之人的飯。為了不讓他放棄對生命的一絲希望，我拚命讓他回想過去幸福的時光，也為他顫抖的身軀披上衣服，求他不要死。但最終我還是未能阻止他的死去，他在我背上靜靜地靠著，慢慢失去溫度……

這些曾經一起吃飯、睡覺、聊天，走得親近的人們一個個離開人世後，我的身心靈好像也逐漸變得衰弱。只要想著他們入眠，夢中的我一定會看到他們流著眼淚。這個噩夢持續了好一陣子。我的身體已經衰退到極致，還感染了肺炎，難受到就連用雙腳在牢房裡走路都有困難。我爬著去上廁所，吃飯時即使有人在旁邊搶走飯，我也沒有推開他、罵他的力氣，只是徒然地刮著還留在餐盤上的飯碗。

這種事情越來越多以後，我可以感覺到自己越來越堅強。從某個時間點開始，對生命的強烈感受開始在我體內蠢蠢欲動。必須活下去、好想要活下去的想法變得越來越殷切。十七年華就要死去實在太冤枉了！既然我活著進來，也要活著出去。只因為出了國界就得這麼死去的話，我若在陰曹地府見到父母親，就連魂魄都無顏理直氣壯了。不能這麼空虛地死去的想法，緊緊抓住了我，唯一的血脈——哥哥還活在世上。對，我要想著哥哥！若我能活著出去的話，就能見到哥哥了！莫名的自信心讓我開始站了起來。

人間煉獄是比喻人雖然活著，但彷彿地獄一般，是俗話用來稱呼獲判「桌球」刑責的人們。但是，囚犯怎麼會希望去那個和死刑沒什麼兩樣的人間煉獄呢？

只要進了監獄，一般人通常四個月內就會死，是變得虛弱然後自然地死去。在那裡，囚犯無法吃到東西，接著就會餓得前胸貼後背。要用整顆玉米去皮後，蒸好當作白飯的牢飯撐上一整天，真的非常難熬。

不過，那還算是不錯的了。監獄裡不讓囚犯做日光浴，因為看不到太陽，囚犯的臉白得看起來像死人。加上住在極為可怕又不適合人生活的地方，眼睛自然也炯炯有神到可怕。接下來，因為沒什麼水，別說其他部位，就連洗個臉都很難，身體更是發出令人作嘔的臭味。毫無油脂的身體上，每天都會掉一把像是頭皮屑的乾燥皮膚，那個樣子讓我聯想到抖毛的狗或脫皮的蛇。頭蝨和頭蝨卵恣意橫行，我的屁股得了一種叫膿瘡的病，連坐都很不舒服。無論擦再好的藥，也絲毫沒有起色。

在監獄裡上了大號，因為沒有水，通常得用樹枝將排泄物推進洞口裡解決。夏天廁所的臭味刺鼻到令人暈眩，萬一糞便淹了出來，甚至還得用手伸進去通一下。以前的我，根本不可能將手伸進阻塞的馬桶中，但在這裡，馬桶不通就得挨戒護員一頓拳打腳踢。只要還把自己當人看，是一天都過不了監獄生活的。

結核、肺炎、腹瀉、感冒等可怕的疾病正在流行，卻有許多人因為沒有藥而死去。死去的人都有同一個心願——要死也要死在外面。在一個不到五平方公尺的牢房裡待著，五、六個月都無法看到一束陽光，實在是說不出的痛苦。也只有出去接受審判的日子，才能看到外面世界。所以，監獄裡的人總是期待著開庭，還有去教化所的日子。囚犯期待到了那時也許可能見到思念的人，可是卻連教化所是什麼地方都不知道，以為是從前的教化所，毫不猶豫地說要去。對生活在監獄裡的他們而言，遙遠的未來不過是奢侈罷了！他們只能想著下一步，想著明天的食物來度過今天。他們只能想著明天不能死。而我也是其中一個這麼生活的人。我苦撐著每一天，等待開庭日到來，但可怕的肺炎卻找上門。

# 3 咸鏡北道會寧全巨里第十二教化所

## 我想活下去

一九九九年十一月起，我開始了教化所的生活，所在地是咸鏡北道會寧全巨里的第十二教化所。我心想，「進去這裡後，還能活著出來嗎？」

會寧全巨里教化所位於一個山勢奇妙的山溝裡，據說只要一進去，絕對無法逃出來。就算偷偷逃出來，用盡全力跑了整個夜晚，等到清晨天亮時分，想看看位處哪裡時，就會發現自己來到的是教化所入口。找不到方向迷路後被抓到，就得在六個月後接受死刑。聽說，會寧全巨里教化所裡到目前為止沒有成功逃跑的人。

其實，我的教化所生活原本該從那年九月開始，雖然在教化所裡必須從事辛苦的勞動，但我心想至少還可以看到太陽，就某種層面而言比一般監獄好，而且有活下去的可能。那時我充滿鬥志，但卻在身體檢查時被判定罹患肺炎，而且處於虛弱狀態。當我再次回到監獄時，好不容易下定決心要活下去的想法也曾經動搖過。

我們一行從穩城郡安全部出發的七個人中，有五名被判定為虛弱狀態，必須再次回到穩城郡。那裡沒有客車可坐，在我們乘著貨車回來的期間，有兩名在飽受飢餓和寒冷折磨下，就這麼冷死了。除了我以外的其他兩名，一名在回到穩城郡監獄後，沒過幾天就因肺結核死去，另一名則獲得病令被送回家，卻聽聞他最終因為飲食調節不善而死亡。我在穩城好不容易調理好身體，於一九九九年十一月十二日再次挨著冬日的刺骨寒風前往教化所。

入所兩天後，我的肺炎又復發，狀態惡化到甚至無法吞下飯。教化所裡即使有燒炕，地板也不暖，寒氣很重。每到清晨，經常發現囚犯得了熱病。在教化所裡，可怕的疾病有熱病、腹瀉、肺炎和結核等。患上這些病，不用幾天就會只剩下一副骨頭。死亡已經來到腳邊，我的身體因為沒有藥，日漸虛弱。

在完全失去胃口，吞不下飯後，我感覺到對生命的迷戀也正在消逝。那時，我什麼感覺都沒有了，唯一想吃的就是糖粉。新進人員班的組長說要和我交換飯吃，換了玉米酥炸粉給我，感覺似乎好了些。熱病痊癒後只剩下肺炎，我慢慢感覺到食欲了。開始吃飯三天後我就進入了教化班，有兩名組長替我們搜身。班長是退伍軍人，堅守紀律，看起來不是簡單人物。其中一名組長臉看起來非常可怕，時常毆打和欺負虛弱的囚犯。當時，我已經處於二度虛弱的階段。

負責的老師叫我留在監獄做箸子（譯註：「筷子」的方言）。一天做五百根箸子並不是太難，我們在教化班裡用被砍成手掌大小、經過適當切割的臭冷衫木塊為材料製作。因為在教化所裡不能使用刀，必須從炭灰堆中撿出鐵塊磨好之後，將把手部分用布包起來，當成刀來削木頭。那時我大病初癒，身體還只能簡單地動一下。

但不幸的是，我又患上了腹瀉，徘徊在生死邊界。當症狀變嚴重後，我被移送到三號病班。病班總共有一到三號：三號牢房是已顯現病情的人去的；二號牢房是不服用藥物就可能有死亡危險的病房；一號則是收容即使服用藥物也已經無法存活，很可能當天斷氣的患者。一號牢房是囚犯在死前最後待的地方，其實那裡和停屍間沒什麼兩樣。

病情每況愈下，無論再怎麼吃飯都沒有用。就連站起來都有問題之後，我被移往二號牢房。進到二號牢房一個禮拜後，我感覺魂魄已去了大半。一睜開眼就是白天，再睜開眼又是晚上。胃口已經消失許久，因為沒有力氣，排泄物就隨它自然地由衣服滲下去。那時，我虛弱得已經感受不到脈搏跳動，打針時找不到血管，瘦得只剩下皮包骨。無論再怎麼吃藥，病情也沒有任何起色。死亡的日子正在倒數。

當時病班的組長還會幫忙處理大小便。最後，我被移轉到了一號病班，那裡沒有人會幫忙照料，因為至今沒有人活著離開過，沒必要多請人照顧裡面的囚犯。他們一天三次在床頭放好米糊後就出去，大白天時沒有人會在那裡出入，只有病班組長在清晨約五點時，會進去確認患者是否死亡。在進到病班後不過十天，我就快要死了。

來到一號病班後的隔天早晨，我從昏迷狀態中醒過來，一看，發現昨天在一起的病人消失了，他已被送去了停屍間。一號病班裡甚至沒有燈火，從傍晚開始就得孤單地一個人躺在那裡。然後，那天晚上有兩名病人進來，也是即將面臨死亡的人們，分別躺在我的左右側。隔天早上睜開眼，他們都還活著，但我們……應該就快死了吧？我一餐飯都沒吃，接著又迎來傍晚。腦海裡只想著今晚真的就要死了嗎？在死之前，我想最後留下點什麼，於是勉強拖著身軀，趴在地上用燒過的木炭留下「想活下去」小小的四個字。

正當我也不知道走在生死門檻之間的哪裡時，牢房又送走好幾具屍體。第四天，我向來收屍體的病班老師要了些吃的。老師非常驚訝，因為……我沒有死。

身體恢復到一定程度後，老師叫我去削筷子。因為我才剛從病班出來，他叫我邊休息、慢慢地做。剛從死亡邊緣倖存下來的我，卻沒料到還有另一個痛苦在等著我。

監獄裡其中一名組長會極其狠毒地欺負虛弱的囚犯，他並不知道對身體已經衰退到極致的虛弱囚犯來說，一點點的霸凌也會使他們心靈瓦解，讓他們的求生意志消失殆盡。他不僅說得彷彿是自己養活虛弱的囚犯，當囚犯沒照他的要求去做，還會毆打並繼續欺壓他們。他不過是匹野狼，不是人。

和我一起入所的囚犯當中，有兩名承受不住組長的欺壓和毆打，最後失去了性命。他們都是有妻子、孩子的一家之主。同一天、同時間入所的二十四名囚犯中，只有我和另外一名活了下來，其餘二十二名囚犯都只能在對家人的思念中離開人世。

那名像野狼般特別愛欺負虛弱囚犯的組長，受過他拳打腳踢的不只一、兩個人。我也曾被他狠狠地踐踏腰和腿等部位，好幾次昏了過去。有一次，當我滿身是血昏倒時，若不是被牢房負責的老師發現，還不知道會變成怎樣。多數的虛弱囚犯即使再怎麼被組長欺負或毆打，也因為害怕被報復而不敢說出來。當時我嚎啕大哭，將那段期間累積的痛楚和悲傷都向負責的老師說了出來。包含虛弱的囚犯通常在何時，又如何地被欺負，被欺負的理由、時間以及被打的方法全都一一吐實。

教化所裡十七歲的孩子並不多，老師因此特別照顧我。組長立刻就被負責老師叫了過去，不知道挨了多少拳腳，他的眼睛腫著回來。然後，當天晚上負責老師下班之後，我遭到報復。我被一陣又踢又打的，感到頭暈目眩，當我睜開眼時已是早晨。

我向指導老師一五一十地說出昨晚遭到報復的事，請求他也讓我做些事情。我不想聽到閒言閒語，說我沒做事只顧著吃飯。從那之後，我開始和其他人一起到山裡工作，儘管組長又罵我是因為想吃點心才去，但我回他負責老師已經允許我工作，然後正正當當地繼續。

## 哭，並不是因為想家人，而是因為拖不動樹木

在教化所裡有許多流傳的經驗談，比如某人哭，不是因為想父母、想孩子而哭，而是因為拖不動樹木而哭。一想到囚犯們要用瘦到只剩半圈的身軀去拖樹木，然後緊緊抱著那根樹木哭泣的模樣，真是悲慘又可憐。

不過，拖樹木的工作的確不像說的一樣簡單，即使走的是平坦的路，五百公尺後腳也會開始顫抖，頭也會開始暈。等到山坡開始呈四十五度傾斜，我連腳都踏不出去，開始落伍。我陷入雪堆裡，甚至必須用手撐起來，慢慢爬上去。老師讓七名虛弱的囚犯留在山脊砍樹，讓兩名戒護員跟著後，就帶著其他人越過山脊。我們燒火，或者將原木劈開、按照要求做好後，綁上拉繩開始下山。為了不讓一看到我就戲稱我是

米蟲的組長再說那句話，我咬著牙努力工作。

開始工作後，組長也無法輕易挑起事端了，好一陣子，我都死命地不讓他找我麻煩，但他又藉口我們晨掃沒有打掃乾淨，打了牢房裡的虛弱囚犯，也開始對我拳打腳踢。我說要去告訴秘書老師，他卻說要我去講，打得更厲害了。正好目睹那場面的老師跑了過來，用棍子毫不留情地打了組長。他生氣地罵道：「同樣都是罪犯，誰給你權力去打別人的？」並說要加重他的刑責，打了他一頓。組長被打到站不起來。

從那天起，老師給了我「監視」的權利。監視這項工作，首先得獲得老師信任，才能受到這種委託。監視的工作是在外面工作時，負責抓逃跑的囚犯，以及在教化班休息時間或中午時間，負責管控大家不要違規或受傷。

在牢房裡，我雖然受組長壓制生活，但是只要出去工作，一直到晚上入監之前，就由我來管控組長。欺負虛弱囚犯和我的那名組長因為經常四處違規，對我只能唯唯諾諾。他的違規主要是攜帶個人物品或像香菸之類的東西，然後和其他教化班的人交換。在教化所裡，違反禁止事項就叫違規。我獲得這項權利後，決心要為虛弱囚犯紓解冤屈。去站前時我會點一次名，上山時則用編號再點一次。

那個像狼一般的組長憎恨我，我也不對他屈服。我手握監視的權利，時常注視著他。中午時間我會守在門前取締自由主義者，若是虛弱囚犯，有時我會睜一隻眼閉一隻眼；但若是組長，我絕不會放過他。他和我總是打著心理戰，彼此都不放過對方一丁點的失誤，變成互相監視的狀態，但因為自尊心作祟，我沒有試圖和他和解過。

接著有一天，我沒看見組長。那天雪淹到腳踝，是特別難以行走的一天。無論我再怎麼喊，他也沒有回應，怎麼找也找不到他。負責老師要我非找到他不可。大家都很緊張，想著是不是發生逃跑事件了？幸好，十分鐘內我們就在山溝裡找到他。接著老師出現，讓組長站在那邊，然後開始打他，組長被用棍棒毫不留情地毆打。然後老師要處罰我，他將棍棒丟掉，改成用胡枝子打我。雖然當下時間很短，但我可以明白老師有多麼愛惜我，他想將年紀尚幼的我好好地活著送出去。在讀懂老師的心意後，我一點也不覺得挨揍的地方痛，反倒滿心喜悅。

前面也提過，監視的權利並不完全是好事，不一定能比別人少做些，卻時常伴隨著危險。若發生逃跑事件，監視兵就得接受預審，甚至可能因此被加重刑責，或被關進獨居房。又或是編號錯了，點名沒有確實實施時，我就得被罵，有時也會挨打。不過，要是沒有這些東西，那就不是教化所了。

教化所裡，沒有人會管其他人是死是活。為別人著想，接下來就是換自己死，所以沒有人會幫忙，也沒有人會擔心別人。只有物質才能行得通，這就是教化所囚犯們的生活方式。

我們稱之為教化所貨幣的，就是香菸。香菸對教化所裡的虛弱囚犯而言是如同鴉片般的興奮劑，在教化所裡，香菸是能和飯、麵粉、衣服或其他任何東西交換的貨幣。但教化所準則裡禁止香菸和酒，就連藥品也不准用外國藥品。

那麼被禁止的香菸到底是從哪拿到的呢？非常簡單，就是從離開教化所正門開始，沿路撿拾來的菸蒂。不過，因為有兩名戒護員和負責老師跟在後面監視，被抓到時就等著被揍得骨頭斷裂。因此，教化所的人們想出了各種矇騙他們的妙法子。其中，有把鞋子前緣和底板戳洞，瞄準菸蒂後用腳一踢，讓菸蒂進到鞋子內的方法。另外，就是在斧頭或鐵鍬的木棒底邊圓圓的那一側塗上口水，然後迅速地戳一下菸蒂再拉上來。萬一被抓到，就是當場被用斧頭或鐵橇把柄揍得要死不活；但若沒被發現，就跟多獲得一坨飯沒兩樣。

對教化所內虛弱的囚犯來說，香菸就和興奮劑一樣寶貴，無法輕易放棄。我們的目光總在地上掃視，然後避開後頭跟上來的戒護員，一心一意只想將菸蒂撿上來。有些人寧願餓肚子也要抽菸，甚至在去砍樹的路上撿來葉子，曬乾後捲進紙裡拿去賣，騙人說那是香菸。即使虛弱的囚犯被這種騙術捉弄，他們也無法戒掉菸癮。

在寒風刺骨的二月某天，教化所裡傳來好消息，是咸鏡北道教化部長前來傳達大赦令已經頒布。大赦令下達的話，大約會在六個月後正式進行大赦。他說是金正日給的恩惠，因逢創黨五十五周年紀念和八．一五解放五十五周年，於是下達了大赦令。但是，誰也無法保證那會是幾年刑期的大赦。教化部長說全部人都可以出去的那些話，還是無法令人全數相信。

一般的大赦會依據所犯罪刑給予減刑，或者直接釋放出去，這些全都因人而異。有的人看著別人出去感到羨慕，也會企圖逃跑，或者了結自己的性命。

二〇〇〇年三月到六月之間，光我們教化所就有七十多名囚犯因精神打擊而死，企圖逃跑的則有四件之多。只要一有逃跑事件發生，整間教化所就會終止作業，將所有人監禁起來，直到找到逃跑的人之前，絕對不會放人出去。逃跑被抓到時，免不了一陣毒打。因為這座山山勢奇特，目前為止沒有成功脫逃的案例。在這個不知道自己今天會死、還是明天會死的地方，六個月是一段無人能保障性命無虞的漫漫時光。

我們教化班一共有四十七名，除了少數幾個人之外，全都是虛弱之人。大約四十名是一度虛弱，但有一半的人幾乎可以算是二度虛弱了。看二度虛弱的囚犯工作，會覺得他們真的慢得像烏龜一樣，非常辛苦。在工作上耗盡力氣後，經常癱坐在那裡，久病之後被移往病班，就這麼死去。看著那些瘦得不成人形的人，還有那無法聚焦的眼睛，再沒有比他們更憔悴、更可憐的了。

他們死後，會被移往窄小的木頭倉庫。屍體在倉庫裡堆上二、三十具後，會一次用卡車或車子載走。盛夏時節要搬走屍體時，腐爛的肉就會一塊塊掉下來，我們只得抓住骨頭勉強搬運。屍體在晃動時，蛆就會從已經稀哩嘩啦碎成一片的肉體裡爬出來，那令人作嘔的惡臭蔓延整個教化所庭院。

這座山雖然山勢奇妙，卻連一個動物影子都看不見，唯一存在的生物只有一種——烏鴉。烏鴉從我們開始移出屍體時就不停地叫，一直叫到屍體被移往火旺山（譯註：在北韓意指火葬場），進到火爐內為止。突然聽到烏鴉鳴叫時，當天通常會有人來面會，或是有好事發生；但當一群烏鴉飛進教化所，卻彷彿是一種將靈魂出竅的軀體帶往山頭的訊號。屍體在火旺山變成灰燼，化成一陣煙飄走。

飽受飢餓折磨的教化所囚犯，除了不能吃的，其他都能毫無顧忌地吃下肚。教化所裡頭的老鼠和山裡的蛇可說是「大餐」。壁虎、火蜥蜴、東方鈴蟾全都可以烤來吃。我也吃過老鼠、蛇，當然還有蛇卵。

若連小動物都沒得吃的話，受污染的水也能喝。接著，就會因此得病。得了病之後，雖然在死之前還能獲得病令，但那是最後一步的冒險或機會了。病令是一種在家裡接受治療，再回去完成剩下刑期的制度，但所謂的最後一步，其實已經在死亡門檻上，大部分的人幾乎都是直接死去。

春天是非常難熬又令人疲憊的季節。雖然草會不斷長出來，但人不能只靠吃草活下去。草在生長，就表示是糧食相對稀少的時節，所以春天雖然可以填飽肚子，卻是人肉體上最為衰弱的時期。長期飽受飢餓的人們拔下草木，在尖尖的新芽長出來以前，立刻就摘下來吃。無論那是草皮的小草，還是蒲公英等等，先吃了再說。要是身心靈還有點餘裕的話，可能還會挑草吃；但對虛弱的人來說，完全沒有辦法思考那些。手裡不管是苦的、酸的、辣的，只要抓得到的草全都會吞下肚。有些人甚至吃草吃到中毒，臉和腿全都腫起來，甚至連眼睛都差點失明。

還有非常多人因為吃了奇怪的東西死掉。這裡的食物實在太過不足，有些人為了填飽肚子想盡辦法，吃了用來做腹瀉藥的松葉粉。也有人吃了爛掉的馬鈴薯，結果眼睛失明或引發浮腫，最後可笑地失去生命。就算有其他人勸阻，大家也因為肚子實在太餓而偷吃，導致最後葬送性命。

虛弱囚犯都不想要吃得太快，要是把那比拳頭還小的飯狼吞虎嚥吃掉，就實在太可惜了。不過，要是吃得很慢，萬一被班長或像狼一樣的那個組長看到，又會被說吃得一副窮酸樣，然後飛奔過來把飯碗搶走拿去給別人，或是回收掉。那麼虛弱的人，如果連一丁點的飯都被搶走，內心的痛苦大概會比天還高。

有些人吃什麼，就把它吐出來再吃下去，這叫做「反芻」。就像牛或山羊一樣，將吃掉的食物從胃裡再拉回嘴裡，然後再次咀嚼、吞下去。這是因為他們肚子實在太餓，隨便咀嚼後就呼嚕吞下去的話，又好像把食物吃得太沒有價值，接著後悔自己為什麼要吃這麼快。但反芻時被教化班裡愛打人的管理者發現的話，又要狠狠挨上一頓揍。這些人表面上看起來是罵虛弱囚犯樣子窮酸，說他們噁心，然後揍他們，但其實只是因為忌妒和眼紅。他們即使想反芻也不知道該怎麼做，於是心生羨慕，看不慣我們咀嚼的模樣。教化所這樣的生活也不是一天、兩天，要過上幾年這樣的日子，真是萬般無奈。在這裡，完全看不見希望。

每每想到初次進入教化所的那天，我就經常呆呆地望著大門，想著究竟何時才能走出那扇門？但我並沒有期待能夠活著走出去。看著瘦骨嶙峋的身軀，也常想著大概來日不多了。蒼蠅還有翅膀可以飛來飛去，我們卻連翅膀都沒有，空有一條比蒼蠅還不如的性命，只能熬過不知道下一步在哪裡的今日。

那時，我從來沒想過兩年後能夠活著走出去。就連生活力強、有家人送來麵食的囚犯們也都死去了，我沒人前來面會、也沒有人能依靠，幾乎沒有活著出去的可能。

無數的人們一一死去，但教化所裡沒有一個人在乎。

## 4 再也無法回頭的江

「丁一三六，退所！」

二〇〇〇年七月六日，年紀輕輕的我獲得大赦令後退所。那時來接我的人，是作業班的倉庫長和社勞青委員長，他們看到我時感覺一臉驚訝。活著出會寧全巨里教化所的人，幾乎都是半死不活的狀態，所以他們預想我應該沒辦法走路。雖然我離開教化所時，是三度虛弱的狀態，但勉強還能邊休息，邊慢慢地走。經過路邊看到崗哨，一想到我還活著，不禁感到非常激動。這究竟是夢，還是真的？若這是夢的話，真希望永遠不要醒來；若這是真的，若我真的活了下來……我的腦海一片混亂，這實在太令人感激了！從教化所裡出來後，第一件想做的事是抽菸。教化所裡嚴格禁止抽菸，所以我幾乎沒有好好抽過一次菸。接過倉庫長遞來的菸捲，我點火吸了一口，原地就昏了過去。虛弱的身體承受不住香菸的濃烈，但即使搖搖晃晃的，我也感覺好似徜徉在天空中。

我們三人來到外頭，打算前往穩城。倉庫長和社勞青委員長看到我一個人吃了三公斤左右的飯，嚇得瞪大了眼。胃裡要是沒有油，吃多少，胃就會變多大，要是人一口氣把飯吃光，可能會造成非常危險的情況。據說，從教化所回歸社會的人之中，有非常多人因為飲食調節不當而死。

我們沿著那條路一直走到會寧的封鎖線崗哨。我走起路來十分吃力，走一百步休息，然後再走一百步又休息，就這樣，好不容易抵達了封鎖線崗哨。聽到教化所今天有退所的人，許多民眾前來迎接丈夫、子女或孫子。抱著思念的家人可以離開教化所的期待，但有些人卻沒能見上家人一面。那時，因為教化所出錯，未聯繫到正確的家屬，有一名大嬸只能將麵食轉交進去，沒能看到孩子一眼，一直站在那裡捨不得離開。看著當天退所的我，有幾個人感激地說：

「你是生還回來的英雄啊！」

他們的眼神透露出祈求丈夫、兒子或孫子能活著回來的殷切心情。我剛進教化所時，社會民眾對進教化所的人態度還是非常冰冷的，大家都認為只有犯行惡劣的罪犯才會進教化所。但是當我從教化所出來時，感覺到社會民眾的認知改變了。好像大家都知道為了餬一口飯，即使原先不是罪人，也會無奈地變成罪犯。我真的很感謝那些人對我這樣說，但是一想到沒有家人開心地出來拉我的手迎接，深深的悲傷彷彿又從心底湧了上來。我搖了搖頭，咬緊牙關。既然都活著出來了，一定會聽到父親的消息，一定會見到哥哥的……

封鎖線崗哨那裡有許多前往我們的目的地——鍾城的車。幸好有軍隊的車說要載我們，於是包含我們一行人在內，其他幾個人都一起搭上順風車，前往鍾城分駐所。在搭車移動的路上，我看看外面世界，覺得外頭的人看起來真稀奇，而且很亮麗。原來我也有這一天啊！我活得好好的，沒有死掉。

在抵達鍾城分駐所，完成退所回歸的申報後，我和社勞青委員一同到了林業部總辦公室，黨細胞秘書和經理在那裡等著我。經理問我是否在身體恢復後就能好好做事，我無力地回答：可以。

我被安排前往的是地獄般的山地作業場，那裡的設備機台不完善，經常發生各種事故，甚至有人被原木壓死。我苦思了許久該如何是好，最後決定向黨秘書說情。我表示自己想在認識的朋友家裡休養身體後再回來，問他是否可以給我十天的糧食。意外地，他爽快答應了。反正以我的身體狀態也無法馬上工作，他們必須等我身體康復。

拿到糧食後，我前往以前很要好的一個哥哥家。在進監獄以前、我來往中國時，經常在那裡稍作停留後再橫越豆滿江。因此，那個哥哥也爽快地讓我住了下來。我在哥哥家停留的期間，身體逐漸恢復健康。元氣回復後，一想到要去山地作業班，一下子振作起精神。我心想：就這樣回去山地作業班工作的話，跟送死沒有兩樣。因此決定要到中國去。在只有屋主哥哥知道的情況下，我們偷偷地準備，原先計畫的日子是預計等九月身體恢復得差不多時，不過在山地作業場經理的督促下，我決定將時間提前到八月十一日。那時，我從教化所裡出來還不到一個月，身體還有些浮腫，也不太有力氣，而且正好碰上梅雨季，江水漲了許多。

八月十一日六點三十分左右，正是用餐時間，每個崗哨都只有一名軍人，而且沒有巡查隊，是渡江最好的時機。幸好，我順利地沒多費什麼力氣，就上去豆滿江堤防了。我慢慢移動腳步，在腦海裡演練著跳進豆滿江之前要有什麼動作。正當我在探索周遭地理，並注意四周、屏氣凝神地走著時，突然間傳來某個人的聲音。我嚇了一跳回頭看，一名軍人高喊著「過來！」。本來我小心翼翼地走著，這時無法再多思考什麼，立刻奔向豆滿江。

「抓住他！」

緊接著，警衛崗哨的一名隊員飛箭似地奔上前來。他和我的距離大約在一百公尺上下，但要到江邊還有一百多公尺左右。只要我再多跑一下就可以了，再一下！江岸的沙子多得讓我的腳不斷陷進去，跑起來非常吃力。身體虛弱的我和警衛隊之間的距離越來越近，甚至差一點就要被抓到。絕不能停下來！繼續跑，再一下子，再一下子！我拚盡全力跑到和他們只剩十五公尺的距離，躍進了豆滿江。

水漲得非常高，江水高度比我的身高要高上許多，我就這麼沉進水裡，然後撥開水直直向前，一直一直向前游。水流湍急得讓我被迅速推擠向前，就這麼踏上中國那端的土地。警衛隊員們在江的另一邊，像追趕雞群的狗一般愣愣地觀望著。

潛進水裡後，我一直被水流推著，一百公尺的距離轉眼間就這麼游了過去。幸好我恰巧踏上中國土地，要是再下去一點，可能就要被沖到水流激烈迴旋的地方去了。警衛隊看著我喊了幾聲，但我根本聽不清楚。大概是說，等我回去被抓到，絕對不會放過我之類的吧？

我倒在樹叢間，花了好一陣子平復急促的呼吸。

在中國開山屯地區的同心區光昭村裡，有許多以前跟我做過買賣的人。我在那裡躲藏一段時間，並調養身體。提供我藏身之處的哥哥說，最近中國取締也很嚴，有時公安會找上家裡。因此將我的房間一半都放滿穀物，好讓從外頭打開門時也不會一下子就發現。

身體恢復到一定程度後，同年十月初，我決定再回北韓。收拾好大哥準備給我的各種物品後，我再次橫越豆滿江，在以前認識的一個老師家停留一天後，去了一位以前在監獄時很要好的大哥家。他是我很想再見一次面的人，我們彼此真心地歡迎對方，舉起酒杯聊著那時在穩城郡拘留所的日子。

在那之後，我又度過幾次瀕臨死亡的關頭往來中國。我能夠多次往返中國，要感謝一位喜歡醫生的警衛隊分隊長的幫助。那位沒有丈夫、獨自扶養兒子的醫生是位美女，警衛隊分隊長有時會繞到她家，去幫忙砍柴或修理倉庫。醫生的親戚們住在中國，分隊長反過來請託我，要我幫忙向那些親戚拿錢或東西以幫助醫生。雖然我接受了他的幫助，但在來往中國時，有時也會被警衛隊抓到，遭到無數次拷打，甚至昏厥過去。和分隊長約好的日子出差錯時，我也曾經歷重重危機，但即使多次陷入被抓的險境，我的肉體仍然不斷地再次橫渡前往故鄉；即使要忍受彷彿把皮膚割開的冰冷江水，我依舊不斷地回到這裡。

若再被抓到，真的會面臨不知道多久的刑期，情況相當危險，可我還是一而再、再而三地越過豆滿江回北韓。這片我出生成長的土地、還留有我家人氣息的土地，如果一去就不知道何時能再回來。這股迷戀總是令腳步不自覺地往回走。

無法輕易離開故鄉的我，不斷地，不斷地渡過豆滿江……

讓我真的下定決心不再橫越豆滿江，是因為來往中國時，見到了思念的哥哥。我一直堅信只要能從教化所活著出去，一定會再見到哥哥，而奇蹟似的，我果真在中國見到了他。我在認識的大哥家裡調養身體的期間，哥哥聽到消息後前來找我。那時是十一月初。一九九八年夏天，自從那次哥哥來孤兒院看我以後，完全沒有任何他的消息。在中國時，我才得知父親在很久之前就已經去世了，而哥哥也在那時才知道我進了教化所。已經強忍許久的淚水，一下子嘩啦啦地流下來。

哥哥在中國圖們市上教會研讀基督教，當哥哥叫我一起去時，一開始我很害怕，因為研讀聖經、信仰宗教的行為，還有見南韓人，都屬於背叛祖國罪，是死刑。不過，一直以來我都是賭上性命活過來的，因此那樣的煩惱並沒有持續太久，我決定照哥哥的話做。延邊地區有許多為了見北韓人而來的南韓人，雖然去教會或者和南韓人見面都是令人害怕的事，但賭上性命的選擇，現在對我來說不過是家常便飯。

十二月二十四日晚間九點左右抵達中國後，我再也沒有渡過豆滿江。

我們在圖們附近和從事傳教士事業的人見面，和哥哥一起在那個人的教區住了一陣子。在位於深山山溝的教區裡生活的期間，我的心情一直很平靜。想吃的時候就吃，想睡的時候就睡，我居然也能有這樣的日子！那是我到現在都未曾體驗過的，如夢般的生活。真的是許久未曾感受到的自由。

接著有一天，哥哥提議要去延吉。兩個人一起行動的話，可能會被抓到，哥哥說他先去，等生活安頓好後再叫上我。那天是哥哥和我在一起的最後一天……

哥哥離開以後，我也馬上離開那裡。我所待的教區已經引起中國公安多次注意，傳教士告訴我們有危險，勸我們趕緊前往他處。之後，我到了一個叫同心的地方，遇見研讀基督教的北韓人，自在地生活了一段時間後再次前往瀋陽。接著我又在瀋陽遇見一些人，一起研讀基督教。然後，我接受這些人的幫助，企圖從中國延吉前往蒙古，開始一場賭上性命的逃亡。

第五章

# Purple Man

★

夢想是爲了做夢而存在
目標是爲了實現而存在

我認為吃得好、過得好，曾經那麼憧憬的中國人，卻說最想去的地方是南韓。他們說，樂意將辛苦務農一整年賺來的錢用在去南韓上。別說是機票錢了，光是非法製作假護照的過程就需要一筆不小的費用，因此，當我聽到他們願意把錢花在去南韓這件事上時，內心非常震撼。中國人如此憧憬的居然是大韓民國？

於是，我開始將南韓放在心上。

決定前往南韓，是在我進到監獄時。一九九八年我在保衛部短暫待過，再進到安全部時，心想如果能從這裡活著出去，能做什麼呢？沒有父母也沒有家的我，就算撿了條命回來，又能倚靠誰活下去呢？那時，就連哥哥的生死都不知道，我的思緒更加混亂。因此，我決定要去南韓——一個我從未想過的第三國家。

若能活著離開監獄，我能選擇的只有兩條路：到中國內陸無人知曉的地方一輩子躲藏下去？還是選擇南韓之行？那時我走投無路，想著若從監獄離開，無論去哪裡，首先一定得離開北韓，那樣才能活下去。

取締變得越來越嚴格，我認為至少也得嘗試一次南韓之行。去或不去？差別不過是在去的路上早點死還是晚點死罷了。即使我在中國躲藏過活，有一天當我被抓到、遣返北韓，已經有一次前科的我不知道會再被判多久刑期。可以確定的是，若再被抓到，屆時沒有活下來的可能。早點被抓到？還是晚點被抓到？我一如往常地賭上了性命，所以，沒有不嘗試前往大韓民國的理由了。成功就活下來，失敗就是死路一條。

坐在監獄裡時，我時常只想著兩件事：接受調查時，該怎麼說才能減少這段期間行跡上的時間差？另外一件，就是活著走出監獄時，我該透過什麼方式離開北韓？其他的我什麼也不想。

從教化所裡出來後，我決定先暫時放下成天只想著大韓民國的思緒，專心調養身體，如此一來才能準備逃跑。要是在身體恢復以前，我自己不自覺地向別人說出逃跑的想法，那會招來極大的危險。

二〇〇〇年十月到中國時，雖然已經下定決心不會再踏上故鄉土地，但是對故土的迷戀，一次又一次地拖著我的腳步。無論是誰，其實要完全背離故鄉都不是件簡單的事。在中國遇見哥哥，並且跟著他去教會見過南韓人以後，我才確立了自己的信念。再一次下定決心後，我向周圍的長輩們告別，準備離開。

當我決心不再橫越豆滿江，最後一次橫渡時，是二〇〇〇年十二月二十四日。

途經蒙古到達首爾時，是二〇〇一年九月了。

在調查機關結束調查，接受幾個月適應南韓生活的教育訓練之後，我第一件做的事情是旅行。三個月期間，我瘋狂地到濟州島等地旅行，幾乎花掉了定居支援金的一半。那時，我才懂得在這裡錢的價值，這對我來說是很重要的一課。到南韓後四處遊走、旅行了好一陣子，也許是因為體內蠢蠢欲動的花燕本能吧。

為了賺回旅費所花掉的錢，我下定決心，開始每天清晨四點起床的行程。清晨到冰淇淋物流公司做管理冰淇淋箱倉庫的工作，晚上六點下班後，到電腦補習班去上一個多小時的課。接著，再去超市打工摺箱子，最後到網咖去工作約兩個小時，結束一天行程。完成所有事情回到家時已是午夜了。然後，我沒辦法做其他事，直接就倒頭睡下。隔天，又在清晨四點的鬧鐘鈴聲中起床。每天四點半騎腳踏車出門上班的高壓生活，就那樣維持了八個月。

但是，我的思緒又開始變得混亂起來。那是在我發現如此辛苦工作賺來的錢，卻只有做一樣工作的人的一半時。心情非常錯綜複雜。捫心自問：「我到底是誰？」卻沒有得到答案。

為了活得像個人，連故鄉都能背棄，賭上性命來到這裡，我卻仍然是這裡的異鄉人。在故鄉，我已經是個犯下叛亂罪的背叛祖國犯，難道，我是無法屬於任何地方的人嗎？既無法融入北方的紅色色彩，連南方的藍色色彩也無法融入，難道，我是在那兩者之間、處於模糊地帶的紫色人類嗎……好吧，我不一定要成為紅色或藍色的人。

只要能填飽肚子，過著不被其他人束縛的日子，是什麼顏色又有什麼關係呢？

我沒有好好吃飯，也沒有舒服地睡上一覺，持續一段辛苦的生活後，身體最終亮起紅燈。我咳了一下，口中吐出血來。醫生說我是過於疲累又營養不足，必須住院接受一段時間的治療。

我終於明白了想賺那些錢，需要多麼努力地工作換取，還明白了即使在南韓，我也可能被其他人騙，或是遭到詐欺。

出院以後，我拿到汽車相關證照，從事維修工作。那時，我的人生在認識一位哥哥後改變了許多。在這裡，哥哥的家人就跟我的家人沒什麼兩樣，他對我這個年紀輕又一無所有的弟弟視同親弟弟般疼惜，我從他那裡學到很多。我曾經覺得南韓人一定都是善良的人，但是卻遭到他們鄙視，在我深感受傷時，是哥哥抓住了我。原先我帶著一股殺氣，有時甚至也會動拳頭，然而他卻將我的心牆瓦解、改變了我。遇見哥哥以後，我不和其他人吵架，遍體鱗傷的心也很快地被治癒。

世界上所有事情都來自你怎麼想。現在回顧以往，我認為我的生命中，沒有一件事情是對我沒有幫助的。遇見壞人可以學到人生道理，遇見好人可以治癒靈魂。在遇見哥哥後，我卸下對南韓社會和人民的警戒心，從他做的事情中學到很多，也不再用拳頭了。

我想要唸書，只是因為想了解這裡人的語言和文化。我發現自己聽不懂他們的話，無法溝通，而越是這樣，我就會越畏縮，然後逐漸覺得自己變得渺小。我心想，只要可以理解他們的語言、用心感受他們的文化，一切就夠了。於是，我開始拿起了書本。

本想學習語言和文學，卻因為第二志願填的韓國史變成主修科系，我再次碰到了人生的轉捩點。這就叫做轉禍為福嗎？我覺得唸歷史是上天給我的一個機會。我遇見好的老師，接受他們的指導，也找到了學習的樂趣。

活到現在，我所想的東西是對的，也可能是不對的。若上天給了我課題，那麼我就是為了履行那道課題，有時繞了遠路，有時又馬上接續下去，一直都在往那條路慢慢靠近。

我認為我的運氣非常好。我靠著一顆迫切想活下去的心來到這裡，但僅僅憑著一顆急迫的心，不是任何人都能在這裡活下去。這裡對我而言是機會之土。因為，這裡至少會給我們最基本的選擇機會，還充滿著能夠去找尋自己想做的事的可能性。

雖然有許多人覺得自己已盡全力，但有很多事情沒有實現，因而感到挫折。我卻認為在這片土地上，不需要因此感到絕望或想要放棄。當然，在這片土地上也有許多人因為不景氣而失業，變得難以維生。但一想到過去我沒有食物，還要扒了老鼠來吃，或是得去吃毒草，我覺得這裡的環境還算過得去。因為親眼目睹過地獄，我敢說這裡絕對是天堂。只要能找到自己想做的事情，只要沒有其他人阻擋著不讓你做，無論什麼事，都值得挑戰。

來到這裡後，我遇見許多人說旅行是夢想，也有不少人認為晚餐後喝杯紅酒是奢侈。其實，馬上到家附近的超市去，隨時都能買到便宜的葡萄酒，只要挪一點時間出來，現在也充分地能實現這些事情。不知道人們是否因為那太浪漫了，所以覺得不過是夢想罷了。其實那不是夢，是今天馬上就能達成的小事。

夢想是用來做夢的，目標是用來實現的。當具體能達到的事情變成未來的夢，目標就成了永遠無法實現的空想。即使是微不足道的夢想，只要你馬上去實現，夢想就會化為日常，而那日常的盡頭就是想實現的目標。

雖然依據所處環境不同，生活有時需要賭上性命的勇氣，但其實在我們的生命中，很多時候只需要用一點點勇氣，就能輕鬆解決問題。所有的門常常都在比想像中近的地方，不需要繞遠路去找那扇門。只要不執著於物質層面的東西，也許可以在比自己想的還要近的地方，找到自己的路。

每個人的價值觀不同，都有各自的生活方式，不管你將人生的比重放在哪裡，都絕對是個人的自由、也是義務。但是，只要想到北方的人們除了當下必須找到食物填飽肚子，沒辦法思考其他任何事情時，我就會想：現在賺的錢多或少有這麼重要嗎？只要沒有人能限制自己的想法和身體，只要是個擁有自由、可以選擇自己想做的事情的地方，無論對誰來說，都會是一個能夠變幸福、擁有無限可能的土地。

雖然是老生常談了，但我認為世間上所有事都在於自己怎麼去看待。若要拿別人和自己比較，可能會覺得自己很沒用，因而覺得難受；但若不和別人比較，而是拿十年前的我和現在的我做比較，故事也許就不一樣了。十年前的我，因為聽不懂南韓的語言，和其他人的溝通不大順利。既沒有工作，也沒有認識的人，更沒有可以依靠的地方，完全是個邊緣人。但現在的我，對這裡的語言和文化已經熟悉到可以和任何人若無其事地開玩笑，也找到想做的事，然後非常感謝地遇見了一些待我如家人的人們。

我依然沒有擁有什麼東西，以後好像也不會賺多少錢，但我想要以「我有能力打造幸福人生」的想法過活。只要認真地經營一塊領域，總有一天機會也會找上門。即使是需要花許多時間又很艱難的事，只要享受其中，持續耕耘下去，總有一天，有人會看出自己的價值。再聰明的人、再努力的人，都贏不過樂在其中的人。

我還在找尋自己未來的路上。相較於過去我所完成的事，未來我要做的事情還很多。日後，我也不會停下來，將繼續沿著未來之路默默走下去。至於具體要做些什麼事呢？我會慢慢地照我的選擇走，然後對自己不停提出質疑。關於之後的生活，我想往後還會有機會再做整理，就先在這裡做結尾吧！

II

# 北韓花燕研究

북한의 꽃제비 연구

第一章

# 爲何是花燕？

★

花燕是北韓封閉體制中
最具威脅性和抵抗性的族群

# 1 花燕研究目的

## (1) 研究花燕之目的

花燕是北韓社會內一群脫離國家控制的群體。本研究目的在於透過探索花燕究竟在什麼樣的背景下誕生、又有哪些行為類型和特徵、歷經何種變化過程，來展望這些花燕接下來對北韓社會將帶來何種影響。另外，也會討論這些花燕和北韓政府之間充滿生命力的變化過程。

因此，本文會由「花燕是什麼人？有什麼傾向？他們是從何時開始在北韓社會出現？又是在什麼樣的契機下擴散？他們對北韓政府造成的影響又是什麼？往後會如何變化？」這些問題出發，進行探討。

總的來說，北韓是封閉性社會。一般人所知道的北韓，是一個上從政黨官僚、下至勞工全都受雙重、甚至是三重高壓控制所運作的社會。這樣的北韓社會，基本上是一個管控體制和管控空間共存的地方。

北韓政府大致以三個管道控制人民：

第一，是以徹底的配給制度，利用物質來管控人民；其次，是動用警察的徹底監視與處罰來控制人民的警察管控方式；最後是最基本的，填鴨式強調唯一指導體制的正當性，藉此來管控人民的理念。這些全都無一例外適用於北韓社會內所有居民。[1]而適用這套管控體制的地方就稱為管控空間。

從物質管控的層面來看，北韓實施配給制度，將計畫經濟結構底下生產的產品數量，限制為維持生計最少需要的數量。此外，還限制非官方的經濟活動，讓人民只能透過參與官方的生產活動來維持生計。因此，屬於能進行勞動年紀的居民必須參加官方的生產活動。學生在教育機構裡，勞工則得在工廠、企業進行生產活動。

不僅如此，人民在官方生產活動的現場還得加入各式社會團體組織，透過組織生活的檢驗以接受理念統治。人民透過組織不斷地接受唯一指導制度和思想、理念的正當性教育。組織範圍包含九歲加入的少年團組織，到六十歲屆齡退休前都要參加的政黨和社會團體等。人民必須接受擁護勞動黨的唯一思想體制的理念和思想等教育，並得接受成果檢驗。年屆入黨年齡的所有人民等於被強迫以官方生產活動為媒介，進行團體生活。政黨方面有勞動黨，以黨為中心，還另設有各種社會團體組織。幾個代表性的團體有少年團、社勞青、女盟、職盟、農勞盟等。

制度管控指的是警察控制。警察控制是針對非社會主義的現象予以刑法管控之意。是將背離物質管控和理念管控的行為視為犯罪行為，施加處罰或警告，藉此使人民不脫離管控結構的一種強制性管控。這套制度用於約束旅行、結社、意思表現的自由上。

若說勞動現場是以維持生計的日常必需品的分配為條件，執行管控角色的空間；人民班就是以住處為前提，進行組織管控的空間。人民班透過「人民班會議」來使人民參與政府所需要的物質支援事業、勞力動員事業、思想事業，以村里為單位執行管控人民任務（蔡慶熙，二〇〇七：四六－六九）。人民班也透過每週生活總會，檢驗家庭革命、女性革命、子女教養的實際狀態，並維持相互監視的關係。生活總會指的是，針對自己和他人在執行業務過程或私生活等出現的失誤，做自我批判或相互批判的會議。在這樣的相互監視關係下，每五戶人口形成一個群體，這就是互相監視的

1 北韓社會的控制可分為思想控制、物質控制、制度控制。思想控制透過黨來完成，物質控制透過分配與競爭，制度控制則是以組織生活和法律為標準來形成。（鄭英哲，一九九七年，五六－六二）

「五戶責任制」。

如此，北韓當局透過管控空間得以行使物質管控、警察管控（制度上）、組織管控，無論願不願意，人民為了生計，全都得生活在管控結構下。

但是在如此嚴格的管控制度下，卻有一群人是脫離管控體制的。這些人自光復解放以後開始就存在，在一九六〇年代暫時消失後，一九八〇年代起又重新出現在社會上。儘管國家的控管和處罰變得更加嚴苛，他們仍然在這社會中存活下來，並擴散出去。其實，北韓政府並非不對他們進行管控，而是做了卻沒有收到成效。

這導致進到一九九〇年代後，他們的群體大規模地擴散。我們稱脫離社會管控的這群人為「花燕」。花燕如此特殊的群體，在嚴格控制的北韓社會下非但沒有凋零，反而更加蔓延，這點我們有必要予以注目。

尤其在北韓政府的強力管控措施下，他們仍然繼續進化，甚至組織化、資訊化，不得不說，這對想維持封閉社會的北韓政府當局而言，的確會令他們的立場十分難堪。北韓政府為了維持現有體制，必須使所有人民都接受控管，但這些花燕因為脫離管控空間，並透過組織化，得以形成現有體制的危險因素。花燕這個族群，是可能威脅社會體制的存在。

另一方面，一般人民即使做了任何反社會性行為，政府也可以對他們進行管控。

這是因為一般人民不同於花燕，他們無法離開管控空間。無法離開各種管控空間的一般人民，即使帶有對政府體制的抵抗性，也很難將抵抗性化為現實。

花燕能成為北韓體制中具威脅性對象的最大原因，在於他們能不仰賴配給，擁有自力更生的生存能力。他們對利用各種管制和規範所執行的高壓控制，抱持著很大的疑問，因此，他們是封閉社會裡最有抵抗性的勢力，同時也是加深北韓體制不安定性的族群。

本研究將會揭開北韓當局即使投入長時間的控制和努力，卻依舊無法約束住的這群花燕的起源，以及他們的類型、特徵。另外，也會針對最近由點狀組織擴散為集體組織的花燕現象，以及將來他們又會如何變化來進行探討。

## (2) 關於花燕的現行研究

一九九〇年代冷戰終結後，過去蒙上一層神秘面紗的社會主義陣營，開始有許多以他們為對象的研究蓬勃發展。也因此，社會上對北韓的研究也跟著大幅增加。過去在南韓所研究的北韓，網羅包含政治、經濟、文化等多方面探討，一九五〇年代以後則在各個層面進行有意義的研究，並為理解北韓奠定了學問的基石。來到二〇〇〇年代後，北韓研究更上一層樓，不同於過去主要在了解北韓整體，反而在各個領域出現了解個別情況及分析個案的研究方式變化。

最近，對於北韓社會日常的研究也頗受矚目。若說過去研究領域主要以北韓的政治、經濟、文化、社會為對象，現今則隨著開始對北韓的日常生活進行研究，形成一個更能深度了解北韓社會的環境氛圍。尤其該注意到的是，北韓社會正在誕生新的階級。

若說過去北韓的階級是以權力、地位、身分、基礎為中心作為政治的標準，一九九〇年代以後則形成了透過「市場」機制累積財富的新階級這點。這項事實可以說是非常驚人的變化。一九九〇年代經濟危機以後，北韓社會自然地形成新階級，這是最近北韓階層研究的普遍趨勢。尤其下位階層的相關研究也開始活絡起來，因為學者們皆認同新階級並非按照政治標準，而是依經濟層面的富裕為基準而產生。

針對北韓社會變化的研究則以社會管控、不平等、階級與階級矛盾、象徵體制、市場與人民意識等維持社會體制的媒介為中心，活躍地進行研究。他們與過往將焦點放在北韓的政治、經濟層面的研究方式不同，以一九九〇年代的社會管控、不平等、階級與階級、市場、人民意識變化等研究為主，奠定能進一步窺探北韓社會的基石。[2]

韓國國內外開始集中注意力在花燕身上，可以說是從一九九七年左右開始。直至執筆此書的二〇一二年，卻仍未有太多花燕研究的進展，這是因為花燕的研究要比其他領域相對難以著手的關係。因為研究對象本身就難以接觸，要研究「花燕」也就幾乎無法進行。現存唯一的學位論文是金昌培寫的關於在中國延邊地區滯留的北韓花燕研究（二〇〇六）。不過，此論文的研究對象都是滯留在中國地區的花燕，從這點來看，其實也不算是北韓內部花燕的研究。

如同前述，可以說花燕相關研究事實上是完全沒有的狀態。學術期刊偶爾登場的花燕近況或簡單的介紹、媒體和社會團體零星介紹的花燕生活面貌，以及證詞陳述資料[3]所編成的書籍，就是花燕僅有的資料。

韓國媒體初次介紹花燕，是在一九九二年《每日經濟》新聞中（六月二十日第九面）。該篇新聞指出人民對北韓體制的不滿逐漸蔓延，社會上出現許多隱語，其中誕

---

2 北韓的社會管控和不平等結構的研究在李佑榮的〈轉換期之北韓社會控制體制〉、鄭英哲的〈北韓社會統治機制的變化與特徵〉、金炳露、金成哲的〈北韓社會的不平等結構與政治社會層面涵義〉等裡頭。（鄭英哲，一九九七；金炳露、金成哲，一九九八）

3 花燕相關出版書籍有李哲源的《平毛》、鄭成善、曹日煥《白頭山》等，月刊中被介紹的則有李忠實的《花燕的悲哀》。（李哲源，一九九五；鄭成善、曹日煥，一九九九；李忠實，二〇〇八）

生了叫「花燕」的新隱語，此後再無出現消息。之後，隨著一九九五年《京鄉新聞》（十月二十三日第六面）介紹了花燕的真人真事小說《平毛》，又開始出現。經過一段時間後，自一九九七年起針對花燕的報導急速增加。其中一九九七年五月的韓民族介紹「來自北方的信」，並寫到北韓社會出現許多花燕，正加深社會的不穩定性。從此，韓國社會開始出現對北韓花燕的關心，也不斷有報導出現。

如同前述，過去缺乏對北韓的相關研究的最大因素，仍是因研究所需要的累積資料、證詞事例、專業資料不足的關係。用語不統一也是一項問題。首先，因為北韓官方並不承認「花燕」這個用語，大家迂迴使用的情況下，用語本身產生了一些混淆。北韓對外否定廣為人知的花燕存在，用不良青少年、非社會主義行為者等迂迴的方式稱呼他們。

另一個資料不足的理由，是除了透過北韓消息通所傳來的情報外，難以在現實生活中尋找到其他有花燕經歷的脫北者。即使好不容易找到有花燕經歷之人，他們也會迴避作陳述，很難蒐集到事例資料。他們迴避作陳述的理由，除了過去在北韓生活得很艱辛之外，也因為花燕生活時期所做過的暴力行為，或違反社會秩序規範的反道德行為，給他們帶來的羞恥心與罪惡感導致。因為他們意識到他人的有色眼鏡，所以不願意作證詞。這和脫離北韓社會的其他一般脫北者不太意識他人目光，自由作陳述的情況有些不同。一般脫北者在那裡飽受飢餓，以及對北韓政權彈壓的反作用力關係，反倒會想誘發他人的同情心，並不需要考慮道德倫理問題；有花燕經驗的人則因為生存問題，相對在意。

不僅如此，有花燕經驗之人迴避作證詞的理由，一方面也是因為擔心在脫北者之間流傳甚囂的北韓恐怖行動傳言。來到南韓之後，無論是以什麼方式經常曝光，先不說還有留在北韓的家人問題，傳言北韓甚至可能對已經來到南韓的當事人進行恐怖攻擊，這是他們不樂意作出證言的決定性因素。

綜合前面所述的幾個問題，花燕相關資料和其他領域相比要顯不足，因此難以進行專業的研究。總歸一句，花燕相關研究可說資料不足是其最大的問題。

北韓花燕研究的相關人員，即便處於重重困難下仍盡力克服限制，試圖深入分析花燕們的連續性和持續性，並以此為基礎展望花燕轉變的可能性。花燕的連續性指的是持續並反覆的性格屬性，持續性則指的是社會上花燕們持續出現的現象。這連續性和持續性是在探討花燕時，讓我們看到在北韓體制下無論採用任何對策或政策，也無法完全抑止花燕的一道標準。

# 2 花燕的研究範圍

花燕的演變史與解放期間的歷史相伴形成。當時的花燕即使不像現在被稱呼為花燕，以其連續性和持續性來看，在相當久以前就已經存在著類似今日的型態。北韓的花燕僅僅是不顯於外，其實從許久之前，就已藏於北韓社會的黑暗面裡，隨著一九九〇年代糧食危機爆發後更加擴散，並開始浮現於檯面上。

本研究也以光復解放期間起，至二〇〇〇年代為止的花燕作為研究對象。在此，將會由歷史脈絡來探討從解放期間的無秩序亂象、一九五〇年代戰爭孤兒問題，以及到一九六〇年代為止的政治矛盾問題，導致花燕的產生和其持續性傾向。尤其會集中在花燕開始急速擴散的經濟危機時期，也就是以一九九〇年代起到二〇〇〇年代為重點攤開來談。

一般根據脫北者的證詞等資料來看，花燕較廣為人知是於一九九〇年代初期第一次出現。一九九〇年代初期隨著維持生計變得困難，有些過著放浪生活的學生開始轉型為花燕。不過，花燕不過是在面臨經濟危機的一九九〇年代初浮上社會檯面而已，其實，他們在比這時間點還要早的一九七〇年代也存在過。北韓在一九八〇年代以前，社會及組織生活某種程度還算正常且穩定。因為有過這段穩定的時期，對當時居住在北韓的脫北者而言，自然會認為花燕的初登場時間點是一九九〇年代。但在北韓最優秀的長篇小說《不滅的歷史》中，已經告訴我們花燕的用語自解放期間起就存在過。長篇小說《不滅的歷史》叢書是將金日成編年史中的事蹟小說化而寫成的系列書籍，裡頭有許多內容是某種程度真實的事件。之後，我們會再另外提到花燕一詞的文字意義。在《不滅的歷史》叢書中的《閱兵廣場》裡，花燕是解放期間蘇聯人用來指稱流浪兒的用語，這讓我們知道當時花燕已經存在（鄭其鍾，二〇〇一，九五－九七）。無論現在的花燕一詞本身究竟是蘇聯語或北韓語，這段內容讓我們知道，這個詞彙從解放期間就開始存在，並且極可能在經過長時間後，重新被詮釋。

此後，我們要繼續展述的花燕相關內容，將會由了解解放期間的花燕開始。首先，我們將會一起認識在歷史的潮流中，各時代的花燕產生原因為何，接著將花燕做類型區分並細分後，挑出他們的特徵來看。再接下來，我們將會探討擁有這些類型和特徵的花燕，在歷史潮流中對北韓政府產生了何種影響。此外，透過探討北韓體制要控制花燕的困難之處後，再來談論花燕將會以何種方式變化，展望其未來的可能性。此部分將會特別聚焦於花燕急速增加的一九九〇年代進行探討。

為了研究花燕，筆者打算以文獻資料著手，再加上花燕出身的脫北者證詞，將其盡力做最佳運用。文獻研究主要使用北韓一次文獻中提供最為基本、也是最重要線索的《金日成著作集》（一九七九～一九九八）、《金正日著作集》（一九九二～二〇〇五），以及將他們的事蹟改寫為小說的《不滅的歷史》、《不滅的嚮導》叢書等。其中《不滅的歷史》、《不滅的嚮導》分別是將金日成與金正日的編年史內容小說化。除去讚揚掌權者的部分，從書籍能一窺當時社會風貌這點來看，它們是非常重要的文獻資料。此系列中筆者欲參考二〇〇一年出版的鄭其鍾《不滅的歷史》之《閱兵廣場》，以及二〇〇二年出版的李信賢《不滅的嚮導》之《江界精神》。《金日成著作集》和《金正日著作集》重點在於如實反映出北韓政治史上最高權力者的認知和政策。尤其，裡面收錄絕對權力者對當時政治局勢的主張與政策方向內容，在文獻特性上屬於他人無法輕易更正或修正的關係，相較於其他資料，此種文獻的可信度要高上許多。因此，在了解北韓的主要政策、提案、對當下政治局勢的判斷等時，能將其當作基本資料運用。《金日成著作集》自一九七九年至一九九八年為止，共分五十卷出版；《金正日著作集》則由一九九二年至二〇〇五年為止，共十五卷，目前以增訂版出版到第十五卷。

此外，還預計參考同樣屬於一次文獻的《朝鮮末辭典》[4]等，藉此掌握社會對花燕認知的變化。一次文獻在掌握歷史脈絡時扮演很重要的角色，因此筆者將盡力活用這些資料。

此書後半部以出身花燕之人的證詞資料及證詞為基礎來著手編寫。這些脫北者之中雖然沒有親身經歷花燕活動的直接經驗者，不過，他們皆是在近處目擊花燕的間接經驗者。將有經驗者和無經驗者分開來看時，本文雖然缺乏花燕本身的經驗談與直接經驗，卻仍欲透過這些目擊花燕的非直接經驗者看待花燕經歷者的認知角度，盡力提高客觀性。此外，也持續透過傳達北韓社會消息的各級情報機關資料，提高花燕研究的完整度。

在脫北的陳述者之中，雖沒有直接經歷花燕生活的口述人和經驗，但我以對花燕現象了解的口述人為對象進行了訪談。為了方便閱讀，在此將他們所提供的採訪資料

4《朝鮮末辭典》是二〇〇四年由科學百科辭典出版社所出版的辭典。為了增進對北韓用語的理解程度與解析，在此欲將之做運用。

引用標示為脫北者A到G；
並根據他們的要求，在此不
公開家庭情況和真實姓名。

**【表一】訪談對象基本資料**

| 口述者 | 脫北者 A | 脫北者 B | 脫北者 C | 脫北者 D | 脫北者 E | 脫北者 F | 脫北者 G |
|---|---|---|---|---|---|---|---|
| 性別 | 男 | 男 | 男 | 女 | 男 | 女 | 男 |
| 生活經驗 | O | O | O | X | X | X | X |
| 脫北年度 | 2006 | 2002 | 2000 | 2011 | 2005 | 2011 | 2003 |
| 入國年度 | 2006 | 2003 | 2001 | 2011 | 2006 | 2011 | 2004 |
| 出生地 | 茂山郡 | 茂山郡 | 清津市 | 大紅湍 | 茂山郡 | 清津市 | 茂山郡 |
| 北韓學歷 | 高中(肄) | 高中(畢) | 高中(畢) | 高中(畢) | 高中(畢) | 高中(畢) | 高中(畢) |
| 北韓職業 | 學生 | 無職 | 無職 | 農場員 | 勞工 | 乘務員 | 生意人 |
| 經驗期間 | 1997~ 2006 | 1997~ 2000 | 1992~ 1997 | 2011 | 2005 | 2011 | 2003 |
| 經驗區域 | 吉州 茂山 清津 | 茂山 清津 | 清津 穩城 咸興 | 大紅湍站 市場 | 茂山站 市場 | 清津站 市場 | 茂山市場 清津 |
| 目前年齡 | 22 歲 | 30 歲 | 31 歲 | 24 歲 | 33 歲 | 30 歲 | 31 歲 |

第二章

# 花燕是什麼？

★

如同春暖花開就會飛來的燕子
流浪青年蔓延於北韓各個角落

# 1 花燕的概念

## (1) 花燕的產生及相關現行理論

### a. 花燕的產生及相關理論

攤開探討花燕產生原因的類似理論，其中有一派下位文化論（洪斗升、具海勤，二〇〇四：一二九），普遍認為不良少年是因為出身於下流階層的不完整家庭及不良居住環境，導致他們容易暴露在脫離社會或犯罪的氛圍下。根據下位文化論的闡述，不良少年主要來自下流階層的殘缺家庭，並大幅出現於不良的居住區域。

另一方面，根據安東尼．紀登斯（Anthony Giddens）的說法，隨著社會內部結構性緊張和道德規範不足，導致個人或團體想要的和實際上能使用的資源不一致時，組織成員將會因為欲望和可以滿足的程度不一致，造成他們悖離軌道（紀登斯著，金美淑等六人譯，二〇一一：七九七）。這可以定為一種脫序狀態，社會學中所認定的脫序，是指沒有規範行為的共通價值，或者沒有道德標準的混亂狀態。換句話說，脫序狀態指的是自己失去該走的方向，並且放棄決定行為的狀態。

此外，在控制理論裡所指的脫序行為，產生於在行為者以可取得的利益為標準，衡量犯罪和危險因素的過程中，學者們看待此為社會化不順利的結果（紀登斯著，金美淑等六人譯，二〇一一：七九七）。其他理論也認為，當人積極參與獲取社會成功和高階地位的活動時，產生不良行為的要素就會消失，並且依據對社會的支配性價值及規範的信賴程度不同，會左右一個人社會化的失敗或成功（元碩祖，二〇〇二：九二－九四）。這些論調皆認為社會化失敗的情況下，即會產生脫序行為。

綜合整體來看，這些理論普遍認為脫序的發生原因在於社會化是否成功、地區環境、社會內部結構性緊張和道德規範鬆弛所招致的結果。也可以歸納為，社會生活失敗，或者無法達成有建設性的人生計畫時，是脫序行為產生的要因。

### b. 花燕產生原因及現行理論的差異

若將現行一般理論中所出現之脫序發生原因，和花燕的發生原因做比較，可以發現其中有些微的差異。

第一，是將不良少年問題套用在北韓花燕時，從「不良」的層面來看即使有其相似點，但不良的居住區域環境問題這點，卻沒有對花燕的產生造成影響。北韓的花燕並非出現在某個特定區域，在相對環境較好的地區也出現過花燕。換句話說，我們必須注意到的是在全國範圍中，不僅僅是下流階級，在中上流階級裡也有出現花燕的部分。理論上因為北韓地區特性，稱得上是好環境的平壤不應該出現不良少年，實際上卻從很久以前，平壤就已出現花燕現象。不只是平壤，在一些特別地區生活的下流階級以上的階級，也都有花燕產生。

和現行理論不相符的部分還不僅於此，花燕的範疇包括了不少的成年人，因此也不能將其限定為青少年層。

第二，若將結構性緊張和道德規範鬆弛當作發生要因，當我們拿北韓社會來做比較時，會發現正好相反的型態。也就是說，北韓社會在結構層面或者道德規範上，都比其他任何國家要強。若要用一句話來概括北韓社會，可說是無法容許一丁點個人自由的嚴格控制型社會，社會結構非常緊張。另外，從控制的嚴格程度超越基本道德規範，甚至允許動用法律責罰的這點來看，恰好呈現和現行理論相反的結果。

第三，是將社會化失敗視為脫序發生原因的部分。要將社會化單純看做是行為者的社會適應問題，其實有些勉強。站在個人的立場來看，研究未將屬於不可抗力因素的社會問題或其他個人環境，以及國家政治壓迫等納入考量，此點會產生問題。只單方面探究行為者，和致使花燕必然發生的結構性問題之間仍有些出入。

### c. 對花燕行為的解釋

那麼，我們該如何針對花燕的行為問題做解釋呢？首先，將花燕的行為以犯罪論做基礎來分析本身就是一個問題點。在北韓，原則上所有東西皆是國家所有，個人能夠合法擁有的東西非常有限。被允許的只有以家庭為單位，在我家內的物品而已。並且，當擁有超過那些東西以上的價值時，必須向國家申報，並給出合理的回答。

比如說，在北韓社會中利用週末時間去幫交情好的同事工作，因此獲得勞動代價的金錢，而若想將那筆錢放進銀行儲蓄，必須說明一定金額以上錢財的出處。

在北韓社會裡，國家能夠管控一個人的所有東西。除以家庭為單位擁有的物品，個人的所有物皆視為非法；個人的活動範圍只要脫離國家所訂的時間、工作、組織之外，皆可被當作非法活動。換句外說，除了在家庭裡的活動外，北韓人民的所有活動與行為皆可看作是「公共的」。

在生產活動結束、回歸到家庭之前這段時間的行為活動，雖然並非官方活動，卻仍可能變成受罰對象。舉例來說，若有個勞工因為謀生困難，在工廠結束生產活動以後，到市場去做生意等商業行為，那就是非法，會變成受罰對象。成為受罰對象在北韓社會就代表犯罪之意。透過所謂「公共的」意義來看，北韓的體制是由國家限制並管控個人生命自律性的嚴格管控型社會，由這點即可看出要將花燕行為定為單純犯罪是有些勉強的。

另外，花燕行為中還存在一些無法定為犯罪的行為。比如表演才藝、乞討行為、撿東西吃的行為、到山裡採野菜等，用這些方式維生的花燕為數不少，並不能將他們視為犯罪行為者。

## (2) 花燕的條件

### a. 花燕與流浪漢

有些人可能會將花燕想成流浪漢，但流浪漢和乞丐與花燕不同，他們能夠受到法律保護，且在一開始維持生計的行為脈絡就和花燕有些不一樣。流浪漢大部分以乞討維生，花燕的謀生行為卻非常多樣，並且和流浪漢相異的是，他們對社會產生了間接影響。流浪漢有另外的保護機構，露宿街頭的人單純只是拒絕了保護機構而已。此外，流浪漢基本上並未對政府有抵抗之心。

相反地，花燕不是受保護的對象。他們沒有保護機構，有的只是抑制他們行為並且管控他們的機構。萬一他們被送去那樣的機構，就會被強制勞動或上學。尤其，流浪漢雖未對社會造成什麼影響，但花燕卻因長期脫離國家規範和管控所做的行為，扮演著削弱封閉體制的角色，由此點來看兩者是不相同的。另外，流浪漢和乞丐並未組織化，但花燕卻逐漸形成組織；以及花燕能自主決定要從屬於哪些組織。從這點來看，也與流浪漢有相當大的差異。流浪漢大部分是因為經濟問題而產生，花燕則不僅因為經濟因素，也會因政治壓迫而產生。

## b.規範與規範之間

為了解決這些問題，有些人試著將官方規範、脫序規範，與刑法規範區分開來處理。也就是假定有官方規範和脫序規範，在兩者之上還有刑法上犯罪行為，一共三種類型，以此區分出來探討。

這樣的區分主要意義在於將北韓社會上出現之行為標準做詳細的區分標示。不過，此表的問題在於其仍舊未克服北韓脫離規範問題與刑法問題之間的差異。即使是輕微的脫序，只要反覆做，最後會被視為犯罪，並且接受刑事懲罰。假設某個北韓居民因經常不參與組織生活，隨之而來的是組織批判，甚至會被烙下未跟上組織生活的「落伍者」印記。這個印記接著演變為組織提出刑事處罰的要求，該居民則因此必須接受審判。

【表二】的分類雖然將官方規範、脫序規範，以及演變為刑事處罰的犯罪行為做了區分，但實際上並不會完全地按照分類走，這是此份資料的瓶頸。為了彌補這些理論的問題點，我們有必要先對花燕產生的因素進行多方探討。

**【表二】北韓的官方規範與價值觀，以及脫序與犯罪行為**

| 官方規範的價值觀 | 脫序規範與價值觀 | 刑法上犯罪行為 |
| --- | --- | --- |
| 反對壓榨制度 | 個人主義、自私主義 | 反國家及反民族犯罪 |
| 強調集團主義意識 | 不參與社會勞動 | 侵害社會主義經濟罪 |
| 要求勞動義務、共同勞動 | 不參與組織生活 | 侵害社會主義文化罪 |
| 強化團體生活 | 違反行為準則 | 侵害社會主義行政管理秩序罪 |
| 愛護共同財團 | 對政權、制度、政策不滿 | 侵害社會主義共同生活秩序罪 |
| 愛祖國、守護體制 | 不忠於首領及指導部 | 侵害生命財產罪 |

出處：引用崔大碩、朴熙真，2011：74

## c. 造成花燕產生的各個層面

### 政治層面

首先，我們來探討政治層面上花燕的出現背景。北韓在一九五八年到一九七〇年之間將人民分為三個階級、五十一個類別管理，一九九〇年代後又重新分為三個階級、四十五類。核心階層約佔百分之二十八，動搖階層百分之四十五、敵對階層約為百分之二十七左右。核心階級的身分主要是革命家及其遺族、榮譽軍人、被接見者、英雄及有功者、退伍軍人等；敵對階級則是政治上有複雜問題的階層，包含地主與資本家及其家族、富農、越南韓者、親日派等（統一研究院，二〇〇九：三三一－三三二）；中間階級（動搖階級）則是純粹勞工、農民、知識分子等，雖沒有政治問題，卻也不屬於核心階級的人民。近年來對北韓的階級分類研究，就是照上述的身分區分來進行。

此研究方法不過如實地跟隨北韓的階級分類，但卻反倒引發謬誤。比如大家知道的黨員，屬於政治上完全沒有問題的核心階層，黨員人數在一九八〇年第六屆黨大會中被推估約有三百二十萬人（統一研究院，二〇〇九：四九）。北韓的核心階級是黨員，政府給予他們在政治、社會、經濟、文化層面相應的獎勵。因此，我們可以推論他們與中間階級不同，經濟危機發生時應該不致受到影響。

但實際上，在北韓於一九九〇年代出現經濟危機時，這些屬於核心階級的黨員中，有相當多的人飽受飢餓折磨最後死亡。這些黨員對黨的道德忠誠心十分高昂，根本不敢做非社會主義的行為，乾脆選擇餓死之路。當時因飢餓而死亡的黨員人數雖然難以推斷出來，不過，我們可以得知他們餓死的比率比一般人民要高。這個事例若套用前述的階級區分，屬於核心階級的他們絕不該餓死，而事實上他們餓死的卻比較多，可以得知現行的階級分類有必要重新翻盤。

依據北韓階級區分的研究結果，容易產生讓人誤以為只要是黨員，任何人都是吃好、住好的上位階層之瓶頸。由於研究結果以「只要是黨員，因為屬於上位階層，所以擁有權力」的觀點著手，便很難說明身兼黨員，同時是勞工或低階公務員的人，為何會餓死的現象。我們難以得知一九九〇年代中期黨員的死亡率，不過這些黨員為了不失去政治生命而忍受飢餓，最後導致死亡的比率，比一般人民還要高。舉例來說，一九九〇年代經濟危機時，甚至流傳餓死的人是傻瓜這樣的話。這指的是對黨忠誠，又確實參與組織生活的人在配給中斷後，因為黨的管制而不到市場去做買賣，導致餓死，所以這些人被稱作傻瓜。雖然上位階層的確可視為和權力相關，但若要將黨員和有權者劃上等號，此種論調就有問題了。

在一般人民的身分類型中，被稱為「底盤」的核心階層大致可分為以下兩類：

第一，是游擊隊分派，他們是和金日成一起進行抗日運動的人，和其子女與遺族；第二，叫做洛東江分派，指的是六．二五韓戰英雄的子女和其遺族。他們是徹徹底底接受政治及物質層面福利的類型，即使面臨一九九〇年代的經濟危機，也未受到太大影響。由於這些人在黨、軍、內閣皆世襲主要核心權力的關係，在經濟危機時才未受到波及。

除了此兩派核心階層外，一般黨員雖然也被歸類為核心階層，但未擁有權力的人民蒙受經濟危機影響，導致他們餓死。雖然實際上沒有權力，但表面上被分類為核心階層的人，他們子女和家人卻淪落為花燕。從此點來看，很難將花燕視為只有下位階層，也就是敵對階級才會出現的現象。

故本研究在階級區分上，為了減少和現行階級分類的混淆，將出身於上位階層的花燕限制為一九九〇年代以前。

## 經濟層面

由經濟層面來看花燕的產生時，物質並非他們產生的要因。在一九九〇年代經濟危機到來以前的北韓，因為配給制正常運作，實際上是感受不太到貧富差異的時期，因此很難斷定花燕的產生是由貧富差距而來。

我們該注意到的是，花燕反倒出現在經濟方面有餘裕的人之中這點。北韓的僑胞裡，有些持續接受住在日本或中國的親戚支援，他們擁有某種程度的財富，前述內容指的，就是在這些僑胞中出現花燕的現象。在一九九〇年代以前的花燕中，最具代表性的就是被稱為「倭胞」的在日僑胞子女，他們人數眾多，家人許多過著極為奢華的生活。因此，北韓人民很羨慕有親戚在日本或中國的人。不過，在經濟情況如此良好的狀態下，在日僑胞的子女卻過著花燕生活，表示除了經濟因素外，還有其他因素存在，顯示出政治層面的社會管控和對他們的監視成了主要原因。

另一方面，經過一九九〇年代經濟危機後，花燕現象浮上檯面。此時期也是花燕擴散的時期，其誕生的最大因素可視為經濟困難。若說經濟危機前出現的花燕並非物質缺乏，而是因政治歧視和壓制所產生，那我們可得知，花燕的產生原因會因時代不同而有差異。

## 社會管控層面

從社會管控層面來看，花燕有從管控和脫序之中誕生的傾向。換句話說，花燕並非打從一開始就是花燕，而是他們因為承受不了過度的社會管控和規範，開始背離軌道，這個脫序行為才慢慢擴大，導致他們走向花燕之路。

舉例來說，學校內的組織管控會依據學生參與學校事業的程度或其課業水準，強度有所不同。不會念書的學生在生活總會接受批判，該回家的時間也必須留在教室內完成其餘課業。另外，若學生未能繳交學校支援事業所需物品，他們也必須流連街頭直到深夜以完成作業。學校內此種組織性管控使得學生飽受壓迫，最終致使他們脫序。

生活條件不甚優渥的學生在家碰到與父母的衝突，在學校則和老師形成矛盾關係，最終，讓他們不去家裡也不去學校，開始花燕生活。從這點看來，可說是組織的管控助長了花燕的產生。

從這道管控層面來看，花燕帶有反抗性，因此，他們成為國家的管控對象而非保護對象。但國家所執行的各種管控結構卻因為花燕而變成迴力鏢，反過來削弱國家管控的力道。這是花燕一項非常重要的特徵。

## (3) 花燕的對象

### a. 花燕是什麼樣的人？

我們可以將北韓的花燕概括為以下幾點：

第一，花燕誕生的理由非常多樣，不能將其限定為極度貧窮階級。花燕之中也有凌駕一般人經濟能力，甚至過著接近上位階層生活的人。

第二，花燕雖然是國家企圖控制的對象第一順位，事實上他們卻是最難以管控的團體。他們和一般人民不同，是脫離管控機制和空間的一群人。

第三，雖然流浪漢等極度貧窮階級在制度上有接受保護的權利，但花燕卻被歸納為反社會性團體，是待收押的對象，而非受保護對象。

第四，花燕和北韓所規定之身分階級分類無太大關係，他們出現在各式各樣的階級中。這是因為推測北韓規定之階級制度，會影響所在經濟環境優劣的理論有誤，我們在前面已探討過。

為了弄清楚花燕在北韓社會的角色，在我們由社會管控和脫序層面著手之前，首先，得知道在控制北韓社會時，是哪些機制在發揮力量？要由「脫序」的層面理解問題，當然就必須先對北韓核心的管控機制如何運作有所了解。這樣一來，就必須知道前面所陳述的社會管控機制與空間是什麼？這件事情非常重要的原因在於，人民是否處於脫離管控機制狀態，是最終決定他們會不會在社會管控中脫序的要素。

## b. 北韓的核心管控機制

### 緊抓生命線的配給管制

北韓控制社會的最核心要素，就是建立在物質分配原則上的「配給管制制度」。人類為了維持生命，必須得吃東西，因此可以說此種管控方式控制的，就是人類生命維持的基礎——食物。一個家庭單位為了餬口必須工作，工作的代價是每個成人以一日六百五十克的標準接受配給。自戰後復原的建設時期起，北韓就已經透過農業合作確保勞動力，並且再將透過合作所獲得之糧食配給給工業城市的勞工，進而施行壓制個人經濟活動的政策（車文錫，二〇〇二：一二九－一三二）。尤其為了擴大人民對配給的依賴程度，政府利用法律約束在背後支撐，將私人活動視為反社會、非法活動並進行彈壓。長此以往，北韓人民對配給的依賴性達到最高點，經濟危機發生後，大批人民甚至因飢荒致死。

## 互相監視的組織生活控制

遵奉社會主義原則的北韓，實施組織生活管控制度。這是一種以人民參與組織生活的程度為標準衡量的管控機制。政府讓社會成員之間彼此批判、互相監視，藉由強制進行組織活動，抑制個人活動。在組織生活中，人民必須在生活總會上做自我批判或彼此批判，然後在組織面前接受檢驗。自我批判代表自己反省的意義，互相批判就是由他人來監視自己的生活。因此，每個人的一舉手、一投足都變成遭他人監視，而自己也得監視他人的情況。

## 恐怖的警察管控

政府設立警察制度，喊出以守護社會主義為原則。其實，他們是透過一般警察和秘密警察來控制政治與思想。基本上，政府讓人民之間互相監視，告訴人民若舉發他人則可以對違法事實減免刑罰，好讓他們吐露出其他人的犯罪事實。此機制主要是以監視社會成員，並給予處罰的一套管控機制。一般警察和秘密警察在阻絕人民之間出現政治、社會意識變化的同時，也會透過強力的處罰來施行恐怖控制。警察藉由提供犯人免責的機會，讓他們舉發他人的犯罪事實，可說是北韓非常核心的監視與管控機制。整體而言，北韓的社會控制可分為透過配給制進行的生計型控制、利用組織生活對個人活動壓制，還有利用警察管控的恐怖控制三種。若說生計是由政府管理並予以控制，透過執行配給制使人民回歸集體主義的任務；組織管控則可說是將人民對集團的從屬極致化，並且透過懲罰來散播恐怖，進而執行事前阻斷人民變異的任務。

如同在【圖一】中所看到的，北韓社會在大框架中無論是合法的或是非法的，所有人都接受政府管控。人民對北韓社會即使有任何不滿或矛盾、反

**【圖一】控制的運作型態**

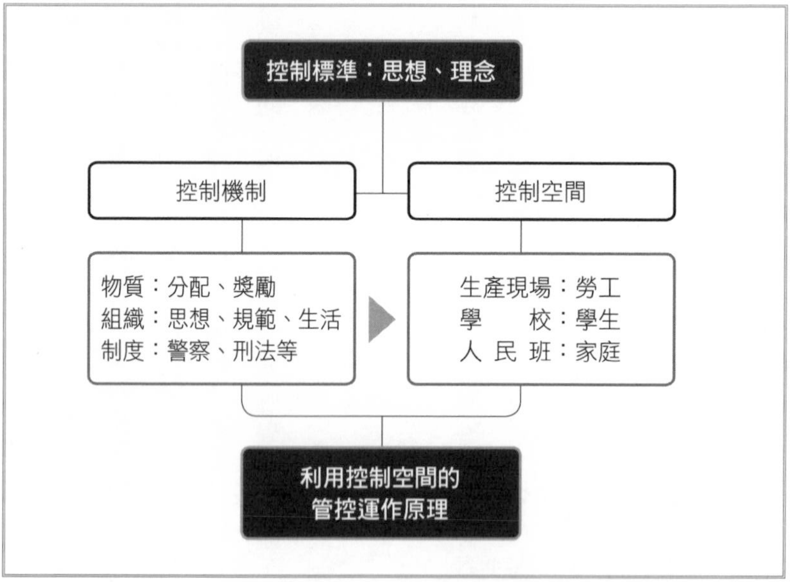


出處：鄭英哲（2005：24-40）和參照脫北者 A～G 採訪後製表

抗意識，都很難脫離範圍廣又有系統的雙重、三重管控結構。人民出現在如此高強度的社會控制結構中的脫序行為，可說僅止於消極的或者無言的反抗，但花燕的行為可視為和脫北者、政治犯等同樣積極的抵抗型態。脫離如此高強度控制結構的花燕，是因為他們不想順應於政府的控制，擁有欲脫離受控制結構的意識。

北韓人民因為環境和條件，任誰也無法脫離政府統治，人民無法擁有自主性。因此，在研究北韓體制崩壞的可能性時，通常只會得到北韓政府的管控結構是「體制無崩壞可能論」的結果。換句話說，北韓社會原就是高強度的管控社會，他們的體制絕對不可能崩壞。

在北韓的福利制度事實上已處於崩壞的狀態下，認為北韓社會的市場化傾向正在加強的理論開始出現。不過，目前普遍認為北韓體制仍舊健在的論調更有說服力，原因就在於此。即使其他非社會主義的、或反體制的抵抗因素出現在人民身上，只要人民所認為的國家觀和抵抗意識仍然受管控機制控管的情況下，他們就很難逃脫這樣的處境。

綜合來看，在如此強力的管控系統制約下，我們有必要注意到這些相對脫離出控制機制的花燕。

如同【表三】所呈現的，脫離管控空間的花燕並不屬於國家的保護對象，而是政府管控與管理的對象。因此，這些花燕只能過著不穩定的生活。在北韓這種離開公共空間就無法生活的體系中，逃離公共空間，並且透過個人行為維生的花燕，他們意味著很可能會成為該社會轉變的重要線索。

## (4) 花燕相關用語

### a. 國傑布尼克、國傑比耶、國傑伯伊，還有流浪者與放浪者

在官方用語辭典裡，找不到花燕的意思。過去對花燕一詞的語源分為主張來自於蘇聯的「國傑比耶」（кОЧЕВЬЕ），以及主張來自中國的「花子」最為普遍。首先，主張來自蘇聯語源的說法除了北韓小說外，

【表三】花燕逃離的控制空間與個人領域

| 管控空間領域範圍 | | | 個人領域範圍 | | |
|---|---|---|---|---|---|
| 學校（學生） | 社勞青少年團 | 生活總會 | 脫離管控空間 | 獲得自主性 | 意識變化與不穩定性增加 |
| 職場（上班族） | 職盟<br>女盟<br>勞盟、黨 | 該組織生活總會 | | | |
| 家（家人：學生與父母） | 人民班<br>社區辦公室 | 人民班會議、生活總會 | | | |

出處：參考脫北者 A～G 的證詞製表

並未在其他地方找到。而直接提及花燕一詞的北韓小說《不滅的歷史》系列中，在《閱兵廣場》裡主張此用語是人民將蘇聯用語自行解釋而來。

「……看到穿了一身破舊衣服，撿人家在地上踐踏到已經破破爛爛的草帽來戴，腳上套著一雙鞋底都掉下來的爛工作鞋的他，小傢伙們追著他甚至喊著『花燕啊！』他那頭像麻屑的頭髮上還沾滿了污漬，毫無生氣的雙眼咕溜溜打轉的傻裡傻氣模樣，小傢伙們稱呼他為『花燕』。這個名字跟他一點也不配，既詩意又可愛，這麼稱呼他是多麼天真的揶揄啊！其實那些小傢伙們不過是將蘇聯人稱流浪者或流浪者居住地的『國傑布尼克』、『國傑比耶』、『國傑伯伊』，自己任意解釋拿來使用罷了，韓鍾三也不管他們，只是成天四處亂轉……」。（鄭其鍾，二〇〇一，九五—九七）

這篇小說於二〇〇一年出版，以光復解放之後的社會風貌為背景敘述。依據小說內容，花燕一詞是將蘇聯的「國傑比耶」任意解釋為花燕，然後就開始沿用此稱呼。如此一來，花燕一詞在解放期間就已經出現的可能性很高。若那是將流浪者用花燕來稱呼，就代表花燕一詞自此之後，是一直存在於北韓社會的。本篇小說裡寫道

「花燕」是和他們一點也不配的、詩意又可愛的名字，強烈地否定此稱呼。若「國傑比耶」又或是其他錯誤解釋的用詞是用來指稱流浪者，那麼就需要先了解「流浪者」在北韓字典裡又是如何解釋的。根據北韓社會科學院語學研究所出版的《朝鮮末事件》（二〇〇四：四五二），裡頭將流浪者形容為「舊社會裡居無定所、四處流連的人」，將流浪兒形容為「在舊社會裡無依無靠，四處流連的孩子」。也就表示，花燕是舊社會裡無依無靠、四處流連的人，和現今北韓內的流浪者具有相同意義。

和花燕類似的其他用語還有「放浪者」。放浪者是在九〇年代前後普遍在北韓社會通用的單詞。在二〇〇二年出版之《不滅的嚮導》系列中《江界精神》（李信賢，二〇〇二）也描述得很清楚。

「……不久前接到西浦有放浪兒出沒的報告，讓我想起他叫我派文城去了解一下的事……。但是，為何今晚他猶豫了呢？那個少女和這些孩子們有什麼差別嗎？雖然少女有家和父母，但這些放浪兒們除了是沒有家，也沒有父母的可憐孩子外，並沒有什麼區別……」（李信賢，二〇〇二，二十一—二一）

上述內容裡出現的放浪兒們是沒有家、又沒有父母，過著放浪生活的孩子們。在此探討放浪兒的字典意思時，可以看到其被解釋為「舊社會裡過著放浪生活之人」，和花燕是相同意思（《朝鮮末事件》二〇〇四：六〇九）。意即，可以說明花燕是放浪者，也是流浪者。將其以字典上的意思綜合來看，《閱兵廣場》（鄭其鍾，二〇〇一）的花燕意味著流浪者，又或者代表李信賢文章裡出現的放浪兒。

「……在之前戰爭時，我們的人民也因為那些傢伙的野蠻砲火攻擊失去了家和家產，經歷了莫大的痛苦。但即使是那個時候，兄弟之邦的鄰國也給予了人民物資和精神上的支援，還幫忙扶養失去父母的孩子，但現在卻變成無法期待那種支援了……」（李信賢，二〇〇二：二三）

因此，官方將花燕用放浪兒來表現，社會則反過來將放浪兒稱呼為花燕。不過，放浪者與流浪者在辭典上的意思雖有其相似性，但現實中過去花燕的轉變還有其他不同的特徵，若將它們以相同的詞語來表示，可能會碰到一些問題。

尤其，花燕是當時錯誤解釋蘇聯發音，並就此成為花燕語源的意義在於，一開始社會上原使用「燕子」一詞，是到了一九九〇年代才被稱為「花燕」。並且，此時的解釋也和當時完全不同。因此，我們應該重新奠定現今北韓社會所通用的「花燕」一詞語源，正確揭開其語源來做使用。

此外，再接著看來自中國「花子」一說。這個說法，是將花燕的「花」意指為乞丐，並將其解釋為「花子」。另外，也有人將「燕子」以「用力拉」的意思來解釋，將抓的韓文發音拼為「Jabi」，或「Jaebi」，甚至變成叫「Chabi」，用來解釋燕子的語源。不過，無論從發音或意義來看，這些都和花燕子完全不同，此種主張的可信度並不高。雖然這種說法指「花」為「乞丐」之意，不過，只有講花子兩個字時，這個單字才被認為有乞丐之意，發音也是「花子」（Huāzi）。將燕子解釋為「Jabi、Jaebi、Chabi」的說法，其實在發音或漢字意思上兩者也截然不同，要如此解釋實在有些勉強。

這種主張似乎是受到找尋生疏名詞的語源時，一般常利用外國用語來尋找相似點的理論影響。

### b. 花燕在北韓為何變成負面用語？

此外，小說裡頭為何強烈否定花燕，也令人產生疑問。據推測，其緣由在於北韓一九九〇年代發生糧食危機，青少年謀生困難的人數急速增加後，也使得國際社會越來越注意到他們。在北韓的人權問題，尤其是「青少年人權」議題被攤上檯面後，北韓自然會強烈否定這群社會主義社會名目上不該存在的花燕。一九九七年八月二十一日，聯合國人權委員會轄下的防止歧視及保護少數小組委員會（人權少數委員會）頭一次採納，並且通過「北韓人權決議案」。其內容包括：一、改善強制被遣返之脫北者待遇。二、提出北韓人權定期報告書。三、必須支援因糧食問題導致的損害復原等。針對聯合國人權少數委員會決議案的採納，北韓於八月二十八日做出聲明，主張：「第一，其餘五十個國家也未進行定期報告，只指責北韓一國並不公平。第二，要求提出北韓對人權有所違反之證據。第三，決議案的結果，是敵視北韓的國家們欲將北韓人權問題政治化的策動。第四，為了守護國家的主權與尊嚴，北韓決定做出抵抗措施，包含退出ICCPR（自由權公約，於一九八一年九月十四日加入），以及延遲施行兒童權利公約（CRC，一九九〇年九月二十一日加入）的相關報告（原預計一九九七年九月三十日提交）。即使要北韓退出公約，北韓仍會依前述公約上所有權利保障共和國人民。」（北韓人權市民聯合，一九九七：四四－四六）

我們後面會再談到，一九九七年北韓延遲兒童權利公約之施行報告書提交期限以後，組成「九・二七常務組」對花燕廣泛實施取締。根據韓民族新聞一九九八年十二月二十一日報導，北韓在一九九七年九月二十七日設立九・二七常務組後，也一併設立收容日漸增加之花燕的「九・二七常務收容所」。此外，自一九九七年起，各家媒體也報導了許多花燕相關新聞。

也就是說，當時國際社會提出的改善兒童人權侵害要求，和北韓內部當時發生的所謂毀損社會主義優越性的狀況有所關聯。北韓為了不將國內花燕問題暴露於外，才集中加強取締。

## c.春日花開就會飛來的燕子

稍早前我們探討過花燕在辭典上的意義。不過，在花燕之間，花燕一詞的意義出乎意料地簡單。雖然「花燕」一詞本身從解放之後就一直存在，但是在一般社會為人知曉的時期是一九九〇年代初期。在花燕之間，「花燕」一詞甚至也被解釋為「春日花開就會飛來的燕子」。根據脫北者B的證詞，花燕是「春日花開就會飛起來的燕子」，並說道這是因為他們在寒冷的冬天就會大幅減少，直到溫暖春天到來時，又會大幅增加的現象。另外，脫北者C則說是因花燕這個名字令人覺得醜陋，所以人們才故意用反話給他們取個好聽的名字。

總結他們的說法，一個是將花燕比喻為春天到來數量就會急增，到了冬天就會減少的燕子，將花燕的意義轉為通用語彙。另一個，則主張是花燕的生活型態不安定，人們將其初期以乞討為謀生型態這件事情，以漂亮的詞彙比喻，因而使用花燕一詞。

針對上述兩種對花燕的解釋說法，以主張是季節原因的說法看起來更為接近花燕的意義。這指的是，花燕的特性是居無定所，只能仰賴流浪生活。因此，四季之中最為寒冷的冬天，就是他們最為艱難的季節，非常可能因凍死而失去性命。冬天時，花燕們經常聚集在溫暖的車站前。隨著政府加強取締車站，將他們抓進「花燕救護所」的情況越來越多後，即使他們躲得過政府取締，也有許多花燕因為避不掉天寒地凍的天氣而死去。因此，可以看到花燕人數在冬天急速下降。不過，只要溫暖的春天到來，就會有大批人逃離救護所，或者因為凍死的危險消失後，相對能棲身的地方變多，花燕人數也急速增加。

因為花燕的此種特性，不僅是一般居民，就連花燕也都稱自己是「春日花開就會飛來的燕子」。

另一方面，花燕之中也有不少人擁有固定居住生活空間。因此，若只將沒有家、四處流浪的人稱為花燕，使用上也會碰到一些限制。

我們再次定義花燕，可將其解釋為在北韓社會中沒有適當的居所，因此露宿於車站前、餐廳熱水爐室、公寓的地下溫水洞等地方，又或者是透過不受管控之居所解決住宿問題，並且以不穩定之行為活動（反社會主義、非社會主義、生計型犯罪）維生之人。花燕的範圍包含脫離北韓管控空間，並且處於無法接受法律保護之狀態的人民。管控空間的範圍則包含政黨、社會團體組織、人民班，以及生產現場。我們將放浪者、浮浪者、流浪者、被稱為變異的花燕（老燕、軍人燕、青燕等）給予統一稱呼，定義他們為「花燕」。

# 2 花燕的產生背景

## (1) 一九五〇～一九八〇年代：因政治階級區分產生

### a. 解放後～一九六〇年代

#### 無政府狀態的混亂

自一九四五年解放後，社會上出現許多浮浪者。浮浪者之中雖然許多是成人，但是在青少年之中也為數不少，其生成原因為無政府狀態的環境。在此種無政府狀態下，經常缺乏秩序、規範、原則等。青少年犯罪之所以蔓延於社會上，就是因為當時社會環境的因素造成。

從一九四六年《東亞日報》刊載於社論的現象中，可得知青少年犯罪與當時可被歸類於花燕的浮浪兒結合起來，成為足以擾亂社會秩序的重要議題。

「少年犯罪大多因環境而犯罪。亦即家庭不幸、交友不慎、電影院、飲料店、咖啡廳等誘惑成為主因。為了實現這些誘惑，讓他們採取手段膽敢犯下強盜罪行等。又或是和浮浪少年們凝聚起來，設立根據地，在背後操縱教唆他們去犯罪的惡行之人，也是絕不可忽視的現象。如同前述，除了一般因素外，特別原因大約就是家裡父兄的管束能力薄弱了……」（《東亞日報》社論，一九四六）

來看上述內容，可以發現少年犯罪的原因不僅有家庭不和與交友不慎，還有電影院、咖啡廳、飲料店等，當時產生的文化滲透現象也被指責為原因之一。此外，也可以得知因家庭不和、交友不慎問題產生的問題青少年，和當時屬於花燕的浮浪兒結合起來，在特定的居住地生活，並且接受浮浪兒的操縱，一同參與了各種強盜、竊盜行為。

這個社會浮浪者問題，在北韓也是差不多的情況。解放後，喪失勞動能力的人在北韓可適用社會保險制，政府給予保護與管理。此舉是因為當時「離開家和家庭，居無定所四處流浪」的浮浪者為數不少，政府體認到他們可能會造成社會秩序混亂而開始實施。

「現在平壤市裡沒有工作、四處流浪的人們，和無依無靠的孤兒、老人們為數不少。萬一我們不照顧這些人、放置他們，他們不僅無法過穩定生活，還可能紊亂社會秩序。因此，同志們必須和政權機關聯繫，調查並且掌握沒有職業四處流浪的人，替他們協調工作。無依無靠的孤兒和老人們則必須樹立對策，使他們能過安定的生活。」（金日成，《金日成著作集二》，一九七九：八三—八四）

「即使在祖國解放戰爭這麼艱難的時代，我們也替紊亂社會秩序的孤兒們改造了他們的教養。」（金日成，《金日成著作集二十四》，一九八三：四〇四）

如同上面內容所呈現，北韓十分憂慮這些無依無靠、四處流浪的老人和孤兒等族群，會對社會秩序造成負面影響。因此，當時保安機構的任務就是樹立對策，使孤兒和老人能過安定的生活，並替有能力工作的勞動人力周旋、協調工作。尤其在孤兒問題上，過去政府只關心革命家的遺孤，專為遺孤設立革命學院，並沒有另外替一般孤兒設想對策。

另一方面，為了解決解放時期浮浪者的問題，北韓於一九四八年適用憲法第十七條的社會保險制度，使衰老及喪失工作能力的人，能夠接受物質上的協助。一九四八年憲法第十七條裡明定：「社會保險制的適用對象為公民因衰老、疾病又或喪失勞動力時，能接受物質上幫助。此權力保障國家實施之社會保險制給予醫療上或物質上的保護。」（北韓資料中心，一九四八年《朝鮮民主主義人民共和國憲法》第十七條）

另外，在一九七二年的社會主義憲法裡，寫道除了喪失勞動能力者以外，無人照看的老人和孤兒依據社會保險和保障制度，也有接受物質幫助的權利，並且追加了保護孤兒的條項。一九七二年憲法第五十八條裡規定：「公民有無償接受治療的權利，年老或因病、殘疾失去勞動能力的人、無人照料的老人及幼兒，有權利接受物質上的幫助。此權利保障無償治療制、持續增設之醫院、療養所等醫療設施、國家社會保險及社會保障制。」（北韓資料中心，一九四八年《朝鮮民主主義人民共和國社會主義憲法》第五十八條）

此舉是因為戰爭爆發之後，孤兒人數急速增長，政府感受到有必要為過去憲法沒有保障的孤兒問題，增添上一些法律字句。在解放之後，北韓為了維持社會秩序，將浮浪者視為必須管理的對象。浮浪者問題無論是在南、北韓都被視為非常嚴重之問題，為了解決此問題，北韓透過保安員進行管理，並且採取增加憲法的社會保障制度等措施。

一九五〇年爆發的六・二五韓戰是北韓衍生戰爭孤兒、戰爭災民（因戰爭受到損害的人民）、喪失工作能力者等的主因。雖無法統計人數，不過我們可以得知北韓政府針對因戰爭而擴大的孤兒與老人問題、喪失工作能力者所設想的對策中，包含向其他社會主義國家託付養育，以及建設孤兒院、戰爭災民收容所等項目。

北韓於一九五二年至一九五九年，接受其他社會主義國家進行委託教育及養育的提案，例如送了三千名孤兒去羅馬尼亞接受委託教育，另外有兩萬多名的孤兒被送去中國，在那裡接受委託教育。根據二〇〇四年播出的KBS特別企劃節目〈我的丈夫是曹正浩〉，北韓於一九五二年至一九五九年間，共將三萬多名的戰爭孤兒送往羅馬尼亞等東歐社會主義國家進行委託教育。

「全體中國人民為了給予抗爭的朝鮮人民物質和精神上援助，積極參與抗美援朝運動。中國人民給予朝鮮人民莫大數量的糧食與救護物資，並且將兩萬多名我們的戰爭孤兒如親子女般地養育。」（金日成，《金日成著作集十三》，一九八一：三九三）

因為戰後復原建設所需的莫大財政預算問題，養育孤兒的負擔感越加令北韓政府難以負荷，因此，他們接受了中國和東歐圈社會主義國家的養育提議。

## 孤兒院政策

北韓的孤兒院政策，包含於一九四七年設立平壤萬景台革命學院，一九五一年設立現今的新日革命學院（東林學院）與康磐石遺孤大學（過去的南浦革命學院）等。這些學院的共通點在於，這幾所學校皆是革命家與戰死者遺孤的教育機關，是以菁英遺孤為教育對象的制度性機制。能成為這些孤兒院養育對象的孩子們，皆和一般戰爭孤兒不同，他們先天擁有優越的地位，受到國家保護支援，而非受到管理或控制。

「剛創立萬景台革命學院時，那些穿著草鞋、襤褸衣衫來到學院的同志們，現在成長為我們黨的骨幹、國家堂堂正正的民族幹部，都是因為有首領的恩德和關懷。首領在解放後國家情況那麼艱難的情況下，仍以設立萬景台革命學院為起始，並且找到抗日革命鬥爭中犧牲的烈士們的遺孤，將他們帶到學院來，讓他們念書。」──（金正日，《金正日著作集一》，一九九二：三一五）

一般學院則是以孤兒們為對象的教育機關，還分為初等學院與中等學院，在每一個道（譯註：北韓行政層級名稱）都有設置。不同於萬景台革命學院設立的時期，一般學院要等到稍晚的一九五〇年代才開始成立。以一般人子女為教育對象的初等學院約是六到九歲的小學課程，中等學校則是負責十到十五歲的中學課程。

**【表四】學院分類與收容對象**

<table>
<tr><th>學校與教育設施</th><th>性質</th><th colspan="2">教育課程</th><th>教育對象</th></tr>
<tr><td>革命學院<br>（成立：1947 年）</td><td>菁英身分</td><td colspan="2">初、中等教育<br>（混和或分開）</td><td>革命家、<br>戰死者、英雄、<br>黨政幹部遺孤</td></tr>
<tr><td>一般學院<br>（成立：1951 年）</td><td>一般人民</td><td>初等教育</td><td>中等教育</td><td>一般孤兒</td></tr>
<tr><td>繼母學院<br>（成立：1947 年）</td><td>一般階級家庭<br>問題</td><td colspan="2">初、中等教育<br>（混和）</td><td>父母離婚、<br>繼父、繼母</td></tr>
<tr><td rowspan="2">育兒、愛育院</td><td>菁英身分</td><td colspan="2" rowspan="2">托兒所及<br>幼稚園課程</td><td rowspan="2">被拋棄，或無法<br>受父母保護者</td></tr>
<tr><td>一般階級</td></tr>
<tr><td>少年教養所<br>（推測：1972 年）</td><td rowspan="3">非社會活動</td><td colspan="2" rowspan="2">強制學習及<br>勞動處罰</td><td>少年（17 歲以下）<br>社會教養處分</td></tr>
<tr><td>勞動教養所</td><td>成人（17 歲以上）</td></tr>
<tr><td>教化所</td><td colspan="2">強制勞動處罰</td><td>成人（17 歲以上）</td></tr>
</table>

出處：統一教育院（2011：202），北韓保健醫療網絡
參考脫北者 A、C 之證詞製表

如同【表四】的分類，北韓的孤兒院可分為革命學院與一般學院。革命學院系列是培育政權核心菁英的機關，以一九四七年萬景台革命學院為始，再擴大增設新日革命學院、南浦革命學院。金日成對這些機關也相當關心，對他們的待遇也和一般學院有所區別，更指示勞動黨對萬景台革命學院的物資支援程度必須提高。

「學生的父母皆向我留下遺言，說要是以後祖國解放了，請一定要讓自己的子女好好念書，成為優秀的革命家。我沒有忘記這遺言，從很久以前就想著要為革命家的子女建立一座唸書的學院。今天在我們黨和共和國政府極致的關懷和我們人民的誠心下，在這萬景台建成了非常好的革命者遺族學院，終於實現同志們父母親所留下的遺言。」（金日成，《金日成著作集四》，一九七九：五〇六）

金日成相當關心一九四八年萬景台革命學院的成立。如同前面所看到的，這是為了形成革命家遺孤的菁英教育基礎，並且維持黨國體制建構第二世代的策略性決策。如此差別待遇的面貌，在隔年的一九四九年一月北朝鮮勞動黨中央委員會的政治委員會議中如實地呈現出來。

「黨的關心焦點應該轉移到教育教養革命家遺孤的事業上。革命家的遺孤們是我們如同金沙一般珍貴的後代。為了革命家遺孤，我會不惜一切。目前有部分的人對革命家遺孤的培育事業極不關心，地方的黨團體對找出遺孤，並將他們送進學院的事業極度忽視，甚至有的人還不按時保障石炭等東西送到學院。各級黨團體與所有人皆需要清楚地體認到設立萬景台革命者遺孤學院的目的和意志，並將關心焦點轉移到革命者遺孤的培育事業上。各級黨團體們之間需要將分散在地方上的革命者遺孤全都找出來，送進學院。此外，萬景台革命者遺孤學院所要求的問題必須要及時為他們解決。我希望同志們以今日會議的精神為基礎，早日糾正過去的缺失，帶給革命者遺孤教育教養事業一個新的轉捩點。」（金日成，《金日成著作集五》，一九八〇：二九－三十）

因為政府對革命學院進行全力支援，使得北韓的孤兒政策依孤兒的出身做區分，打造最頂尖的精英集團，並且將此結構化的核心權宜之計，就這麼紮根下來。一般學院派則是在戰爭發生以後設立，安排屬於一般階級的孤兒進入育兒院、孤兒院等。以下內容是金日成於一九五一年三月十五日和平安南道農民的談話內容：

「尤其是當時被敵人們暫時強佔區域的人民，他們的生活有困難。所以，共和國政府最近為了讓人民生活穩定下來，樹立了幾項國家對策。政府設立戰爭災民收容所、創立孤兒院，還有遺孤學院，以及對戰爭災民的糧食供給、救護物資配給，並且實施國家貸款、建築資材供給、種子出租等一系列對策。許多地方的人民生活已經變得穩定。」（金日成，《金日成著作集六》，一九八〇：三三五）

從上面的內容，我們可以看到一九五一年當時已設有戰爭災民收容所與孤兒院、遺孤學院等，人民生活正在回復正常中。因此，可得知一般孤兒院是為了收容一九五〇年以後因戰爭產生的孤兒而創立。

「尤其，像現在國家收入不多的戰爭環境下，更不能將支出提高。但開城市卻已建好養老院和育兒院，將託付於個人的老人、孤兒，以及戰爭受害者全都收容進去，消費著已經很緊張的國家糧食和財政。」（金日成，《金日成著作集七》，一九八〇：一六）

但是，當這些育兒院和孤兒院靠地方政府自力建設起來後，卻被批評是浪費支出。這是相當雙面的說法，和對革命學院的態度成了反比。換句話說，政府在孤兒院的建設依據孤兒的出身不同，自一開始就有相當的差別。

另一方面，北韓被送去國外的孤兒，政府皆讓他們於一九五九年以前返國。當時，北韓在一九五六年八月宗派事件過後至一九五八年為止，因為剷除了反對勢力，是政治漸趨穩定化的時期。北韓讓孤兒大舉返國主要有兩種意義：

其一，因為擔心到他國的孤兒們會成為干涉內政的小辮子；另一個則是為了確保工業化所需的勞動人力。當時農業的合作化（徐東滿，二〇〇五：七一六）已經處於完成階段，而工業發展迫切需要勞動人力，政府因此讓孤兒歸國協助。這表示，北韓在急著確保工業化優先政策所需人力的情況下，除了活用農業的剩餘資源[5]（剩餘勞動力），還推動孤兒歸國，並使在日僑胞歸化。政府將孤兒和浮浪者等人投入生產現場，並透過孤兒院扶養年幼的孤兒，因此當時並未出現太多花燕。

金日成在一九六〇年的「八・一五解放十五周年慶祝大會」上主張：「即使我們

5 北韓自一九五八年起，來自社會主義國家的無償援助急速減少，主張將農業合作化的剩餘資源用於工業化。（車文錫，二〇〇一，六七－七〇）

經歷過殘酷的戰爭，現在人民卻因國家得以受保障安穩地生活，既沒有流浪者，也沒有乞丐」。

「在我國無依無靠的人、變成殘疾的人、老人、孤兒皆受國家保障安穩地生活。雖然我國以前落後，又經歷前所未有的殘酷戰爭蹂躪，現在我們卻沒有流浪者，也沒有乞丐。」（金日成，《金日成著作集十四》，一九八一：二二二）

不過，金日成於一九六二年十二月黨中央委員會第四期第二十屆全員會議中，言行卻與此主張不一致，反覆提到社會上正出現不良青少年，批判公務員未能將那些人改造教養。

「我們即使在祖國解放戰爭那麼艱難的時代，也改造教養了紊亂社會中的孤兒。但在今日的條件下，為何連這沒幾個的不健全青年也無法改造呢？」（金日成，《金日成著作集二十四》，一九八三：四〇四）

這代表即使北韓過去透過管理設施，已取得某種程度壓制花燕的成效，不過，一九六〇年代中期以後，他們又再次出現。也就是說，花燕雖然因孤兒院政策和各種收容設施消失了好一段時間，但自一九六〇年代中期起，在政府建構「唯一思想體制」的過程中，他們又再次出現。政府在對人民進行身分分級作業時，不良學生、花燕等人於一九六〇年代末期又開始出現在社會上。

## b. 一九七〇年代

### 繼母學院

在社會安定下來、進到一九七〇年代後，花燕主要因為身分差異和家庭環境產生。一九六九年十二月五日，朝鮮勞動黨中央委員會第四期第二十屆全員會議擴大會議中，青少年的教養問題開始被提起。此問題因一九六七年起至一九六九年為止進行的三階級、五十一類身分分類作業而暴露出來。當時發生「社會主義勞動青年同盟」（以下稱社勞青）的人，將被分類為家庭環境複雜階級的青年扣上複雜階級帽子的嚴重現象。

「關於家庭及周圍環境複雜的青年相關計畫，我還有一句話要說。那就是別

再弄些沒用的資料隨便將人扣上複雜階層的帽子。」（金日成，《金日成著作集二十四》，一九八三：四〇三）

當然，此問題並非針對革命學院出身之人，批評的是社會上歧視出身一般孤兒院之人的現象。這可說是因為金日成對革命學院的關心，導致社會上出現身分歧視。因此，他們不僅被扣上複雜階層的帽子，一九七一年甚至擴大成孤兒出身之人的問題，使得育兒院、初等學院出身的戰爭孤兒們，也因為身分問題被分類為歧視對象。

「關於身分問題，我要談一下初等學院出身的戰爭孤兒問題。現在，有些人說從初等學院出來的戰爭孤兒們家庭背景不清楚，黨不接受他們，這是非常錯誤的事。初等學院出來的青年們是在他們三、四歲時發生戰爭，他們失去父母親、四處徘徊，是我們黨擁在懷裡養大的人。

……但到頭來今日我們的人卻在爭論初等學院出身青年的身分，將他們視為問題，這是大錯特錯。我們調查清楚一個人的出身，目的在於了解他是在何種環境、受何種影響長大。在什麼都不知道、不懂事的時候變成孤兒，並且在黨的懷抱中長大的人，不管他的父親是地主還是勞動階級，那又有什麼關係？」（金日成，《金日成著作集二十六》，一九八四：五九－六〇）

金日成是因應家庭不和、脫序青少年的增加，以及不良者、浮浪者等開始急增，才做出此番發言。關於此問題，金日成還在與道層級的幾名社勞青委員長相見的場合中提到：「不懂為何會有不良青年」，並且批判這是因為他們沒有強化青年學生的道德教養和組織生活的緣故，指示他們要讓不良青年消失。

「接下來，要使不良青年消失。我實在無法理解，為什麼我們社會上會出現不良青年？都在我們社會上供他們念書的青年，為什麼會成為行為不良之人呢？我認為似乎是社勞青尚未深入這個事業，沒能強化青年學生們的教養和組織生活，導致他們之中出現一些不正當現象。請社勞青組織們好好了解不良青年出現的原因，並消除不良少年的存在。」（金日成，《金日成著作集二十七》，一九八四：五六四）

不僅如此，在平壤市也出現為數不少的不良學生們。

「往後在平壤不能再出現一個不良學生。中區域、牡丹峰區域、三石區域、兄弟山區域等，據了解幾個區域都有幾名不良學生。各區域的黨委員會必須好好指導學校事業，改造不良學生的教養，並且需要建立徹底的對策，讓往後不要再出現那種學生。」（金日成，《金日成著作集二十九》，一九八五：二一六）

金日成對於不良學生感到非常不快，他表示：「在資本主義社會出現的詐欺、竊盜、詐騙、強姦行為雖是不可避免之事，但不良學生卻出現在平壤市裡」，為了解決此問題，他強調「除了念書時間以外的空間，必須替他們規劃課外活動、辯論聚會等，好讓他們無法想其他事情」，並且指示少年團組織和社勞青組織強化組織生活。另外，針對產生不良學生的問題，他又說道：「這是趁著我們沒好好管控學生之時，其他壞傢伙在背後煽動」，將身分變動的問題轉嫁為抽象的敵人。

「雖然在詐欺、詐騙、強姦、竊盜行為普遍存在的資本主義社會裡，出現不良學生是無可避免之事，但在社會主義社會裡，並沒有產生不良學生的社會根源。有的學校裡雖然出現一些不良學生，但原因單純是黨組織並未將心力放在學生教養事業上，沒有好好指導社勞青組織生活和少年團組織生活。學校的社勞青、少年團組織在結束一天課業後，若舉辦像是運動會、功課比賽、辯論聚會等各種課外活動的話，學生裡頭就不會出現不良學生。若社勞青、少年團組織可以為惹事生非的學生們寫篇演說稿，給他們指定練習期限，接著讓他們去指定地方演說，那麼他們就會為了準備花費心思，就沒有功夫去想其他事了。……不良學生的出現是因為在我們沒有好好管控學生的時候，一些壞傢伙趁隙在背後煽動，叫他們去做壞事。」（金日成，《金日成著作集二十九》，一九八五：二一六—二一七）

在這些不良學生之中，不少人是有繼母的。為了解決此問題，一九七四年金日成主張設立繼母學院。

「在媽媽是養母的孩子們之中，若有不良學生，那種學生另外去上別的學校比較好。我希望在平壤市先設立兩、三間這種學校經營看看。那種學生都讓他們進宿舍，由班導師負責讓他們念書，並且替他們規劃多采多姿的課外活動。」（金日成，《金日成著作集二十九》，一九八五：二一七）

進入一九七〇年代後所產生的問題，因為受前述一九六〇年代末期嚴重的身分歧視餘波影響，導致家庭不和，使得青少年脫序、增加不良行為，形成北韓社會中相當嚴重的問題。

如同【圖二】所看到的，因為身分問題導致父母離婚，隨著繼母進家門後，產生因家庭不和而離家的青少年。接著，擴大至脫離學校或組織

**【圖二】因家庭不和產生的花燕**

**原因：家庭不和**

- 夫婦矛盾、離婚
- 疏忽子女教育及管理
- 在學校生活中被淘汰及經常離家出走

**過程：脫序行為**

- 被周圍青少年影響
- 增加打群架、暴力行為
- 組織處罰及對此的恐懼

**產生：花燕生活**

- 因處罰導致學校生活脫序
- 反覆脫序，出現為了維持生計之行為
- 進化為典型暴力型花燕（聚集同儕青少年）

出處：李哲源（1995：14-15、55-56），及參考脫北者 C 之證詞製圖

生活的青少年現象。此處平壤特別被提出來的原因，是由於平壤的身分問題比其他地區更為嚴重。

在《平毛》（李哲源，一九九五：一七，二八－二九）裡出現的曹永浩的花燕生活，是在來往學校的途中，因為想吃「炸醬麵」而偷走老師的錢為契機展開。和他一起生活的「興毛」（咸興小毛頭）是孤兒，於一九七一年因肚子餓逃離孤兒院。「清毛」（清津小毛頭）則是倭胞，因為父母親做出政治性發言被強制驅逐到清津後，他離開家，開始了花燕生活。也就是說，三人中有一人是孤兒院出身，一名是有政治問題的僑胞出身，剩下的一名則是因為對稀少而珍貴之物（炸醬麵）產生好奇心開啟了花燕生活。

我們由【圖三】可以看到，因身分而被強制遷徙的問題於一九七〇年代中期正式出現。一九七六年末因「板門店事件」餘波影響，使百分之四十的平壤市民被強制驅逐，為了取締平壤市青少年犯罪，政府組成巡查隊廣泛地進行取締（李哲源，一九九五：五一）。此時所發生的強制遷徙政策不僅是在平壤，包含在江原道、黃海道等各區的勞工、身分不良階級等二十五萬人，大量移往咸鏡北道區域。（李星路，二〇〇六：一二〇－一二一）

從這時候開始，巡查隊已經加強並集中取締，但花燕卻沒有消失。花燕由取締嚴格的地方移往取締鬆散的區域，或者藏身一直到取締趨緩時再出現。即使他們被取締了，也會逃出那個地方或者回歸孤兒院和家庭，之後再跑出來。他們只是在加強取締時，看起來像消失了一般，也意味著他們絕對不會消失。

### c. 一九八〇年代

一九八〇年代的花燕，是隨著政府強制將人民遷徙，家人

**【圖三】因強制遷徙而產生的花燕**

**原因：強制遷徙**

－對新環境的不適應
－與新學校同學的摩擦
－對故鄉的思念

**過程：脫序行為**

－時常脫離學校
－和新學校同學的矛盾與對處罰的反感
－增加對舊朋友的思念

**產生：花燕生活**

－非法前往故鄉
－為了解決旅行中的飲食問題開始出現花燕行為
－隨著次數增加與離開組織的自由持續下去

出處：李哲源（1995：14-15、55-56），及參考脫北者 C 之證詞製圖

被迫拆散或不平等因素擴散而出現。在一九八〇年代初開始出刊的《地方介紹》中〈韓國廣播學會研討會及報告書〉（李武哲，二〇〇三：一一四）裡，也可以得知身分有問題的平壤居民大舉被遷往地方的事實。以曹永浩的證詞為基礎的真人真事小說《平毛》裡，同樣也能確認此類事件的發生。

曹永浩的父母在一九八〇年左右因身分問題離婚，據說他的母親被驅逐至平安北道東林煤礦場（李哲源，一九九五：七九－八〇）。一九八〇年代因為身分歧視衍伸的強制遷徙引發家庭分化，而這個影響導致其子女走向花燕之路。

## 配給制度的衰退與歧視

配給制的衰退程度雖仍然有限，但已使得過去維持的平等性崩壞，並且擴大人民的相對剝奪感，最終引爆富者恆富、貧者亦貧的不平等現象。配給制度的不平等問題，是因為原先按理應以家庭為單位支付的配給量，在數量以及品質上開始出現差異。配給制度區分優先供給對象和一般對象，並且依黨幹部、軍人及軍需物資產業、一般居民順序進行配給。（統一研究院，二〇〇九：二二七）

首先是品質差異，比如原先需要支付給一個家庭的白米（米粒）、雜穀（玉米粒、麥、大麥、高粱）的比例可能被倒過來，以米的支付比例變低，而玉米粒的支付比例提高的形式出現變化。若是黨幹部，白米的比例會提高；但一般人民則是以白米大幅減少的比率供給。在數量上，黨幹部也利用社會地位和權力，獲取所有該分配的數量。一般人民卻經常在領取配給時，突然中途說數量不夠，下回再給。就這樣，直至一九九〇年代初期，每個家庭被推遲的配給量足足有一點五到兩噸重。

「自八〇年代起配給就開始慢慢地減少了。八九年度的配給我記不太清楚，但大約有兩、三個月的份沒給，然後到一九九〇年代初期就累積到一點五噸了。不光是我們家，清津的家庭大部分都是如此，他們說只要再等一下就會給我們。」（脫北者C）

配給制度問題在工廠企業所、學校、人民班等地已經開始出現，在社會上明顯可以區分出過得好和過不好的家庭。家庭之間的差異變成吃白米飯的家庭、以七比三混和較多白米的家庭、以及五比五混和的，最後是完全吃玉米飯的家庭。一九八〇年代末期開始出現的此種分類法，使得品質差距顯現了出來，家庭條件也開始被區分為過得好和過得不好。

勞工去工廠企業所上班時，他們的便當也會產生差異；在學校裡，則出現文具用品和制服的差距；人民班裡提供的支援品也有不同。舉例來說，若是過得好的家庭，可以帶著好的便當出門，過不好的家庭就連便當也時常無法帶上。學生則是分成能夠帶品質良好的校服和運動服、文具用品的孩子，以及一套運動服兄弟輪流穿，只能拿筆去沾墨當文具勉強使用的貧窮人家子弟。

在人民班裡則分成常能提供軍隊支援品、有錢能執行人民班計畫，或是還能按時交出支援品的家庭，最後則是無法做到的人家。

「首先文具用品有什麼差異呢？可以先分成三類：一，是有親戚在中國或日本的孩子，他們用的書本紙張是白色的，或者鉛筆、橡皮擦是好貨，那些東西還可以常常使用。二，沒有親戚在中國或日本，是由父母親賺錢買來的，因此也沒有缺什麼。剩下的人，就是沒有鉛筆和書。一年級時（就讀人民學校一年級時為一九八九年）我也有，但從二年級開始好像就經常缺，因此一本書翻開寫了又擦掉，擦了又寫，然後把鉛筆頭綁在高粱桿上接著用。這大約是在二年級的時候。」（脫北者B）

配給制產生不平等的原因在於人對個人私有的欲望，以及配給制帶來相對剝奪感，致使他們走上花燕之路。從【圖四】可得知，在學校裡富裕孩子的食欲過高，使家境困難的孩子們相對地感到被剝奪，讓他們產生私有欲，接著出現脫序行為。而做了脫序行為就會受罰，這就是花燕生活開始的契機。

花燕生活一旦踏進去，就無法輕易脫身，只能繼續反覆下去。花燕生活與其說是單純的浮浪行為，

**【圖四】因貧富差異產生的花燕**

**原因：貧富差距**

－在學校碰到富有同學炫耀
－特餐或物質
－環境困難的孩子相對產生剝奪感與私有欲

**過程：脫序行為**

－偷取物品
－獲得稀少珍貴的東西、特餐、錢
－因為私有的誘惑導致該行為次數增加

**產生：花燕生活**

－因反覆的脫序行為遭到處罰
－因為對處罰的恐懼而離開管控空間
－為了解決三餐及住宿開始出入車站前及市集

出處：李哲源（1995：13）及參考脫北者 C 的證詞製圖

不如說是在強力管控的社會下，他們想逃離所有層面的強烈欲望所導致的結果。他們所懷抱的強烈欲望，是來自自由主義意識所萌發的行為。

## (2)一九九〇～二〇〇〇年代：因經濟危機導致花燕擴散

一九八〇年代末配給情況告急，花燕開始增加，再次變成嚴重的社會問題。即使一九八〇年代的政府廣泛取締花燕，經濟危機卻使得他們仍持續急速擴散。這和過去花燕產生的主要原因不同，此時期是以經濟危機導致的家庭破裂為最大主因。在這之前，花燕產生的主因分別為戰爭問題，或一九六〇年代的出身身分問題、一九七〇年代的強制遷徙問題，以及一九八〇年代強制遷徙及配給縮減問題等，而此時期和過去花燕的產生原因也有差異。

### a.嚴重的糧食危機

隨著一九九〇年代社會主義陣營的崩潰，北韓生產單位情況惡化，國家的配給制度也慢慢開始麻痺。自一九八〇年代末開始的糧食危機，到了一九九〇年代全面擴散，許多人活活餓死。

徹底仰賴配給制度的北韓城市居民在配給中斷後為了維持生計，不得不站出來。他們為了取得所需糧食，將城市裡生產的商品拿到農村去換，或者不時將家裡使用的物品拿到市集販賣。

但自一九九〇年代初起，糧食配給量急速減少之後，家庭生計難以維持，造成家庭破裂或者餓死，因此也有整個家庭都去過花燕生活的事例。

配給制度有優先順序，黨幹部、保衛部、安全部，以及軍需產業等可依序接受供給，而被排除於供給對象外的一般人民，只能自己解決糧食問題。過去依賴配給制度的人民，因為失去自己維持生計的能力，以致於配給中斷後的問題十分嚴重。

一九九〇年代初期開始的糧食危機，造成整整三百萬人民餓死。尤其光是咸鏡北道地區，就有人主張有九十萬人死於飢荒（李星路，二〇〇八：二一七）。以金日成現場指導為背景的真人真事小說《江界精神》裡，也如實讓人看到餓死者的問題，可見當時糧食嚴重不足。《江界精神》是以一九九〇年代經濟危機當時金日成的舉止為題材改編的小說，為《不滅的嚮導》系列之一。以金日成事蹟寫成的《不滅的嚮導》，指的是北韓文學中描寫金日成的現場指導，或者各種生活樣貌的真人真事小說系列（李信賢，二〇〇二）。從裡頭的內容來看，可見在「苦難的行軍」時期，就連北韓最大的工具機工廠——熙川機械工廠核心技師也被餓死，還提及失去父母的放浪兒、吃草粥的孩子等，當時金正日進行現場指導所碰到的事件，皆在書裡被詳細地描寫出來。（李信賢，二〇〇一：一一，一九－二一，二八－三十）

「苦難的行軍」一詞來自一九三八年十二月到一九三九年三月為止的百日間，由金日成帶領的抗日游擊隊在滿州飽受寒冷及糧食不足的困難情況下，仍然擊退日本追擊，繼續行軍。北韓在那之後經歷兩次政治、經濟危機時，都將該時期命名為「苦難的行軍」，企圖克服危機。

「……他們若不是因為這已經第二天淹沒慈江土地的大水災失去父母的孩子，就是像張斗七一樣因糧食問題而死去之人的子女。所以小小年紀穿著難看的衣服四處流浪，他們正是我們應該要關懷照顧的放浪兒啊！……」（李信賢，二〇〇二：二二）

當時，在全家人都難以餬口的艱難情況下，夫婦分居或離婚的事例增加。每個人都疲於維持生計，因而出現了家庭破碎的情況。在無法養活孩子的狀況下，有些父母非法將孩子丟在孤兒院或繼母學院，然後自己搬到其他地區，這種現象層出不窮。

在北韓，繼母學院為父母有一方是繼母或繼父的情況，或者沒有父母、階級低的子女，為了使他們能夠生活而營運的一種孤兒院型態。若是因父母棄家離開，或者去行方後沒有回來，因而變成孤兒的孩子，也有被村莊裡的人送去的情況。行方指的是一般人民為了取得維持生計必須的糧食，因而離家。根據脫北者B的證詞，他的父母去行方之後就沒有回來，他為了取得食物，第一次到車站前和市集。在孤兒院裡，像這樣無法確認父母生死的花燕非常多。（李信賢，二〇〇一：四二）

直至一九九〇年為止，夫妻離婚時，男性仍然可以行使絕對主導權。但在進到一九九〇年代，男性相對於女性在家庭內的地位開始降低，由女性主導的離婚比率增加。隨著女性為了維持家計，參與經濟活動的情況增加，女性也開始主動要求離婚，而此種現象的出現是有其緣故的。在北韓這個原則上不容許市場概念的社會裡，男性為了家庭生計到市場進行買賣，經常因為賺不到利潤，一下子就倒閉。同時，女性在積極參與市場活動的過程中，男性的大男人主義態度與暴力等行為招來她們的反抗。即使不協議離婚，也會發生女性逃家的情況。

在北韓若協議離婚，子女的扶養權會轉移到父親身上。在經濟危機以後，因為北韓男性的經濟活動能力相較女性低落的關係，離婚家庭的子女大多會走上花燕之路。

若沒有在離婚協議書上簽字，也經常可看到彼此協議分居，又或者是女性逃離家中，到其他地方去的例子，家庭破裂的情況稀鬆平常。在家庭破碎的例子中，也有女性前往行方換取糧食，途中遇見別的男人，許久未回家的情況。這時，在家中等待的丈夫和孩子們可能各自分開，或者雖然無法正式離婚，實際上和分居以及離家出走狀態沒有兩樣，接著步入花燕生活。（崔宛揆編，具甲宇、具秀美、金甲植、金勤植、楊文洙、吳有錫、李美京、李周哲、張世勳、鄭宇坤、崔奉大、咸澤榮著，二〇〇六：二一五－二一六）

在男性經濟活動能力不足的情況下，若是協議離婚，經濟活動能力高的女性存活率很高，相反地男性的存活率卻相對較低。當時，北韓社會甚至曾流行「離婚的男人是傻子」之說。

## b. 花燕的擴散

### 家庭的破裂

研究花燕家庭環境的調查資料，可以發現在一百五十人之中，父母雙亡的比率有百分之二十二，父母其中一方過世的情況有百分之三十八，而雙親中患疾的情況則有百分之二十六。手足關係部分，手足死亡的花燕比率為百分之十五，手足也過著花燕流浪生活的比率有百分之四十六（金榮秀，二〇〇三：二十四）。透過以上資料，我們可以得知在維生困難的情況下，比如父母雙亡、或只有單親，又或者是即使雙親皆在人世，卻無法負擔子女生計的情況，是一九九〇年代花燕產生的主要原因。

大量人民餓死、家庭破裂，花燕的人數自一九九四年到一九九八年之間，竟因此足足增加了二十倍。根據一九九九年國情院的報告，一九九四年左右的浮浪者人數為一萬三千多人，到了一九九八年竟激增為二十多萬人。根據《東亞日報》引用國情院資料的報導，北韓的浮浪者多達二十多萬人，這代表北韓社會內部已經開始出現動搖（《東亞日報》，一九九九年四月三日第五面）。另一方面，《國民日報》刊載的國情院報告書則介紹到一九九七年北韓共出現二十三萬浮浪者，到了一九九八年則為二十多萬（《國民日報》，一九九九年四月三日第二面）。因為北韓政權的特性，其統計資料的正確性令人難以完全相信，但我們仍可透過浮浪者的增加比率，推測出花燕應當也是呈現急速增加的趨勢。雖然我們難以確切推測出花燕的增加比例，不過從脫北者的許多證詞中，可看到他們也同樣認為二〇〇〇年代和一九九〇年代相比，花燕的人數多了許多。

一九九〇年代持續發生的糧食危機，導致二〇〇〇年代的花燕增加。而花燕也在歷經長時間後，累積了不少生存秘訣，使得他們回歸正常家庭的比例顯著地減少。即使政府能夠保障他們最低的生活條件，但與其接受國家管控，對他們而言，還不如花燕生活的樂趣較吸引人。

他們累積花燕生活的經驗，並且適應花燕生活後，謀生行為變得更多樣化。因為有市場、車站前以及街頭這些能讓他們進行各種行動的地方，這些都是花燕增加的原因。一九九〇年代的經濟危機使得花燕人數急速增加，不過高死亡率導致他們的絕對人數並不高（依前述國情院發表資料推測，一九九七年約為二十萬人）。

一九九〇年代過後，糧食危機變成長期戰，二〇〇〇年代的花燕在此過程中適應艱困的生活環境，在克服艱難時期的過程中減少了死亡率。已經成為花燕的人找到自己的生存方式，新的花燕持續增加，整體花燕的絕對人數以倍數成長。有證詞表示，花燕最少增加一點五到兩倍，原由就在於此。

根據脫北者C的說法，過去人們曾經出於同情心給花燕食物，但在一九九〇年代經濟危機出現，人民難以維生時，也不再願意給了。因此，餓死的花燕也開始層出不窮，這代表花燕已經無法再利用同情心維生。無論用什麼方式，若不進化，他們將無法再延續生命。只仰賴乞討的花燕會餓死，為了活下去，他們不得不積極改變。這個變化可能是出現暴力行為，即使非暴力行為，至少也會是去撿石炭或是挖野菜，再不然就是去收集沙金，或是掏空貨物車等積極的行為。

不僅如此，根據脫北者G的說法，在像是突襲搶食這種單純的手法也難以填飽肚子後，花燕開始轉變為攻擊手、扒手等。因此，出沒在市場的花燕看起來是減少的。針對突襲者或攻擊手、扒手等行為，會在下一章做細部探討。

也就是說，假設花燕在進入二〇〇〇年代後，人數大約增加一點五到兩倍，那麼可以推測出人數至少增加三十五萬至四十萬人。不過，這個數值只是我們能夠掌握到的統計數字，按照花燕的特性，應該還有更多未被統計到的存在。

## 脫離學校的少年花燕

除此之外，我們也可透過學校的學生出席率來分析此現象。一九九〇年代末期的學校出席率，如：清津大約是一班五十二名學生，但只出席了十到十五名（脫北者F）；茂山郡則是一班五十名，約有十二到十五名出席（脫北者G）。這意味著清津地區有百分之七十六點九的學生均未出席，而茂山郡也有約百分之七十的學生沒有到校。根據脫北者C的證詞，學生們未到校的原因是肚子餓，為了到市場去撿點吃的，或是去偷東西吃而沒有去上學。直到一九九〇年代以前，學校的出席率還是百分之百，到了一九九〇年代末縮減為百分之三十，表示有七成左右的學生不是到校上學，而是在市場徘徊。成為花燕的就是這些人。

依據脫北者G的證詞，他在學時，班上三十五名學生約有一半沒有上學，他看到其中有八名同學是在市集做生意。這表示佔三十五名中百分之二十二的八名學生在市集過花燕生活。若以五十名學生中有八名過著花燕生活為前提，將其視為普遍情形來看，那麼可以看成在整體同儕青少年之間，有大約百分之十二的人經歷過花燕生活。

依據韓國統計廳的資料，一九九八年畢業於北韓高中的十七歲青少年為三十五萬一千五百七十四名（統計廳，檢索日二〇一二年五月十一日），而總人數的百分之十二為四萬兩千一百八十八名。如果將統計基數的年齡設為有能力過花燕生活的人，也就是十到十九歲青少年時，全年齡層的人數共有約三百六十萬名，佔全部人數百分之十二的青少年，就是四十三萬兩千名左右。換句話說，當時過著花燕生活的青少年大約超過四十萬名。這和前述國情院所發表的資料，以及脫北者主張花燕規模大約增加兩倍的證詞也是一致的。不過，這只是單純以青少年為目標對象所推定的數值。

## 花燕家庭

接下來，我們要探討以家庭為單位的花燕例子。依據脫北者G的證詞，在一九九八年當時，人民班大約有四十戶，其中有二十戶皆不在家。而在那之中，他在市場遇見的花燕家庭有四戶。若以每戶平均為四點五人來計算，全國人口兩千兩百三十五萬五千四百七十一人，共有約四百九十六萬七千八百八十二戶。我們可以推測其中有百分之十左右，約四十九萬六千七百八十八戶淪落為花燕家庭。根據這樣推測出來的戶數，再乘上四點五人，會得到兩百二十三萬五千五百四十六人。亦即以戶數計算時，全國人口中會有兩百二十三萬多人淪落為花燕。

即使考量到地區之間會存在些許差異，但是除去剛剛以十多歲族群為對象推測的四十三萬人，剩餘大約一百八十多萬人可視為是十歲以下、二十歲以上的花燕。

透過這些數值，我們可以推測出北韓的花燕人數規模。浮浪者僅是單純地撿食物來吃，而花燕已經超越那樣的程度了。到了二〇〇〇年代，花燕的行為也轉變為既暴力又積極，不過相較於一九九〇年代，他們的人數可能看起來反倒是減少的。但是如同前述統計推測結果，光計算十多歲和二十多歲族群，他們的人數就已經多達了八十萬人。

此部分後面會再詳細探討，我們在二〇〇〇年代花燕行為的轉變中，最該注意到的是他們變得更加有組織性、更加暴力、更加大膽的現象。雖然一九九〇年代花燕也有組織化的徵兆，不過當時尚未成長為大規模，說是群體，其實規模也不過只有十多人；二〇〇〇年代組織化的規模少則二十多名，多至四十幾名。據說還有花燕負責運送毒品（徐有錫，二〇一一：四二），由此可知，正因為他們是脫離政府管控的人，所以就連非法行為也能輕易去做。花燕大抵眼力佳，青少年又容易避開各種警察管制，他們擁有執行像毒品運輸這類非法行為的充分條件。

二〇〇〇年代花燕的組織或各種行為，我們將會在第三章做更詳細的陳述。

若將各年代花燕的產生原因整理如【表五】，可以觀察到各個年代花燕產生的原因存在差異。若說解放後是因為無秩序狀態產生花燕，一九五〇年代則是因戰爭關係導致災民和孤兒增加，花燕也在家庭破碎的過程中產生。而自一九六〇年代到一九八〇年代之間，大多是因身分變動導致強制遷徙、家庭不和、對組織生活的懷疑、身分問題等為花燕出現的主要因素。

進到一九九〇年代後，最重要的因素則是經濟危機。社會上漸漸出現貧富差異，開始浮現經濟危機的一九九〇年代初期，因為生計問題導致家庭不和、家庭破裂、父母死亡，進而製造出孤兒等問題，是當時花燕產生的主要原因。

**【表五】各年代的花燕產生原因**

| 年代別 | 解放後 | 1950 年代 | 1960 ～ 1980 年代 | 1990 ～ 2000 年代 |
|---|---|---|---|---|
| 主要發生原因 | 無秩序社會<br>家庭不和<br>生活艱難<br>新文物 | 產生戰爭災民<br>戰爭孤兒<br>家庭破裂 | 身分變動<br>強制遷徙<br>家庭不和<br>組織生活<br>身分問題 | 經濟危機<br>貧富差異<br>家庭破裂<br>家庭不和<br>孤兒 |

## c.成人花燕的產生

### 成人花燕誕生背景

進到一九九〇年代後，隨著社會主義陣營的崩潰，北韓貿易量不僅嚴重減少，更可說是處於危機狀態。當時北韓最大的貿易國蘇聯，自一九九一年一月開始轉換為強勢貨幣，因此北韓的貿易量無可避免地大幅減少。一九九一年和一九九〇年的貿易量相比，減少將近四成。過去社會主義陣營的交易型態，基本上是用盧布換算等值的物品互相交換，為「以物易物」的貿易。以物以物指的是不用金錢買賣，而是以物品直接交換物品，是交易的最原始型態。過去俄羅斯和現在的俄羅斯聯邦等，從蘇聯獨立出來的大部分共和國基本上皆使用盧布為貨幣單位。在社會主義崩潰後，他們之間的貿易市場消失了，北韓面臨在全球市場必須使用強勢貨幣進行支付的交易方式。當時北韓因為這種在全球皆擁有價值的強勢貨幣存額不足，除了基本的必需品之外，不得不減少消費品的進口。

不僅如此，北韓強勢貨幣保有額不足還有另一件背景故事，就是一九八八年舉辦奧運的南韓，在跟上國際潮流後聲名大噪，而為了和南韓抗衡，北韓也於一九八九年在平壤舉辦世界青年學生慶典，第一次發行了交換外幣的錢票和國債。當時，北韓為了世界青年學生慶典所使用的金額據說高達六十億美元。據推測，這筆錢佔了當時北韓所保有的強勢貨幣中不少比例。這也是進到一九九〇年代，當貿易市場的交易標準由以物易物轉換為強勢貨幣結算方式時，北韓所能支付的強勢貨幣保有額不足的原因之一。

因為進口數量減縮，北韓的配給也只能限定給予必需品，自然地消費品就減少了。此種現象一直長期化至一九九〇年代初期，基本的消費品萎縮問題延伸至國內糧食生產量減少、產品生產情況惡化、勞動力開天窗等。

以一九九〇年代初為基準，北韓電力問題逐漸擴大，人民開始使用石油燈、瓦斯燈等，糧食配給量也逐漸開始萎縮。電力依照時間供給，除規定時間供給的電力外，全都要集中供給像製鐵所這種有立即需要的工業工廠。

一九九三年以後的糧食問題，大多發生在勞工居多的主要工業城市。為了解決北韓糧食不足的問題，政府雖然也利用進口價格便宜的泰國產白米（安南米）作為對策，但是最終僅能填補當下不足的糧食數量。

人民期待著配給能夠重新啟動，有一陣子到其他人家借來不足的糧食，或者以粥來填飽過日子。但是難以成功調度糧食的北韓政府，根本沒有能力按時供給糧食。在配給制看不到重啟的希望後，女性們開始辭掉工作，在家裡進行副業。當時的副業主要包括養小動物、去山中採野菜，或是到農村去換米等各種方法。

## 前往行方

尤其在進到一九九四年後，糧食危機又變得更加嚴重，男性們也開始辭掉企業所，申請短期休假好和妻子一起參與各種經濟活動。此時最具代表性的就是行方。

行方主要是由力氣大的男性進行，不過在一九九五年，許多夫婦為了換取更多糧食，留下孩子、雙雙前往行方。當時，行方的目標並非是按照市場經濟原理賺取利潤，僅是為了在配給制重啟之前，短期內能夠有點食物吃，好出門去工廠工作。換句話說，人民因為懷抱著配給制重啟的期待，沒有賺取利潤的想法，只要求獲取當下需要的糧食後，就會回到工廠去做事。不過，在此現象的背後，還有像是勞動鍛鍊隊這種嚴格處罰存在的因素，使得人民在行方換回糧食後，必定得回到工廠打卡上班。因應一九九四年以後勞工脫離工廠的情況增加，勞動鍛鍊隊的數量也急速增長。勞動鍛鍊隊是進行無償勞動的地方，短則一個月，長則一年。每每被抓進去，家裡就只能做睡覺用，每天都得到指定分駐所去進行強制勞動。一九九〇年代被稱作分駐所的地方，大約就是現在派出所的概念。

在此種社會環境下，許多人依然為了尋求糧食四處行方，過程中有時會因遺失行李或車次延誤，導致糧食消耗殆盡。若是遺失行李，或者處於再也無法行進的情況下，即使是成人也只能走上花燕之路。所謂無法繼續行進的理由，就是因為當時北韓電力情況急速惡化，火車延誤的情況非常嚴重，彷彿是家常便飯。北韓人民基本的交通方式是火車，電力供給惡化卻致使只要六個小時就能到的距離，可能需要花上整整三天到六天。

此外，還能利用的交通工具就是搭乘一般汽車，而汽車大部分是軍人車輛或一般企業所車輛。若想要使用此種汽車，不僅需要支付高額代價，還因為當時能源之中，以汽油和柴油的進口減少情況最嚴重，就連車輛的運輸狀況都急速萎縮。為了解決此問題，曾經出現過使用替代能源的木炭車，不過因為車子的馬力不夠，速度也極慢，還必須經常維護保養等，效率極為低落。木炭車於一九九五年開始出現。所謂的木炭車，是在能源進口不足的情況下，將車子的能源以樹木或玉米梗燃燒替代，以產生的氣體發動汽車。若有汽油就可以直接使用，但因為汽油昂貴，只好將橡樹曬乾砍成塊之後，放進車子裡設計好的瓦斯產生裝置裡燃燒，取其產生的瓦斯來驅動車子。因此，北韓的卡車大部分都設有此裝置。

就連交通工具也惡化的情況，北韓人民的生存變得更加困難。

在一九九三年以前，成人過花燕生活的情形幾乎沒有出現，但自一九九四年底起，開始出現一些成人花燕，其中以老人居多。因為家中食物不夠，老人在家裡看其他家人的臉色，有些人只好自行離家。而他們以旅客為目標，乞討食物的情況也逐漸增加。當時的旅客因火車誤點、無法掌握運行狀況，經常需要待在車站裡等待，而以他們為乞討目標的老人和年幼孩子急速增加。

## 成人當花燕的理由

在一九九五年左右，年輕人、成人男性也開始過起花燕生活。其原因需要以幾個方向來探討：首先，在旅行中，尤其是行方過程中丟失行李，就不得不中止旅行。前面已經談過交通工具的困難之處，比如遺失行李時，在等待列車時就會碰到瓶頸。因為沒有食物撐過等待列車的時間，有些人不得不將自己的衣服或鞋子等拿到市集去賣，用以撐個一、兩天；但若列車需要等待好幾天，生活就會有困難。不僅如此，即使想搭火車以外的車輛，也得付出不小的金錢代價，最終，他們只能在該地區過著花燕生活。

第二，是處理掉家中所擁有的財產以維持生計，若連這筆錢也用完，最後還是只能離家到市場去。所謂的家庭財產，就是像衣服、衣櫃、被子、碗盤、貴重物品、書籍等等，但即使賣掉這些，也不過只能維持短期的生活。通常不是一開始就一次性賣掉所有東西維持生計，而是在當下沒有食物時，無可奈何地將生活必需品以外的東西拿去賣。一般人首先會賣掉電視、錄音機等奢侈品，當那筆錢用完時再將衣櫃、被子收納櫃賣掉。接下來，再賣掉碗盤類和被子等必需品。最後賣的就是房子，若將房子賣掉，他們就失去住的地方。從那時起，他們的花燕生活就正式開始了。直至一九九五年為止，將國家指定給予的房子賣掉還是非法的，因此大部分人是直接將屋子拋棄後出去生活。從一九九六年左右開始，人們開始透過地下交易來賣房子。許多人在拋棄房子離開時，甚至會將窗門的玻璃拆下來拿去市場賣，使得整個城市看起來彷若死亡之城一般。

第三，是生意失敗，或者在還不出跟別人借的錢或糧食的情況下，變成花燕的案例。初期大部分的商人是以慢慢存起來的積蓄過活，卻因為資本不夠穩固，萬一中間發生什麼問題就難以恢復，最後只能走上花燕之路。此外，借錢給他人，對方卻還不出來時；即使做了生意，利潤卻不如投資成本多時；被花燕或竊賊偷走所有商品時等等，有許多情況使人民一碰到就難以回復原先狀態。這是經商初期經常發生的情況。他們會向生意人或親近的朋友、同鄰里的鄰居借糧食或金錢，也會約定好還錢期限，但當他們無法償還時，就只能開始過花燕生活。謠言不斷流傳國家會再重啟配給制度，為了支撐到那時候，人們會先去借錢或糧食來過活，但到了傳言重啟的時候卻沒有成真，最終他們只能離開家。

這些人剛開始多會對北韓重啟配給制有股茫然的期待感，因此不太去追求利潤，集中心力在只要能夠維持生計到重啟配給的時刻即可。不僅他們，大部分的北韓人民皆是如此，那時他們皆對市場或市場原理的基礎理解不足，並不懂賺取利潤的方法。此外，還有人因為長期行方，在職場缺席好一段時間，重新復職時必須接受非常嚴格的組織懲罰，最後就連復職都放棄了。

許多北韓人民前往行方，社會秩序因而變得脆弱，北韓政府為了控制此情形，想出「旅舍」這個對策。

旅舍是在一九九〇年代中後期，越來越多人越過國境之後開始產生。他們在乍看之下像旅客的人之中，分辨出誰是真的旅客、誰是花燕。除了抓出假旅客的工作外，也會篩選出經常越過國境的人。比如車站前出現了看起來不像旅客的人，首先會由鐵道安全員、九・二七常務組、非社格魯巴等取締要員前去調查。若他們是單純的行方或旅客，就會放他們走；若是難以確認身分，而且令人起疑，就送去旅舍。進到旅舍的人們若確認好身分，並且沒有缺失事項，就會被放走；若有缺失，並且還帶有多項問題點，就會讓該旅客居住區域的負責人直接過來帶走。負責的安全員若把人帶走會產生許多費用，因此大部分的安全員並不太願意去帶走人。旅客們會在那邊進行勞動，然後可能就這麼死去。若沒太大問題，被判定為可以回故鄉之人，有的是該機關自行放人。

若說花燕救護所是收容青少年的地方，旅舍則是以成人為收容對象的救護所；亦即旅舍是成人花燕的救護所。救護所雖是臨時機構，但因其本身特性，也會收容無處可去，或者放走之後很可能再次過花燕生活的人。不過，長期的收容生活常致使收容者死亡，因為那裡供給的食物營養成分非常低，許多收容者皆因營養失調而去世。為了避免此情況發生，收容者通常會想盡辦法離開那個地方。

此外，即使身分被確認完成，若資料顯示和犯罪有聯關性，收容者經常會被移轉到該地區的勞動鍛鍊隊。勞動鍛鍊隊裡除了明顯顯示出有犯罪事實（輕微犯罪）的旅客外，還包含該區域的人民，實際上必須完成兩個月到一年的收容生活。收容生活由安全員管轄，並且與高一階的教化所不同，這裡並不存在官方刑責或審判。也就是說，旅舍可以視為社會安全部自行營運的機關。雖然難以確實區分，不過大部分的旅舍和勞動鍛鍊隊是分開的。

第三章

# 花燕的類型與特徵

★

在飢餓這個人類最原始的本能面前
談論道德或倫理都沒有任何意義

# 1 花燕的行為類型與名稱分類

花燕大致上可依其行為類型和特定名稱來做區分。首先，他們的行為類型可分為消極型和積極型，根據他們所處環境不同，呈現出多采多姿的形態。花燕名稱的區分則依其年齡，並且各有其特徵。此外，還有當地花燕和外來花燕的分別，以及各種居住型態類型等。

## (1) 花燕的行為類型

花燕以各式各樣的生存方式維持自己的生活。他們所從事的行為類型，首先可分為消極型行為和積極型行為。

從【表六】中可看出不同類型的花燕有不同的行為，這些行為即和他們的生存問題相關。花燕的行為類型也是以他們有多少生存可能性為標準。一般而言，積極行為者要比消極行為者存活率更高，不過，因為這些行為的危險程度也相對提高的關係，在衡量其生存可能性時應將此點也考慮進去。

### a. 消極型行為

消極型行為指的是態度消極地展開活動、維持生計的行為類型。此消極行為包含翻找垃圾堆、撿廚餘來吃、乞討，又或是透過才藝表演來換取食物等行為。這些進行消極行為的花燕，具有當社會時況艱辛，就越難求得食物的弱點。

【表六】花燕的行為類型分類

| 行為類型 | 消極性行為類型 | 積極性行為類型 | |
|---|---|---|---|
| | | 暴力性 | 非暴力性 |
| 行為 | 乞討<br>才藝表演<br>撿食<br>打雜 | 突襲手（突襲）<br>鬧事者（鬧事）<br>出作人（布袋人）<br>攻擊手（布袋人＋扒手）<br>扒手（小偷）<br>破門者（家庭竊賊）<br>爬繩者（偷曬洗衣物） | 撿石炭<br>採野菜<br>收集沙金<br>挑夫及轉賣<br>砍柴<br>挖海產<br>掏空貨車 |

出處：參考脫北者 A～C 的證詞製表

## 撿食和乞討

在路上撿拾食物經常和乞討的行為一起進行，花燕主要翻找市場的食物攤架、幹部的私宅區域，又或翻找餐廳周圍垃圾堆裡的廚餘，找出能吃的東西。花燕如此脆弱的面貌，先前已在節目上被公開過（KBS，一九九八年十二月二十日）。另外，也有人透過乞討和才藝表演引發他人同情心，進而獲取食物。

撿食或乞討的行為自一九九〇年代初期起，一直持續存在到今日。若要說他們在糧食危機後有所改變，那就是積極的行為變多了。糧食危機使得一般人不再有餘裕分食物給花燕，結果因為要不到食物，餓死的花燕人數急遽增加；若他們再不採取積極行為，根本無法生存。

剛開始過花燕生活時，任誰都會去撿食和乞食，逐漸習慣這種生活後，他們的行為也開始變得更加積極。這是因為他們領悟到光靠居民的同情心，再也無法維持生計，行為才變得更主動。此後，許多人在適應花燕生活的能力提高許多。

一直到一九九〇年代初期，仍有許多旅客因為覺得花燕可憐，提供食物讓他們得以維持生活。但一九九〇年代中期經濟危機變嚴重之後，就連旅客本身也沒有充足的食物，使得他們無法給予更多幫助。因此，花燕為了生存，轉變為積極行為的類型。

### 才藝表演

「才藝表演型」是屬於消極行為類型中最有活力的行為，他們運用自己的特技等來獲取食物。例如他們會向正在用餐的旅客或軍人詢問：「如果我表演妖術（魔術）的話，你們願意給我點吃的嗎？」或是「如果我唱歌給你們聽，可以給我吃的嗎？」甚至有人說要表演魔術，然後不惜用針和線穿過自己的耳朵或臉頰等，即使傷害自己也在所不惜（《中央日報》，二〇〇一年五月八日）。他們不會以生意人為目標，主要向旅客或女性、軍人等可能會憐憫他們的對象表演，藉以獲取食物。不過自從一九九〇年代中期以後，糧食危機惡化，就連才藝表演也無法求得食物了。因此，他們或轉變為積極行為類型，或最終未能改變，被飢餓折磨致死，人數急遽減少。

## b. 積極型行為

花燕行為的另一類型是積極型，此類型又可再區分為暴力型或非暴力行為。暴力型行為指的是直接帶給他人傷害的類型，包含扒手或詐欺等，偷走他人的食物或物品以維持生計。非暴力型行為則指不對他人直接造成傷害，自己進行生產活動，或者偷走國家生產之物品以維持生計。

區分花燕行為類型的原因，是由於他們為討生活所展開的行動方式非常多樣，若能將這些行為細分並加以觀察，就能更加了解他們的行為模式。

## 暴力型行為類型

根據脫北者C的說法，突襲手主要是消極地偷走用來做生意的物品，例如一、兩個麵包，或是偷走客人購買的食物等行為。這種行為在該區域的低階花燕之中，也是屬於最低階的行為類型。據了解，突襲手的「突襲」是將出自韓文語源的詞彙，變成此種行為者的名稱。

一直到一九九〇年代中期為止，他們會迅速地偷走商人的物品後逃跑。而商人為了對付他們，採取像是在商品容器外罩上網子等保護措施，使得花燕這招手法再也不管用。商人開始嚴密保護自己的商品後，花燕只好將目標轉向購買者。他們追在剛剛買好東西的客人身後，瞬間偷走那人提著的食物然後逃跑。不過，據說這類花燕在其他花燕之間飽受欺凌，因為他們讓買食物的客人警戒心越來越高。這些突襲手的目標一般是女人、小孩和老人，不過，在他們連吃東西時都會小心翼翼用雙手抓著以後，花燕要從旁突襲就變得困難了。花燕還不多的時候，多數人吃東西並不會抱持警戒心，以致於接下來會發生食物瞬間被搶走的情況；而當人們開始豎起防備心後，連帶使得其他類型的花燕在行動時也遭遇困難。

鬧事者是專門把用網子包住的商品整個提起來、亂丟在地上的人。根據脫北者C的證詞，鬧事者是將生意人的東西狠狠地一把摔在地上，讓東西全都碎落。通常在鬧事者身後會有好幾名突襲手一起行動。鬧事者的韓文原意來自漢字「打破」的「破」，和「健壯」的「壯」。

鬧事者多半大膽又敏捷，主要行為是弄碎物品。在商人們因為突襲手提高警戒心後，他們是偷走商人物品的新王牌。鬧事者的行為，是為了破解商人所做的保護措施，才偷襲整個容器。他們的特徵為勇敢、善於跑步，而且體格高大，身後通常有多名突襲手一起行動，彼此屬於共生關係。鬧事的目標不僅限於食物，也可能有其他物品。根據脫北者C的說法，鬧事者的目標大部分是食物（麵包、年糕、豆腐飯、麻花捲等）和食材（裝小袋的糖粉、調味料、辣椒粉、油等）。鬧事者和突襲手一起將偷來的東西拿去便宜賣給其他生意人，用那筆錢買東西吃。無論在哪裡，只要是有買賣的地方就是他們的活動範圍。許多鬧事者是由突襲手轉型而來。

出作人可說是比他們更高一階的花燕。根據脫北者C的證詞，出作人也被稱為「布袋人」。他們帶著適當大小的袋子和刮鬍刀外出，將目標對象的背包割破，把內容物裝進自己的袋子後逃亡。出作指的是背在其中一邊肩上的購物袋，也稱作布袋。

他們將刮鬍刀（又稱「環形刀」）和小背包帶在身上，以行方人為主要目標。行方人指的是在各區域移動，將便宜物品轉賣到昂貴區域的物流商人。與其說是批發商，不如說他們是處理小量（可搬著走的程度）物品的物流業者。出作人通常不單獨行動，以兩人一組進行。一人以刮鬍刀劃破背包後將背包抓住，另一名就將縫隙裡掉出來的東西接到自己的背包之後逃跑。抓著破洞背包的人要配合糧食的重量，斟酌將背包往下拉的力道，使背著背包的人無法察覺有異。他們不在市集活動，主要在火車快進站時、人多且複雜的車站前，或者車廂內進行活動。他們的特徵是穿著像行方人。為了不引起他人的警戒心或被懷疑，他們打扮得像行方人，是一種降低人們警戒心的變身術。

攻擊手也稱作扒手（小偷），不過他們和扒手不同的是，雖然他們也會從他人口袋裡偷錢，不過當生活不如意的時候，也會轉為出作人。根據脫北者C的說法，攻擊手專門偷人口袋裡的錢或物品，有時候做和布袋人類似的行為，但規模較小。因此，他們所從事的行為範圍很廣。攻擊手大部分獨自行動，有時候遇上大的案件，就和他人一起合作。攻擊手大部分衣著端正，和普通人沒兩樣。脫北者C表示，青少年通常著領帶和少年團徽章，接近青年年紀的則別上社勞青徽章，並在衣領內側加上白色的領布。他們還會穿以前流行過的軍綠色金正日外套，別上金日成肖像徽章。有些人是有家的，只是因為在家難以解決三餐，因此他們到市場或車站前解決飲食問題後再回家睡覺。他們不分日夜到處轉換區域，經常在車站前、市集，或奔馳的列車內活動。

扒手（小偷）專門以皮夾、錢為目標，在市場和列車等地活動。根據脫北者C的證詞，甚至有傳言「真正的扒手不偷物品」，他們是專門偷錢的人。扒手有時在列車的車廂內活動，能在一天內賺到足以飽餐好幾日的錢。他們的手很靈活，快得讓人不易察覺，被害者甚至不會發現自己被偷。扒手也是花燕之中最被憧憬的類型，衣著端莊乾淨。有時，他們也會給有房屋的人一筆錢，去住個幾日後再離開。他們被花燕當成憧憬對象的原因，是因為他們穿得好，也有一定程度能居住的家，還能過得很乾淨。此外，他們還能盡情買想吃的東西，總是獲得大家的欣羨。

根據脫北者A的說法，破門者是偷偷闖進他人屋子，偷走家中物品的闖空門犯。偷偷進到他人屋子偷走物品的行為可說是家庭竊賊，通常以大膽又有力氣的成人居多。他們是闖進空屋，將家中物品或能換錢的物品偷走，拿去市場賣了換東西吃的花燕。想要成功當上破門者，必須要懂得找出好的房子，花上幾天時間監視，並確認那間屋子的人數、上下班時間、回家時間——也就是家裡沒人的時間，然後才執行計畫。破門者必須連家裡有幾個鎖、窗戶在哪一邊、主人回來了要往哪邊逃等事項都一一計畫好才能行動。他們的行動特徵是縝密的計畫，主要是兩人以上一起行動，部分的人把風，部分的人進去偷東西出來。

運車族一詞是指利用車輛搬走大量行李的人，不過，花燕之間的運車族指的卻是偷走火車或汽車運載之物的行為。這些人爬上奔馳的汽車，將搬載的物品弄到地上，在一旁等待的夥伴就趁機將行李拿走，之後到約定的場所會面。通常他們會隸屬於「組織」，個人行動的情況非常少見。

爬繩者是專門將別人家的曬洗衣物偷走，拿到市場去賣的人。一般的曬洗衣物可以拿到市場販售，有時候爬繩者自己也會穿偷來的衣服。他們翻牆到庭院裡，將曬在外面的衣服偷出來，到市場去交換食物，而品質好的衣服甚至還可以賣錢。

## 非暴力行為類型

非暴力行為類型指的是不對一般人民直接造成傷害，積極地進行謀生活動的類型。非暴力行為類型有撿石炭、採野菜，收集沙金，撿木柴或海產等，拿到市場去賣藉以維生。撿石炭主要是在車站前，將貨車上掉下來的石炭蒐集起來，接著拿到市場販售。不僅是石炭，車上掉下來的肥料、石灰岩、磚頭、破銅爛鐵等，他們也都會蒐集起來拿去賣；要是有機會，他們也會直接進去貨車裡偷拿東西。因為他們偷的是屬於國家的物品，被抓的可能性很高，一旦被抓到，就會失去所有。不僅如此，還可能受到救護所或救濟所、勞動鍛鍊隊等機關的刑事處罰。根據脫北者B的證詞，這些花燕每天在使用石炭的區域附近徘徊，撿走掉到地上的石炭，或者將石炭都收集好後，拿去市集換吃的。根據脫北者B的說法，過程中若被該區域的保安員或警衛抓到，先不說偷來的東西全都會被搶走，還會遭受強制勞動等損失。

## 採野菜

採野菜的行為是在春日花開到秋天來臨之前，到山裡四處尋各種山野菜，拿到市場去販賣。這種類型的人主要是將山蒜、蕨菜、紫萁、遼東楤木、關蒼朮、沙蔘等野菜拿到市場販售，以此維生。採摘野菜的花燕在秋冬時節也會從事其他行為，例如秋天拾穗，冬天則靠著撿拾海帶維持生活。

## 淘沙金

淘沙金的行為只適用於產沙金的區域，因此僅存於部分地區。花燕會尋找產沙金的局部區域，前去淘沙金。根據脫北者C的說法，以沙金聞名的有咸鏡北道新星郡和恩德郡，此處所產的沙金透過買賣商製造後，走私賣往中國。淘沙是將沙金密度高的泥土放進濾網，讓它在溪水中流，沙金會沾在網子下面，之後將沙金蒐集起來再賣給買賣商。不過，一整天淘金只能換來大約一碗飯的收入，此種方法不過是偶爾為之的一種生存方式罷了。

積極行為類型中，屬於非暴力的行為既是這些花燕的生存之道，也是北韓社會最貧困層維生的方式。也就是說，極貧層與花燕行為中屬於非暴力行為的類型有相似性。在花燕之中，消極型行為也是最糟糕的維生方式。積極型行為則分為會對他人造成直接傷害，或者自己進行生產活動兩種型態。他們不對個人造成傷害，另外可以分為偷取公共物品，或者撿拾食物維持生計的類型。

同上敘述，我們雖然將花燕的行為類型具體做了區分，但是一個人並非只做一種特定行為。他們會依據狀況及適應期間，由低階行為發展至高階行為，或者重疊幾項行為等，花燕的行為類型非常複雜。

## (2) 花燕名稱分類

依據年齡層和家族單位，可將花燕的名稱進行分類。花燕、青燕、軍燕（軍人燕子）、老燕的名稱大致是以年齡做區分，家族花燕就同字面上之意，是和家人一起過花燕生活的情況。

如同我們在探討花燕定義時提過，後面我們要談的青燕、老燕、軍燕等，全都屬於「花燕」的範疇。一九九〇年代中期以後，花燕的年齡層變得越加廣泛，此一用語有時被限定使用於年幼的孩子。換句話說，花燕雖然是廣義包括所有年齡層，不過若以狹義來看，也可以看做是指稱兒童和學生。

狹義的花燕如學生及孩子們，維生型態可說是既消極卻又積極。大部分的人直到十五歲以前，都以消極行為解決生計問題，其中佔多數的才藝表演、撿食、乞討等，是他們的必要維生手段。若這些行為無法換來食物，他們就這樣死去的機率很高。因為年紀尚小，除了這些行為外，他們沒什麼能做的事。尤其當他們因為太餓撿了壞掉的食物來吃，不僅很可能生病，甚至還會因此失去性命。根據一九九六年起到一九九八年在

**【表七】花燕的名稱分類**

| 名稱 | 年齡 | 特徵 |
|---|---|---|
| 花燕 | 17 歲以下 | 青少年層 |
| 青燕 | 17 歲以上～ 30 多歲 | 青壯年層 |
| 軍燕 | 18 歲以上～ 30 多歲 | 軍人出身 |
| 老燕 | 40 歲以上 | 老年層 |
| 花燕家庭 | 一家人 | 以家庭為單位過花燕生活 |

出處：參考花燕 A、C 證詞製表

咸鏡北道清津當花燕的李忠實表示，自己是靠翻找垃圾桶等，撿些東西吃來維生的。不只他自己，一九九七年左右他在清津站見到分離一年的妹妹，但妹妹卻因為撿到不乾淨的東西吃而死去。（李忠實，二〇〇八：一四七－一四八）

## 青燕

青燕是青年花燕的簡稱。他們是年輕族群，非常暴力、生活能力也很強。青年花燕因為不想去工廠上班，為了維生開始過起放浪生活。他們的身體相較於十多歲的孩子健壯許多，因此主要以積極行為來維持生計。男性多半以暴力型行為，比如鬧事者、破門者、攻擊手等活動來維生，女性則以非暴力型行為，例如撿石炭、收集沙金、挖海產、採摘野菜等維生。

他們通常是自己離家，長時間過著花燕生活，或因為無法在工廠獲得任何報酬（配給）後，憤而離開去過花燕生活，變成青燕。此外，還有因為升學或入伍等發生不平等問題而成為花燕的例子。在北韓，身分背景不佳就很難被分派到好的部隊，有人甚至因此放棄入伍。

在北韓，畢業時就會擁有工作，不存在無業的情況。雖然能夠因此透過國家分配的工廠獲得報酬，但一般來說要維持生計，這些錢實在是太過不足，他們因而開始過起花燕生活。

## 軍燕

軍燕指的是軍人刻意或者非刻意地脫離所屬部隊，過著放浪生活。他們大部分是因為再也無法忍受飢餓，進而逃離所屬營區，或者在因家庭因素提前退伍的過程中過著花燕生活，又或者是發生於暫時休假後回歸部隊的途中。在軍隊入伍問題上，若是身分有問題者，國家因為擔憂他們在兵中生活會發生問題，因而設有入伍限制。身分有問題者只能被分發到條件不好的部隊，而若進到條件不好的部隊，就連維持生計都有困難，為了生存，他們只好開始花燕生活。

一般人認為至少北韓軍隊會保障配給，然而，軍人之中也有糧食未按時、按量分配的情況。即使是軍隊，也有分條件好與條件不佳的部隊，屬於條件不佳部隊的軍人，營養失調情況非常嚴重。《首爾新聞》刊載的一篇平安北道男性軍人的採訪內容證實：「只有軍官能被分配到糧食，而且品質也非常糟糕。若是糧食不足的春天，那時一百人裡面大約會有百分之五十處於營養不足狀態。」（《首爾新聞》，二〇一一年六月二十五日第六面）

在此情況下，若無法忍受飢餓而脫營，或者因家庭因素提前退伍回家，卻發現沒有食物、很可能面臨營養失調，就會使他們走上花燕之路。有些人是在結束休假，回歸部隊的過程中，因為對軍隊的不滿而決定不歸隊等。軍人淪落成為花燕的情況原因眾多。

### 老燕

老燕指的是老人花燕。在人人生活艱難的經濟危機下，老人因為不想成為子女的負擔，許多人選擇自行離家出走，又或是遭到子女排斥。另外，也有因為謀生困難將屋子賣掉後，過著花燕生活的老花燕。老人因為和年幼孩子一樣生活能力低落，餓死或自殺的比率很高。根據《首爾經濟》新聞的報導，在咸鏡南道咸興市發生四名老花燕集體自殺的事件。四名老花燕自殺是被一群正在種樹的學生們發現，現場還留有遺書。（《首爾經濟》，二〇一一年五月一日第六面）

在北韓社會，因為敬愛長老、服侍父母親的傳統與家庭法制仍在，扶養自己的父母是理所當然的事。一般老人多和子女一同居住，但隨著經濟情況惡化，一家人的生活每況愈下，開始發生父母自己離家，或者被子女趕出家門的情況，藉此減少吃飯的人口。即使子女不做到這個地步，老人也會因為無法承受子女的壓力而選擇離家出走，變成老花燕。

老花燕和小花燕皆屬於花燕中最弱勢的族群。他們除了身體條件不佳之外，還因為長久被教育的道德觀念，無法輕易做出暴力行為或反社會行為。因此，他們必須激發出他人的同情心來乞討食物，可是老人卻又比年幼的孩子要難博得他人憐憫；想撿拾食物，也很難找到能吃的東西，因此餓死的機率很高。一般人很少同情老人，在無法輕易要到食物的情形下，老花燕可說是處於最惡劣環境的年齡層，也是最脆弱的花燕。

### 花燕家庭

花燕家庭是一家人一起過花燕生活的類型。當家中沒有食物，再也無法持續生活時，全家人就一起流浪。在成為花燕家庭以前，他們多會將房子賣掉，或者當房子已經無法再居住時，就拋下房子，全家人一起在街頭生活。

北韓官方禁止進行住宅買賣，賣房子屬於非法行為，但實際上暗地裡房屋買賣相當盛行，這是因為供、需所導致的交易。大部分的人獲得一筆大錢後，將好的房子賣掉，搬往較差的屋子。或者偽造文書，寫成是房子賣掉後搬往其他區域。購買房子的人大多會對不動產相關機構行賄，將文件改為讓渡，而非買賣型態。而前屋主則視情況需要，偽造文書說是因必須搬家，然後新搬來的屋主支付給前屋主費用後入住。前屋主在讓渡房子後，會搬到買自己房子的對方舊屋去生活，或者偽造成那種情境。前屋主用賣房子的錢生活一陣子，當錢又用光後，全家人就只好淪落為花燕家庭。

花燕家庭白天各自尋找食物，晚上再聚到同一個場所一起生活；也有的家庭是白天也一起行動，將獲得的食物一道分來吃。花燕家庭有時候會將年幼的孩子當作乞討工具，因為年紀小的孩子總是能博得人們同情。

靠著子女獲得食物後，晚上就和父母一起分來吃。父母一輩通常難以融入花燕生活，孩子們卻能迅速地適應。父母輩之所以無法迅速適應，是因為過去被灌輸的道德、倫理，以及政治教育還殘存在他們心裡，而且被抓到時，成人的處罰會比年幼青少年還重。

說到底，花燕家庭是一種為了讓一家人能夠一起活下去的努力，也是維持血緣的最後一個選擇。

## (3) 花燕的區域內類型與居住型態類型

### 當地花燕和外部花燕

由區域來看，大致可區分為當地花燕和外部花燕兩種類型。當地花燕指的是在該地區長時間實際生活的花燕，而外部花燕則是從其他地區搬來的花燕。在花燕之間，關於哪些地區適合花燕活動的訊息流通得非常快，花燕們會根據這些訊息來決定移動到哪個地區活動。

在農村地區生活的花燕會移往更容易過活的地區，此時，他們和已經居住在那裡的花燕就會產生矛盾。花燕容易維生的地區，是在那邊透過某種行為能更容易獲得物品，或者是可以從事多種行為的地區。一般來說，農村因為相較都市的市集規模小，進行非法活動容易曝光，被抓到的危險性也就高。但是都市的市集範圍或面積相對較大，花燕可以遊走各市集，就算連續幾天出沒，也比較不會曝光或被抓住等，能夠克服較多條件限制。

而花燕的移動，也會發展為該地區花燕之間的矛盾。

外部花燕在活動範圍廣的都市中求生，若發生侵犯領域之情事，當地花燕為了守護自己市場的安全，會一起出動。若花燕在自己的領域行動時被認出來，無法繼續在該地區活動，也會轉往其他地區。外部花燕想要移動區域或拓寬活動範圍而闖入，當地花燕則想要鞏固自己的市場，兩者的衝突無可避免。

比如，當地花燕管理妥善的市場秩序，因為被外部花燕攪亂，使得他們開始憂慮自己的謀生行為會產生問題。因此，在他們之間不免發展出「零和遊戲」規則。亦即在這些花燕的活動舞台——市集規模和行動目標——商人人數有一定數量的情況下，外部來的花燕和舊有的當地花燕必須分食同一塊餅，也就無可避免地招來衝突。

因此，當地花燕去威脅或對外部花燕動用暴力，有的人甚至強制他們繳納物品。有些被當地花燕牽制，以致無法謀生的外部花燕，只好再移往其他地區。然而有些外部花燕也會反過來團結，一起抵抗當地花燕的暴力。

部分克服當地花燕仗勢欺人的外來者，會成功轉為當地花燕，但失敗的花燕就只能反覆遷移。外部花燕成為當地花燕之後，也可能要求自己活動範圍內搬來的新花燕上繳物品，或者接納他們成為新的內部成員。通常舊花燕的團結力量較強，外部花燕要想落腳並不是件簡單的事。

## 單燕和合宿花燕

花燕的居住型態大致分為兩種：

一般最廣為人知的是在車站前、公園、熱水爐室、村里炭灰堆、倉庫等地方睡覺的花燕，這些花燕被稱為「單燕」。

眾所周知的花燕，主要居住於工廠或企業所的熱水爐室、製鐵所送出來的熱炭灰堆、舊倉庫、車站前等地。每一間企業所或工廠皆設有熱水爐室，那裡是花燕能夠安全度過寒冬的落腳處。同理，製鐵所的炭灰堆也因為保有鐵生產過程中散出的熱氣，是能夠讓花燕度過天寒地凍的地方。車站前則因為是人來人往之處，能夠維持一定的溫度。根據《朝鮮日報》報導，飽受寒風折磨的花燕，冬天會聚集到充滿熱氣的製鐵所附近暖暖身子。花燕中也會有人偷走用來將鐵融成鐵漿的無煙煤去變賣，在過程中偶有被保衛隊員抓到，痛打致死的事件發生。[6]

另一種花燕，是以組織型態行動的花燕，他們保有一定的住處，實際上過著合宿生活。花燕組織成團體，在特定建築物裡成群生活，是最受花燕歡迎的居住型態。後面我們會更詳細探討，組織成團體的花燕大部分在能夠維持溫度的空屋，或者倉庫等地聚集過夜，白天則進行花燕活動。這種白天過花燕生活，晚上則在特定場所聚集睡覺的型態，雖然經常暴露在危險之下，但在睡覺地方不固定，時常得隨機而動的花燕之間，仍非常具有吸引力。

此外，還有白天進行花燕活動，晚上則回到自己家生活的「實際居住型花燕」。他們居住在家裡，但白天卻在外頭當花燕，只有晚上才回家休息。為了避開村里居民的管控，他們總是躲著居民，晚上才在家享用花燕活動得來的食物。這些實際居住型花燕大多衣著端莊，如此一來他們設定的目標才不會對自己起疑。

6 朝鮮日報，二〇一一年十二月十七日，http://news.chosun.com/site/data/html_dir/2011/12/17/2011121700735.html；檢索日：二〇一二年三月七日。

## 2 花燕的特徵

### (1) 花燕的四項特徵

花燕的特徵大致可簡略為以下四項：

第一，花燕自由地在各地區移動，因此，他們對各區的訊息也流通得很快。北韓社會因其特性上移動並不自由，一般人民無法輕易前往其他地區，但是避開社會取締和管控的花燕，是可以四處移動的群體。在他們往返各地區的過程中，地域的訊息也會在花燕之間快速地流通。這些訊息非常具體，無論是管控嚴謹的區域，或是花燕容易活動的地區等，不僅能得知生存必要的資訊，還能快速知曉在哪一地區發生什麼事件。比如，在什麼地區有人因為什麼罪行被槍殺了？清津港又進了多少玉米等，目標區域的市場、人民生活、管控、貿易、組織等訊息，全被網羅在花燕之間互相流傳。

這套資訊流通的過程，在市場活絡以前就存在於花燕之間。

第二，是花燕的組織化。一九九〇年代以前，在地方有個叫「霸拉」的組織。花燕和該組織互相連結，提供他們金錢，而組織則給予花燕保護。進入一九九〇年代，剛成為花燕的人們大部分沒有經驗，通常以個人行動為主，僅形成一種可稱為彈性組織的燕子團。關於這個燕子團，我們後面會再次探討。自一九九〇年代末開始就有燕子團存在，與此同時他們也開始直接組織起團體，花燕的組織化正式形成。

第三，是在謀生過程中，花燕和商人之間形成的矛盾與合作關係。花燕為了生存，只能從商人那裡偷走生活必需品；反過來商人為了謀生，也要守住自己的商品不被花燕偷走。同樣是為了謀生，兩者之間的關係有時也會超越矛盾，進化到合作關係。商人為了守住自己的物品，有時會雇用花燕來防止其他花燕接近。雖然看起來這如同把魚交給貓保管一樣可笑，但相反地貓咪只要守好那些魚，就能穩定從主人那裡獲得魚吃。因此，商人和花燕之間的合作，成為他們重要的特性之一。

第四，是花燕不可或缺的重要特性——自主。花燕自由自在，他們脫離家庭、學校、工廠、企業所等嚴密的管控結構，這個特徵讓他們感受到自主性。花燕不需要參加每週一到三次的生活總會，也不需要完成計畫，不需要站在全校學生面前丟臉，更不需要受不間斷的物質要求折磨。

自主性是花燕的核心特徵。在北韓社會中，脫離管控、監視和拘束，代表能夠享受一般人民無法想像的自主性。因此，花燕享有的自主性，就是讓他們即使被強制回歸到組織管控後，仍會再次逃離的重要因素。這表示花燕並非是放棄物質、組織、思想管控，而是一群在物質上、組織上、思想上追求自由的族群。

## (2) 訊息流通和區域移動

花燕之間的訊息流通是從很久以前就存在的現象。基本上，訊息流通是因為花燕們必須避開政府的管控行走四方，必須了解將來要活動的地區的情況。花燕之間流傳的訊息種類大致如【圖五】：

共享其他地區的市場資訊，成為了影響花燕移動的重要因素。透過比較目前活動地區與其他地區的市場規模、商品、是否雇用外國人、市場個數、取締情況等訊息，花燕會前往活動相對容易的區域。市場的規模大小可評估出自己可能曝光的程度，商品訊息則可和目前區域的商品水準做比較，外國人的出入程度則代表能夠大賺一筆的機會。不僅如此，市場的個數越多，代表他們可以在一個市集待上幾天，賺到大筆的後再移往其他市場，同時方便藏身。另外，市場的取締情況也決定了花燕的生存限制，是很重要的訊息。這些市場資訊來自和其他地區花燕的對話，根據對話過程中獲取的情報，花燕會決定是否移動到其他區域。

取締情況可以判斷在該地區紮根生活的過程中，被抓的可能性有多大，是極重要的資訊。花燕們彼此交換情報：如安全員多久取締一次、九．二七常務多不多、糾察隊和非社格魯巴多久出

**【圖五】花燕之間流通的地區資訊**

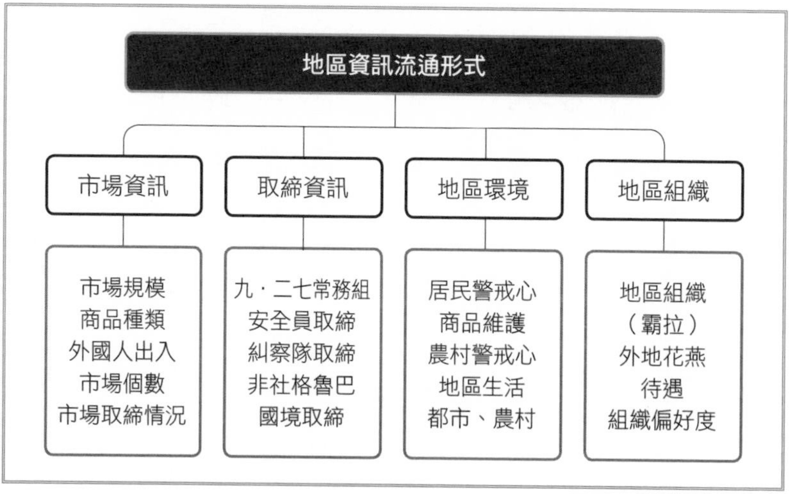


出處：參考脫北者 A ～ C 證詞製圖

現一次等。非社格魯巴是指取締非社會主義現象，並且加以管控的機構。「格魯巴」是指「Group」，北韓在語言上也深受俄羅斯影響，有不少將外來語以俄羅斯式發音的詞語。

花燕透過像是取締員多久出現一次等情報，可以判斷萬一在行動時被抓到，在各地區會受到什麼樣的懲罰，這足以決定是否能在該地區穩定地過花燕生活。

以清津為例，主要情報大約就像是浦港區域的安全部拷打程度，要比羅南區域安全部更嚴重；或是在花燕救護所（救濟所）裡花燕能撐多久、要是被抓到逃出來的可能性有多少等。

若說市場資訊是和花燕解決三餐息息相關的問題，那麼取締情報就是決定花燕能夠避開政府控制、過得多自在的重要資訊。

而在地區環境情報中，最重要的就是人民對花燕的警戒心，以及商人保護商品的能力。若人民對花燕的警戒心高，花燕的生存活動就難免碰到瓶頸；若商人有各種辦法保護商品不被竊取，花燕就得克服許多問題來維持生計。例如，有些商人為了保護商品，會在比較低的架上擺上小屋子形狀的攤架來展示，不再暴露在外，花燕必須要偷看才看得到，這對他們來說是非常負擔的事。為了要偷東西，只能侵入攤架，但是對一般花燕來說，幾乎是不可能的事。類似情況就成為了威脅花燕生存的要素。

另外，在地區環境部分，城市商人對花燕的警戒心大多很高，農村則對花燕的警戒心較低，就這點而言，是有利於花燕活動的。反過來說，都市市集的規模大，往來的商人多，花燕相對不起眼，更能避免被取締；農村則有安全員取締嚴格的問題，因為市集規模相對較小，管控容易。

為了避開類似的掌控，農村地區的花燕經常進行「破門」行為。他們雖然也在市集活動，卻因為不容易成功，於是開始進到別人家去偷東西，展開家庭竊賊式的積極行為。農村裡大多門禁非常鬆散，容易破門。尤其在冬天時，會將秋收的穀物置於倉庫保管，因此在農村地區，花燕經常選冬天去破門。此外，若獲得像是哪個村里較富裕等訊息，也有助於花燕大發一筆。因此，地區環境訊息扮演著非常重要的角色。

接下來，就是很重要的地區組織情報。大部分地區都有花燕組織存在，可以說他們事實上掌握了該地區。另外，每個地區也並非只有一、兩個組織，可能有好幾個組織存在，其中自然會有最具影響力的組織。若在那樣的組織裡生活，可以保障睡覺的地方，還能透過訊息流通，輕鬆避開安全員或九・二七常務等機關取締。若花燕能進入組織，也可以在市場安全地活動，因此他們無一不想加入組織。

對花燕來說，若他們行動時被抓到，能有保護自己並給予庇護的組織成員，當然會比自己承擔行動風險更有利。

## (3) 花燕的組織化

組織化是呈現花燕變化的其中一項重要特徵。一直到一九九〇年代初期為止，所謂組織，不過就是些力氣大又有能力的一般學生組織，底下有幾名學生效忠，成員必須上繳金錢來換取保護的程度而已。

一般來說，每間學校都會有可被分為一軍的運動部學生和不良學生們，他們又會形成什麼派、什麼派等派系。維持這些派系需要錢，而能解決錢的方法，就是放幾個擅長當扒手的花燕在裡頭，用他們拿來的錢維持派系，而派系成員也必須扮演保護花燕的角色。根據曹永浩的證詞，七〇年代的平壤在各個小區域也都有這些派閥，甚至也會因為能幫他們帶來收入的花燕展開集體鬥毆。（李哲源，一九九五：四五－四七）

換句話說，花燕接受一軍學生所創組織的保護，就得提供物質福利來交換。組織成員所獻上的金錢會使用在組織營運上，當成員之一的花燕被抓到或陷入危險時，組織會扮演救人的角色。此外，組織也會提供給花燕能夠穩定生活的房子。隨著時間來到一九九〇年代中期，花燕開始自己創立組織，或轉變為由一名普通人和幾名花燕結成組織的型態。

### a. 花燕群體的形成——燕子團

一九九〇年代以前，受某一組織保護的花燕，在一九九〇年代以後開始形成一種稱為「燕子團」的花燕群體，成為彼此互相保護的關係。所謂的燕子團，是指各種行為類型的花燕反覆地因需求而聚集，然後又解散。舉例來說，當獨力行動的花燕遇到危險時，就和有交情的花燕夥伴彼此幫助，可說是在進到全面組織化以前的初期階段。平時花燕之間的交情多半按相同地區、故鄉、親戚關係等為重點形成。若花燕移往其他地區，在當地有同鄉的花燕，通常就能很快適應。

「大約是哥哥十五、十六歲的時候，在爸爸住院後，我們只好又開始過花燕生活。有次我們遇到之前見過的花燕們。啊，不是和我一起過花燕生活的人，是和哥哥一起行動過的花燕。他說『只要進到他們團裡面，就能存到一定的錢』、『某種程度上可以幸福地生活，也有睡覺的地方』，我就這樣跟過去了。那個就是組織，就是那個花燕組織……」（脫北者A）

我們在前面也簡單說明過花燕的地區移動現象。若到了新地點，而那裡有同鄉的花燕已經紮好根，就可以輕鬆獲得幫助。這是因為同地區出身的人，有可以分享的故鄉資訊，並且受到偏好同鄉出身的地區主義影響。這樣凝聚起來的燕子團，與其說是組織化，不如看作是在組織化之前的階段。他們之間的訊息流通非常迅速，也有一起行動的傾向，因此，他們會受到來自其他區域花燕的防備。

當同一地區有了好幾個燕子團後，他們也會被冠上出身地區的別稱。比如，清津會有被稱作鳳泉派、青岩派、羅南派等的燕子團。他們之間有時也會產生矛盾，例如青岩區域的市集中大多是青岩派在活動，若這裡有曾在水南區域市集生活的花燕，因躲避取締移到此地，就會招來矛盾和衝突。以下是益友所介紹的二〇〇五年當時許多燕子團的相關內容，可以看到他們之間存在何種矛盾。

「二〇〇五年黃海道延安郡、白川郡、青丹郡等地的花燕主要在延安郡市場聚集，有時也會看見從海州來的花燕。其他地區的糾察隊取締比較嚴格，延安郡還算好的，因此很多人會前來這裡。大家從各地聚集，以故鄉出身形成派系，如延安派、鳳泉派、白川派、青丹派等勢力，而此時延安郡的花燕會牽制其他區域的花燕，或者仗勢欺人。」──（益友，《今日北韓消息》，第

十一期，二〇〇六年九月二十五日）

花燕社會中，各個地區也有舊勢力，即使平日彼此的連結關係鬆散，但是當危機到來，他們通常會穩穩地團結起來。若花燕之中有人挨打了，那麼和那名花燕有交情的燕子團，就會集體行動找出打他的人，施加極其狠毒的暴力。根據脫北者A的說法，花燕群體之間也有扮演首領角色的「頭目」。這些頭目了解花燕需要協助的狀況後，會召集周圍花燕一起處理危機；或者當花燕之間有竊盜事件發生，也會緊急召集大家尋找犯人。若有取締情報傳入，花燕會隨時告知周邊的人，藉此避免被捕。燕子團的集體暴力已經夠令人害怕，當他們使用刮鬍刀或刀子等行使暴力

**【圖六】燕子團（花燕群體）的召集原因**

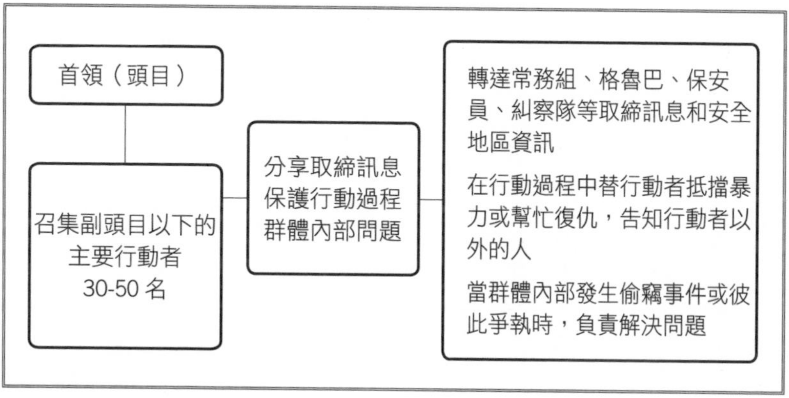
首領（頭目）
召集副頭目以下的
主要行動者
30-50 名
分享取締訊息
保護行動過程
群體內部問題
轉達常務組、格魯巴、保安員、糾察隊等取締訊息和安全地區資訊
在行動過程中替行動者抵擋暴力或幫忙復仇，告知行動者以外的人
當群體內部發生偷竊事件或彼此爭執時，負責解決問題

出處：根據脫北者 A、C 證詞製圖

時，連健壯的青年也無法抵擋。

平時他們以鬆散的狀態各自活動、分開生活，但若有需要，他們為了克服危機可以聚集至少三十到五十人左右（益友，二〇〇八年五月十六日）。不過，燕子團並不是一直都以三十名人員一起行動，一般約是七至八人聚在一塊，若遇到危險情況才會大規模動員。

除此之外，也有一般人召集幾名花燕組織成團的事例。

「接下來……啊，還有一件事，在那之前引領花燕（組織頭目）的那個老爺爺，如果想見老爺爺是有程序的。一開始見不到，誰也見不到。第一次很難，都有在管控，不是誰都能見的。要等之後級別升上去，在花燕之中等級若升到一定程度就可以去。因為見了之後，就可以知道那個老爺爺直接管理的部分。為了想看老爺爺一眼而努力的花燕很多，因為那個老爺爺會給很多錢。」（脫北者Ａ）

他們將有手腕的花燕聚集起來保護，同時，也從他們身上獲取物質利益。也就是說，花燕和這些保護他們的頭目之間有利益關係糾纏。花燕無論手段再好，也需要一個能安全居住的空間，而一般頭目則需要穩定的收入來源，彼此才能互相合作。在此過程中他們整理出位階，開始建立出上命下達的組織型態。

**b. 頭目，引領組織的首領**

這些組織的頭目是普通人，但他們卻在花燕組織內被尊為首領一般，這點十分值得注目。普通人頭目過著正常的社會生活，另一方面卻又經營花燕組織來增加收入，並扮演蒐集取締情報以及將被抓走的成員救出來的角色。另一個值得關注的點，是花燕們在組織裡抱著想見首領的欲望。他們各自努力過好組織生活，希望藉此能一窺首領的真面目，並透過達成此目標，在花燕之間獲得他人對自己地位的認同。若能獲得認可，就可以行使管理下一階花燕的權力，以此賺取金錢。

「所以，我們因為那個原因想見老爺爺，也想多存點錢。只要是那個老爺爺的話，我們幾乎都當作是金正日、花燕世界裡的金正日的命令。」（脫北者A）

此外，若無法完成頭目訂下的分配量，還會受到各種處罰。處罰的型式有挨餓，或是去做各種農活等，有時候也會挨打，甚至被趕出組織。但即使組織裡有這些處罰，大部分的花燕還是對組織的保護抱有期待，因此隸屬於組織的花燕總是大家欣羨的對象。

「花燕不太會去思考金日成、金正日，因為他們只想著『我得活下去』，根本不懂政治那些怎麼運作的。不管米來還是不來，我們只想著今天得完成的事（每日目標量）。如果我今天沒完成負責的量，就會吃不到飯，然後也常常被打，甚至會被拷打。」（脫北者A）

花燕的頭目長久以來過著專業的花燕生活，又有穩定的居住環境，就連保安員也怕他們。根據脫北者C的說法，在一九九〇年中期清津車站有青龍派，那個組織不僅是那個區域的花燕，就連安全員也都不喜歡和他們槓上。安全員若找他們碴，他們就會在晚上偷偷守在那名安全員家門前，然後跑上去狠狠打他一頓報仇。如同前面敘述過的，這群花燕有時候是能讓對方感受到生命威脅的恐怖對象。

保安員要想強力控制這些頭目花燕，很多時候倒不如多容忍他們一些，等自己需要時再拿來運用一番。這些頭目花燕能夠從保安員處要來取締情報，並且當成員被抓到時，還有用賄賂贖回人的能力。

花燕組織由獲得頭目信賴的成員，以及在其底下負責專業性角色的成員組成。專業成員有各自固定的名稱，並依此名稱有不同的活動空間。

**【圖七】花燕組織型態**

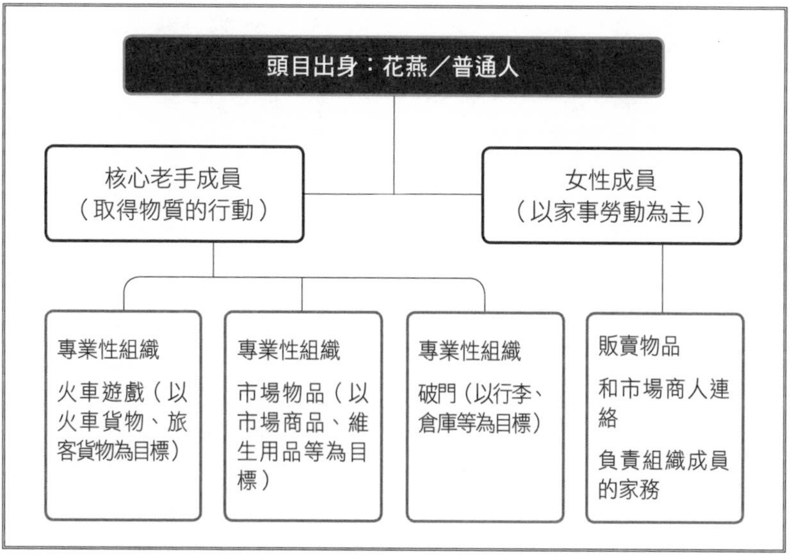


出處：依據脫北者 A 證詞製圖

「我記不起我們的確切人數，但大概有超過三十名。我們分成四類，一個組裡面大約有七、八人。分成四個組是什麼意思呢？就是如同字面上敘述的，分成搶劫組、突襲組等等。組的名稱就是像什麼禿鷹漫畫出來的烏鴉、禿鷹、鴿子那樣，是其他人（在花燕組織內）取的名字。對，所以我進了那裡（組織），我當然要（進去）。我們組是刺蝟組，叫刺蝟是因為我們做許多比較棘手的事情，才取這個名字。是，我們組呢，用軍隊來比喻的話就是菜鳥，所以前輩要我們做的事情都得做。就是那種組。那時候我們組裡有七個人。」（脫北者A）

不僅如此，若隸屬於這種組織，他們還會教授各種行動方式。

「我們七個有時候到市場去，用哥哥說的刀（射刀，刮鬍刀），那叫什麼來著，經常拿刮鬍刀那種東西去割開背包，偷走裡面掉出來的東西。我們也懂那個手法，花燕都會教。」（脫北者A）

以下的例子，是一份能得知某個專門負責市場的小組，在開市日行動過程的證詞。內容清楚描寫了這個組趁著開市日混亂時刻，一名花燕轉移生意人的注意力後，其他花燕趁隙偷走東西。

「我們去市場割開背包，那天是市場擺攤的日子，也就是開市日。我們就在生意人都出來的時候去偷動物，偷動物比較簡單。一名花燕在開市日前往某個地方，在那個地方到處鬧事。他會去吵架，找隨便一個大嬸的碴，故意一直罵她。人被罵時都會忍不住衝上前去，那麼大嬸就會被轉移注意力，我們就是在那個時候把兔子籃拿走，把整個兔子籃拿走後離開；如果有狗的話就把狗的繩子牽走，那麼她就不會知道。就是這樣。接下來就賺了點錢。把那些東西帶走後，不是有生意人嗎？就在旁邊（市場入口）有那種轉賣的生意人（轉賣者或掮客）。將東西轉交給那個生意人。我們說是轉交，不過在那裡（北韓），轉交就是給了東西後拿錢的意思。接著，我們就完成我們該做的事了。拿了錢再回去交給哥哥們，這樣的話他們又會讓我們一起吃午餐。那時候就是這樣子……」（脫北者A）

再舉其他例子，若是襲擊貨物車的小組，大約七人的團隊中，有一個人上火車將貨物丟到地面，其他人就負責將貨物撿起來搬走。因為這個組有時候會遇上賭命的情況，可說是幾個組裡面最危險的。爬到貨車上後，一不小心可能會摔落；萬一被捲進火車裡，也會就此斷送性命。所以，這些行為多半由新來的人進行。

「那時是貨車，本來他們有名字的，大概是貨物車襲擊組這種意思，不過我突然想不起來了。反正有類似的名字。在貨車工作是最危險的，我們組就負責做那個。如果列車停在站前，車輪上面會有一個小小的桶子（大約是列車的煞車墊箱子）。只要進去那裡面，然後關上門，外面是看不到的，看不到人。幾秒之內就得弄下來。得趕快把東西弄下來，幾秒鐘之內就要。接下來，火車開始變快到一個程度後，就得馬上下來。丟東西的時候會有人撿，只有一個人上去，其他人負責撿。」（脫北者A）

邁向組織化的花燕，內部有很明顯的弱肉強食定律。為了維持這類組織，有時他們也會和取締機關內通。無論是對社會或居民而言，組織化的花燕被認為是令人懼怕的對象。花燕組織化對北韓社會所帶來的影響，是他們藉由反社會性的活動，將體制內的不穩程度更為擴大。就因為這點，一般人民認為花燕組織是恐怖的對象。

這可以說是花燕的雙重性。另外，在一九九〇年代還是十多歲的花燕，到了二〇〇〇年代變成二、三十歲，由他們創立組織、成為頭目後，組織活動更加廣泛。因此，二〇〇〇年代花燕組織的擴大現象，也可以由此層面去思考。

花燕組織的蔓延很可能會成為金字塔式的巨大組織。在一個組織待過的成員獨立之後，即使創立新組織，也只能是和原本組織形成連帶關係的結構。若不如此，就會和自己過去待過的組織發生摩擦、衝突，又或者必須離開該地區。

## (4) 花燕和商人之間的合作與矛盾

商人和花燕為了謀生存，兩者之間擁有一種不得不合作，或者形成矛盾關係的結構。

一開始花燕離開家後，會有一段為了生存必經的過程。到一九九〇年代前為止，花燕的活動空間或對象都是市場或者商人，再不然就是旅客。市場可容許的數量或範圍非常地有限，當時的花燕大部分都穿得乾乾淨淨，以旅客為目標，採取暴力型的花燕行為。

進到一九九〇年代後，隨著糧食危機逐漸浮上檯面，花燕人數急遽增加，剛踏上流浪之途的花燕皆以旅客為目標乞討。不過，在糧食危機期間，就連旅客的生活也變得不寬裕，使得花燕改變行動目標。面對危機，他們逐漸變得大膽，開始突襲商人的貨品。

在此過程中，商人為了保護自己的商品，採取像是將東西罩上塑膠袋或網子等措施。商人的警戒心提高後，花燕只好再次將目標範圍拓寬，他們甚至開始在購買食物的人身後追趕，強取他們正在吃的食物。被害對象多是女性。

向自己買了東西的客人遭到如此對待，站在販賣者的立場也無法坐視不管。他們認為若客人從自己這買的東西被花燕搶走，會使得自己販賣商品時產生問題。因此，當花燕在他們周邊徘徊，商人會警告自己的客人要小心。像麵包或餅乾等食品，若一不留神用單手拿著吃，就很容易被搶，商人會提醒顧客一定要用雙手拿；或者當花燕靠近時，大聲呼救以幫助客人。

商人這種保護自己顧客的行為，又讓花燕不得不處於時常挨餓的情況了。為了應付這樣的情形，花燕和其他好幾名花燕一起打出「鬧事者」這張牌，進化為乾脆將商人的販賣容器整個搶走的型態。另外，也有的花燕是為了報復商人，故意拜託鬧事者或者自己前去鬧事。商人為了對付進化的花燕行為，也會以賄賂或食物來收買市場管理員、安全員或者其他花燕，藉此來保護自己。

商人為了保護商品會採取許多種措施。首先，他們會收買市場管理員，確保自己能在相對安全的位置賣東西。第二，他們會收買檢查、取締的市場安全員，保護自己商品的安全。但即使他們採取這些措施，效果仍然有限。因此，他們動員的第三種方法，就是雇用其他花燕來抵擋花燕。

因為北韓市場的特性，裡面的位置會比外邊位置安全，更不受花燕活動影響。因此，商人多偏好中間而非角落位置。花燕也因為難以偷取位於中間位置的商家物品，有專門攻擊角落或外邊商家的習性。

因為花燕這樣的特性，商人會依商品賣量考慮給管理人賄賂，以換取較好的位置。但是，這不過是臨時性的措施，反倒有保安員會隨時去找商品的麻煩，甚至搶走商人貨品，因此，商人也必須給保安員香菸或一些賄賂。因為保安員可以隨時用檢查非法商品的名目搶走東西，商人若沒有他們的庇護，就無法安穩地做生意。

不過，即使他們提供賄賂，也無法保障商品不被花燕搶走。花燕為了活下去，不得不去偷商人的物品。正因為攸關生死，他們會動用各種方法搶東西，而商人也會採取「以花燕治花燕」之道，僱用一、兩名力氣大的花燕警告其他花燕，讓他們無法偷走自己的商品。在市場活動的商人大部分是女性，對於粗暴的花燕行為束手無策，為了解決此問題，有時也會看到丈夫在女性背後顧商品的奇觀。

若丈夫無法幫忙顧東西，許多女性商人會提供餐點給力氣大的花燕，讓他們來保護商品；她們也會給在市場裡力氣大的花燕東西吃，拜託他們事前警告其他花燕不要去偷襲自己的貨物。也有的人是在盯上自己的花燕來到附近時，乾脆給他們一些食物打發他們走。為了保護自己的貨品，商人只能使出各式各樣的方法和手段。

此外，受花燕組織保護的商人，會上繳物品給組織頭目，拜託他們擋下其他攻擊自己的花燕。比如賣食物的商人，可能會以一碗麵、十塊錢的麵包等當作提供保護的謝禮。組織的頭目則警告該組織以外的其他花燕：「萬一動了那個生意人，小心死在我們手裡」，作為收下東西的代價。這就是利用敵人來對付敵人的概念，特別是無力支付高級官吏賄賂的下階商人，多會和花燕聯手。有時從外地來、不懂內情的花燕，會因為偷了受組織保護商人的東西而遭到毆打，或者再也無法進入該地區，這就是前面提到過的資訊流通的重要性。

進到二〇〇〇年代後，組織化的花燕開始藉由限制、阻斷非同組織的花燕來維持市場秩序，並且從商人那獲得獎勵等。這些形成合作關係的現象，代表著花燕組織已經慢慢掌握住市場。

「市場裡面有最厲害的一群人。花燕群（眼光）很高的，不能像以前一樣給碗麵就打發，必須給他們錢。若不給的話，即使其他花燕偷走東西，他們也會坐視不管。」（脫北者G）

花燕組織掌握市場，意味著他們的組織變得更強，而且過度膨脹。在同一個市場空間裡，即使已經受國家政府管控，卻出現同一時間花燕也掌控市場的現象。市場裡花燕和商人之間的矛盾關係，演變為整個花燕組織和下流階層商人之間的矛盾。換句話說，這是因為商人沒有足夠能力支付保護商品的代價，致使和花燕之間產生矛盾。

## (5) 花燕生活的自主性

花燕之所以會重新踏上花燕生活，不僅僅是經濟因素考量。拿上學的學生為例，當他們經歷過花燕生活又重新開始上學，被稱為不良學生的他們，很難承受其他人不友善的目光。另外，已經嘗過自由甜頭的花燕，也會嚴重厭惡組織生活。在組織裡，無論是個人的言語或行動，很多部分都要受到控制。尤其是自我批判，令他們心中產生極大問號，開始想念脫離團體生活的時光，懷念起那短暫卻自由的放浪生活。

### a. 組織生活的痛苦

過慣花燕生活後回歸學校的不良學生，返校的第一步是組織生活總會。學校的組織管控方式可分為社會主義少年團組織，和金日成社會主義青年同盟組織。少年團的年齡為九至十三歲，學校青年同盟為十四至十八歲。學校畢業後，所屬組織轉為各企業所機關、軍隊等的社會青年同盟員。

組織生活中最令人難以忍受的，就是自我批判。自我批判以在組織面前批判並反省自己的放浪生活為始。範圍大至全校學生，小則必須在同班同學面前進行（李哲源，一九九五：六六）。此外，還得向少年團組織或社勞青組織的少年團指導員或社勞青指導員提交批判書，並且接受檢驗。他們必須自己去找指導員，持續地批判自己，以這些高強度的方式反省生活。不僅如此，他們也必須接受其他學生對自己高強度的批判，並且反覆接受組織像是打掃教室，或在其他學生回家時，自己留下來寫批判書之類的處罰。

除此之外，同班同學不友善的目光和集體排擠，也使得花燕對組織生活的懷疑越來越大。因為周遭「那個人是不良學生、放浪生、花燕，如果我跟他一起玩，其他人會覺得我是同類，嘲笑我」的認知根深蒂固，出現不少排擠該名學生或嘲弄的情況。另外，一般學生的父母也怕自己的孩子變成那樣，告誡孩子不要和花燕出身的不良學生一起玩。

為了管理不良學生，人民班也會啟動。人民班在學校設立學習班，將不良學生聚集在一起念書，同時監視並管控他們。

「人民班必須規劃好學生的教養事業，讓不良學生別再出現。父母都上班的家庭，學生放學回家時無人可照顧。因此，人民班必須負責好好替他們組織一下生活。學生回到家，別讓他們去大街上玩，要好好打造他們的生活方式，讓他們三五成群地一起念書，如此才不會出現不良學生。」（金正日，〈和平壤市西城區域下新洞公務員的談話〉，一九七二年七月十一日）

人民班會議裡，總是以「誰的孩子之前過了放浪生活，為解決這個不良問題，當事人父母必須努力，村里居民們也必須一起監視孩子」的方式進行生活總會。使得經歷放浪生活後回家的孩子父母，同樣無法迴避責任。其父母在村里居民的人民班會議中，也必須因沒有好好教養孩子進行自我批判。在如此高壓的組織管控和處罰下，成了花燕再次脫逃的契機。

「孩子們呢，媽媽不會讓他們一起玩，為什麼？因為和他們一起玩就會成為不良學生，所以她們會阻止。媽媽回來之後（從人民班會議回來）就會說『別和某人家的兒子一起玩了』、『誰家的孩子變成花燕了』等等。」（脫北者F）

北韓青少年參與組織生活的程度不輸成人。少年團、社勞青組織每週開一到兩次生活總會，必須在組織面前接受檢驗和批判自己這一週的生活等，受到一定程度的組織管控。另外，還須執行兒童計畫、班級計畫等，不僅是學生個人，對學生的家庭也有一定影響。

兒童計畫指的是在成為少年團員之前的小學生，自發性地蒐集廢紙、破銅爛鐵等交回班上的工作。原先是自由參加的，但是為了完成班級計畫，經常變成強制分配。這些兒童計畫、班級計畫、少年團計畫、社勞青計畫是以雙重、三重方式強制徵收計畫所需物資，加重了青少年的負擔。若無法按時執行計畫，同樣也會成為組織生活總會中被批判的對象。為了執行學校所要求的計畫，下午每班進行複習時間時，該名學生不能做複習，必須流連學校外的街頭；他們必須四處去求得廢紙或破銅爛鐵，好達到被學校要求的分配量。

### b. 只能做回花燕的理由

有許多人因為家庭環境不甚優渥，無法按時滿足分配量，因而逃避上學，演變成脫序或犯罪行為。

此外，像是每班必須繳出的「汽油」、

【圖八】花燕生活的反覆過程

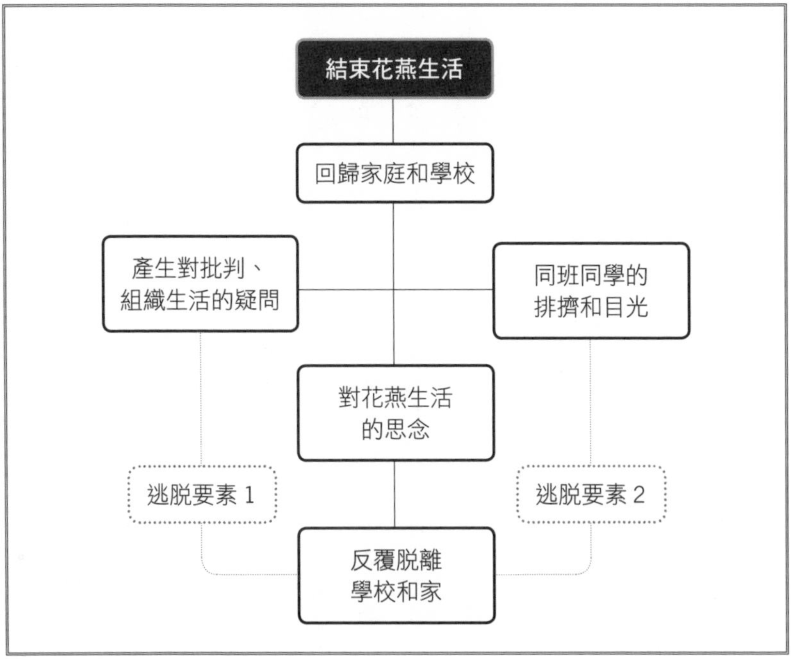


出處：依據脫北者 C、E、F 的證詞製圖

「手套」、「亮光漆」、「漆料」、「米」等，是學生無法蒐集到的物品，學校也會要求家裡準備好帶來，這對家庭造成相當的負擔。家庭環境好，能夠交出物品的學生，即使不會念書，也會因順利完成計畫被稱讚；而家庭環境困難，無法交出東西的學生，則會因此受到各種欺負，致使他們不去上學，自然而然地選擇逃離組織生活。

「若無法完成兒童計畫，在學校就必須每天受罰。複習結束之後其他人都可以回家，但是我們要再去完成兒童計畫。若這樣還是無法完成，早上就得早點出去和值日生一起打掃，真的很誇張。整天要我們交出漆料、五百克的米，要我們交亮光漆、兔皮，要我們給學校道路公司獻出手套，學校載石炭需要的汽油也要我們給，還要我們給錢，給什麼什麼的。所以我就乾脆不去學校，去別的地方玩，然後晚上再回去說沒做到，接著又受罰。最後就吃了上學時間（不去上學）了。大家……」（脫北者E）

如同前面受訪者證詞所述，青少年因為對學校生活產生負擔，致使他們離開學校。有的人甚至去找花燕朋友幫忙，請他們讓自己也可以過花燕生活。而父母斥責子女，也成為了年幼學生踏上花燕之途的契機。

「有一次幫浦家（負責將水灑到公寓上的揚水機家庭）兒子被抓到時，他就來找我說，只要我和他一起過花燕生活，給他三天溫飽，他就願意把娛樂錄影帶給我。我因為做過很多次（花燕經驗），而且也不是很想去學校，所以隔天我們就沒去上學，一起去市集閒晃偷東西。但是三天過了，他還是笨手笨腳的，就被抓到送回家，結果我就沒拿到錄影帶了。」（脫北者C）

像學校這種受控制的空間，讓他們想念起以前體驗過的花燕生活，最終再一次選擇逃離學校。若無法按時執行、完成所有學生都必須達到的分配量，或者課業落後，生活總會更加刺激他們對放浪生活的憧憬。尤其是曾有過花燕生活經驗的學生，越有欲逃離組織控制的企圖。這些青少年被官方稱作「不良學生」或「放浪學生」，到一九九〇年初期，社會才開始稱呼他們為「燕子」、「花燕」。

一九九二年每日經濟初次介紹的「花燕」，是在說明北韓新隱語時為世人所知。內容介紹此新隱語的形成是因為北韓情況艱難，犯罪情形增加，並提及了花燕（每日經濟，〈體制不滿蔓延，隱語遽增〉，一九九二年六月二十日）。如同前面所述，當時花燕這個名稱尚未在社會上廣泛通用，但是在解放之後就出現過，在社會認知到這個單詞之前，它就已經存在。李哲源寫的《平毛》，是以脫北者曹永浩的花燕生活證詞為基礎所寫的真人真事小說。做出證詞的曹永浩一九六三年生於平壤，在一九七四年十一歲時開始了花燕生活，他說當時的花燕是「過著放浪生活，並且以當扒手為主的孩子」，以主要行為來說明花燕。（李哲源，一九九五：十二，十八）

第四章

# 管制中的變化

★

餓死的人反而被認爲是傻瓜

沒人會給予同情

# 1 對花燕的看法

## (1) 非社會主義行為者

北韓政府對花燕的認知，大約僅將他們當成一群造成社會問題的不良分子。政府將其視為不良學生、青少年，留有舊社會根脈的孩子，並且強調父母的連帶責任。從北韓政權立場來看，花燕脫離所有管控手段的現象，就是將體制變得不安的要素。

### a. 放浪生、不良生、不良者

北韓政府早已將不良行為視為非常嚴重的問題。一九九二年金正日給政權機關人員的書函，揭露出沉浸於舊思想的非社會主義行為者不僅擾亂民心，還對群眾造成負面影響。並認為花燕進行非社會主義不良行為，是最危險的群體，且指出花燕為了不參與組織、過放浪生活，沉溺於自由主義思想，擾亂法紀。換句話說，在一九九〇年代初北韓社會的花燕逐漸擴散後，北韓將此視為嚴重問題。「花燕」一詞在北韓社會並非官方承認的用語，因此放浪生、不良生或不良者，就成了官方稱呼他們的說法。

> 「人民政權必須強化對那些沉浸於舊思想，違反法律秩序者的法律制裁，徹底除去非社會主義的現象。非社會主義現象中，最危險的現象就是不良行為。不良行為擾亂民心，紊亂社會秩序，給群眾帶來不良影響。」（金正日，〈告全國人民政權機關公務員講習會參加者之函〉，一九九二年十二月二十一日）

若花燕的不良行為逐漸擴大，北韓政府也很清楚這將會變成體制上相當大的危險因素。為了除掉這些花燕，政府也要求必須強化法律制裁、取締他們，企圖使花燕在萌芽階段就無法茁壯。

> 「若不良行為逐漸增長，很可能會置社會主義制度於險地。我們絕不能因為不良行為者為數不多，就忽視這個問題，必須在他們萌芽的階段就徹底將他

們除掉。人民政權為了除去不良行為，必須拿出對策，讓他們懂得社會主義法的可怕。」（金正日，〈告全國人民政權機關公務員講習會參加者之函〉，一九九二年十二月二十一日）

即便如此，花燕依然故我地進行不良行為，而政府在強力懲罰他們的過程中，也很清楚不能給一般人民帶來恐懼，他們必須只對像花燕這類的不良分子施加壓力。

「雖然我們不得給人民帶來恐懼，但是必須要給不良者一些畏懼之感。我們在資本主義的包圍下建立社會主義，若不大幅展開鬥爭去除不良行為，就無法擁護、固守住社會主義。」（金正日，〈告全國人民政權機關公務員講習會參加者之函〉，一九九二年十二月二十一日）

### b. 脫離管控空間的群體

非社會主義現象中最危險的，就是脫離管控空間，而花燕便是如此，這是政府之所以無法控制他們的緣由。妨礙社會主義建設的花燕是最資本主義的、最自由主義的群體，站在北韓政府的立場，自然是他們必須嚴加懲罰的對象。

我們在此將不良者與花燕做連結，是因為一九九〇年代經濟危機以前，社會上的不良行為並未多到嚴重的地步。一九九二年專門抓非社會主義現象的機關——非社格魯巴被設立的理由，正是因為社會上出現了脫離典型管控空間的人民。

為了懲罰花燕，一九九二年後，非社格魯巴在車站前或市場開始抓花燕。依據脫北者C的說法，一九九二年他第一次開啟放浪生活時，車站前已經四處是花燕，非社格魯巴和安全員一起逮捕他們。不僅如此，當時花燕的人數還不像一九九〇年代中期一樣多，因此年幼的孩子會被抓到站前分駐所拘留，若父母親來了，就讓他們回家。分駐所指的是各地區以火車站為重點取締的警察局。若是大約高中生年紀的花燕，則會被送到少年教養所去，成人則會和該工廠機關合作轉交安全部。因此，花燕十分懼怕非社格魯巴。

北韓的控制手段包含警察管控、物質管控、組織管控三種。雖然過去物質管控一直透過配給制實行，不過隨著配給的中斷長期化，此種方式早已喪失對人民的控制能力。百姓必須自己尋求糧食時，物質管控變得再也沒有意義。

組織管控則是在有「人」的地方——無論是村里的人民班，或者屬於生產空間的工廠企業所等職場所在地，又或者是屬於青少年生活空間的學校，政府隨時可以透過這些空間將人民聚集起來，讓他們進行自我批判，持續灌輸社會主義思想或政治，才能使人民受控制。而政府無法對脫離組織的人進行此種精神管控，花燕已經脫離組織控制許久，無論政治上或思想上，都可說是已經脫離社會主義。

警察管控部分，也因為花燕脫離村里、學校、職場等地，很難藉此控制他們。除此之外，因花燕特性上經常四處藏身，不易被警察取締，就算被抓到了，他們也可能再次反覆過花燕生活。這樣的惡性循環使得取締的實質效果並不佳。

由於這些原因，北韓政權在對花燕失去有效控制能力後，只會將花燕現象視為造成體制不安的危險分子，而且正在擴散。

過去政府在維持北韓體制時，在青少年的思想及精神教育扮演了重要角色。此外，北韓政府還輔以物質管控與警察管控，和思想教育並行管理體制。透過這些管控機制接受教育的青少年，在經過一九七〇、一九八〇年代，直到一九九〇年代為止，皆沒有做出違反社會原則及規範的非道德、非社會主義行為，精神教育將青少年牢牢綁在社會主義體制裡。不過，到了沒有政府配給食物，人民只能挨餓時，最終造成大量民眾死於饑荒。一九九〇年代的糧食危機，因為關係到生死問題，脫離國家管控機制的青少年人數增加，北韓政府也已經認知到，這將可能形成體制上的危機，將其視為極嚴重的問題。

## (2) 花燕的一體兩面

對北韓的一般百姓而言，花燕既是受同情的對象，也是被責難的對象。人民因為知道花燕在什麼樣的環境下產生，對他們抱持著同情心，但是當他們對自己造成直接傷害，就會覺得他們是該責難的對象。比如花燕偷走其他商人或鄰居的東西，被抓到挨了打，大部分的人民都會對施加暴力的加害者非難。他們懷著基本的同情心，心想：「一定是因為肚子太餓了才會這樣吧？」但是當他們自己遇上花燕，卻也對他們施加暴力，和自己批評過的人做同樣行動。此種事例讓人清楚認識到一般民眾對花燕的兩種面向。

根據脫北者D的說法，當花燕偷居民的東西被抓到、挨打時，一般人都會責備打人的人。但是若換作本人處於相同環境，他們也一樣會痛打花燕一頓。脫北者F則表示，做生意的人大部分是力氣小的女性，因此，不論她們的年紀是否會打人，生意人都不敢對青年花燕隨便動手。並且他也說道，有許多人是因為怕青年花燕報復，才選擇不做出回應。

花燕除了是受同情和責難的對象，同時也是人民畏懼的角色。花燕為了生存，在形成組織化的過程中，行為變得越來越暴力。例如軍人在晚上逃離兵營後，會對在街頭行走的居民下手行竊，或者偷走一般家庭的家畜等。根據脫北者F的證詞，花燕問題嚴重到甚至有家庭不敢將家畜養在倉庫，改養在家裡面，然後動物的味道薰得家裡到處都是。脫北者D則表示，這些軍人抓了屋主，然後偷走民宅物品，或者進到農場田園，把守衛關起來或打了一頓後，偷走農作物等等，問題十分嚴重。因為這些事件，居民批評應該守護人民的軍人，反倒變成偷走人民東西的強盜。這些問題不只產生批評和非難的聲音，軍人甚至成了人民畏懼的對象，因為有些軍人不只施加暴力，還有毆打人致死的事件發生。

「六月二日，黃海北道黃州郡黃州邑的合作農場裡，發生一名警衛遭到軍人竊賊毆打致死的事件。加害者是四．二五訓練所的四名軍人，馬上遭到訓練所保衛隊逮捕。軍人表示：『我們一開始向第二作業班的馬鈴薯田的守衛好聲好氣地拜託，請他給我們馬鈴薯。因為我們分隊裡年紀較小的弟弟生日，請他給我們兩袋馬鈴薯，他卻完全不予理會，一直和我們槓上，一氣之下就衝上去了。』而遭到他們毆打的守衛在接受治療的過程中，兩天內就因為腸破裂而去世。」（益友，《今日北韓消息》，二八六號，二〇〇九年七月七日）

軍人變成人民恐懼的對象後，居然也誘發模仿犯罪。有些一般青年穿著軍服，行為舉止裝成軍人，對居民進行強盜行為。另外，也有將軍人變成「恐怖」的代名詞，並且加以利用的花燕組織。經常有幾名花燕組織的青年穿著軍服，在夜路上等著，對經過的行人施加暴力，趁機奪走東西的案件發生。根據脫北者A的說法，他在隸屬吉州的組織時，組織頭目曾到市場買四套軍服讓青年花燕穿上，叫他們晚上出去當強盜。他們在行人往來的路口等待，當行人走上前來，就用鋼管往他們脖子上打，等他們倒下後，再偷走腳踏車或其他物品。

如同【圖九】顯示的，北韓政府

**【圖九】北韓政府和人民對花燕的認知**

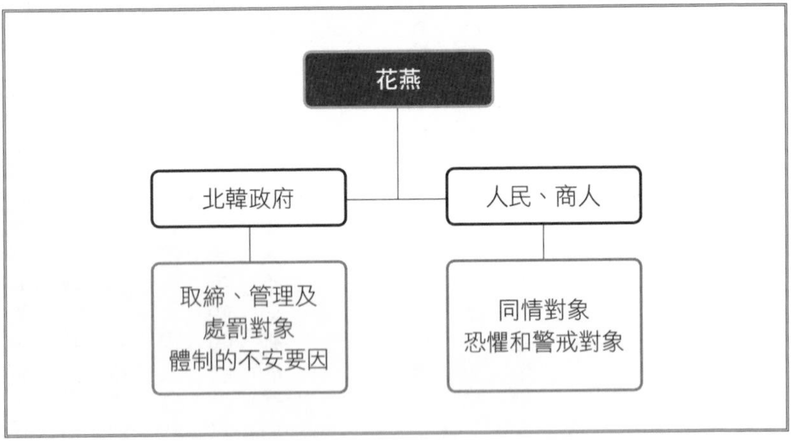


出處：根據脫北者 A、D、E 證詞製圖

視花燕為取締及處罰對象，認為他們是使體制不穩的要因。另一方面，人民則視花燕為同情和恐懼的對象。

北韓體制下的花燕同時受到人民的同情與警戒，有時雙方也可以展開合作。但站在政府立場，他們是令社會不安的要素，撼動了管控體制。若說一般人民是政府必須管理且壓制的對象，那麼花燕則是必須透過懲罰除掉的角色。因此，北韓政府除了目前取締的方式以外，還動員了新的取締及管理手段，企圖除去花燕。若花燕被抓去救護所等地，通常死亡率極高，正是因為政府眼裡無法容下他們的關係。與其管理他們，北韓政府選擇將他們拘留起來，放任他們死去。

## 2 管控的擴大和瓶頸

### (1) 傳統管理方式

#### a. 孤兒設施、老人療養所、驅逐成人

北韓對花燕的管理型態依年齡區分：若是孤兒就送去孤兒設施、老人送往老人療養所、成人則採取驅逐措施。一九五〇至一九六〇年代，大部分未成年的花燕皆被收容於孤兒院。一九七〇年代起設立的「繼母學院」，則是為了管理那些因身分問題導致家庭變異而產生的花燕。

北韓的孤兒政策直到一九六〇年代為止，還算是取得了一定成果，不過為了解決一九七〇年代發生的花燕問題，當時的政府也認為，需要有能夠超越過往孤兒政策的新管理方式。當時，有一大部分花燕皆產生於家中有繼父母的孩子當中，政府決定另

外為這些孩子設立繼母學院。一九七〇年代設立的繼母學院和一般孤兒院一樣，各區皆有一間。咸鏡北道地區在穩城郡設有鍾城繼母學院，大部分單親家庭或有繼父、繼母的孩子都被賦予入學資格。

缺少了爸爸或媽媽，或者有繼母的學生，他們之所以踏上花燕生活，通常是因為受到繼父母的虐待、差別待遇，或者被周遭同學欺負，以及家庭不和等問題。在這樣的環境下，他們反抗繼父母，最終導致離家出走。即使他們在過花燕生活的途中被抓回去，也會再次反覆這樣的生活型態，所以北韓政府為了管理他們，於一九七〇年代起設立繼母學院。

直到一九八〇年為止，因為大部分的花燕皆發生於青少年層，政府為了管理他們，才設立了繼母學院這樣的機構。另一方面，像是需要接受扶養的老人，會被送到老人療養所去接受管理，老人療養所在韓戰之後就一直存在。在糧食危機以前，在北韓事實上幾乎看不到老人從事花燕生活的案例。

成人花燕則沒有為他們另外設置的地方。不過，政府多半會將他們送到農場或煤礦場等，那些又髒又累的單純勞動工地去。進到一九七〇年代後，主要將他們強制送到煤礦場、礦坑、伐木場等辛苦的勞動工地進行管理。

「我在伐木場的時候，作業班裡有兩名從教化所出來的人，他們是因為沒辦法去其他地方工作，所以只能到這種辛苦的地方。所以他們很努力工作，成為作業班長。」（脫北者C）

政府將被解雇的人強制安排到高強度的勞動區域後，他們被安排前往的地區自然在別人的心中形象容易變差。在一般人心目中，農場、煤炭場、伐木場都是有問題的人才會去的生產現場。

「部分黨組織將犯下過失被解除職位的人和不良分子，大部分皆送往煤炭場、礦坑。因此煤炭場、礦坑的勞動階級變得不太好，使得好人不願意去煤炭場和礦坑。」（金正日，《金正日著作集五》，一九九五：一五七）

從大框架來看，花燕是非常廣範疇的族群，他們是脫離思想、組織、物質統治的人。因此在北韓政府的標準下，他們成了不良分子，變成取締和處罰的對象。北韓因為社會上嚴重的不良分子問題，透過一般學院和繼母學院管理青少年，將成人強制送到煤炭場或伐木場等辛苦的生產職位，藉此管理這些人。另外，還有處罰他們的少年教養所、成人教養所、教化所，甚至有教化勞動刑，嚴酷程度一個比一個要高。這是因為經過一九六〇年代社會身分變動的過程，花燕又開始出現後，政府將管理和處罰水準提升一等。在那之前的花燕其實並非全數消失，而是政府透過近乎強制收容的機構在管理他們。孤兒送到學院，成人被送到煤炭場、礦坑、伐木場這類規律嚴格的勞動現場，老人則送到老人設施去隔離。

「現在有些人不太願意去煤炭場或礦坑，甚至有些人還不願意將自己女兒嫁給在煤炭場或礦坑工作的勞工。這是因為舊社會的思考觀點將煤炭場、礦坑的勞動者，視為低賤的做苦工之人所導致。」（金正日，《金正日著作集五》，一九九五：一五七）

金正日在一九七五年黨的宣傳組會議上，批評不良分子所到地區出現的問題。他指的是不良分子被送到煤炭場後，其他勞動階級的人們不願意去煤炭場工作的現象，而父母也不願意讓自己的女兒和礦坑勞動者結婚。不良分子被送到高強度的煤炭場、礦坑、伐木場等地形成慣例後，該地區的勞動階級形象因此變差，出現勞工也開始不願在該處工作的現象。另外，關於不良青少年的部分，則是改為該地區的負責秘書必須負連帶責任，以此方式加強管控。

「如同無法完成生產計劃，或者農活出差錯的人要接受懲罰一般，若沒有指導好學校事業，使得任何一名跟不上課業的不及格學生出現，地區黨負責秘書就必須受罰。往後若是有任何一名不良學生和不及格學生出現，該地區的黨負責秘書就要徹底地負責。即使黨組織和學校已經給予教養教育，學生仍然繼續惹是生非或者做壞事的話，我們都要嚴格處置。」（金日成，《金日成著作集二十九》，一九八五：二一七－二一八）

一九七四年金日成提起此議題後，政府開始全面取締並處罰不良分子。在像孤兒院一類的大部分機構，尤其是寄宿型機構裡，規則或秩序如軍事組織般徹底實施，個人空間則是根本性地被封鎖起來。若是未成年者，他們通常在一般孤兒院或繼母學院裡的宿舍生活，也在那裡念書，很難離開該空間進行個別行動；組織裡也會按照時間訂好行程，讓他們無法輕易離開。因此，即使學生逃走，孤兒院很快就會發現，並派出糾察隊到車站前或市場去把他們帶回來。受不了組織生活、討厭嚴格的規定和懲罰而逃出孤兒院的學生，經常難以忘懷花燕生活時所享受到的自由之樂。即使他們被糾察隊抓到，再次回到孤兒院或繼母學院，仍然會想方法逃脫，而孤兒院也會再次抓人，不斷重複這個惡性循環。

「雖然無法確切找到共和國關於花燕是何時產生的紀錄，不過可以將他們視為和解放前叫『品巴』的那種乞丐為同樣脈絡。另外，在六・二五動亂以後，許多的戰爭孤兒逃離黨為他們準備的孤兒院，也許是因為這樣，才製造出現在共和國的花燕。無論如何，即使在共和國殘酷的控制政策下，花燕也不會消失，甚至每年都可看到其變得更加繁盛的趨勢。」（鄭成善、曹日煥，一九九九：一六九）

### b.糾察隊

為了抓住這些逃離孤兒院的花燕，他們也會派遣學生糾察隊出去。孤兒院派出的學生糾察隊會到其他地區，像是車站前或市集等地尋找逃離的學生；或者到分駐所、安全部等確認是否有被抓到的孤兒院花燕，有時他們會在外面待上幾天才回去。這些學生糾察隊也是以孤兒院學生身分，離開孤兒院到其他地區去，因此他們必須經過少年團、社勞青指導員、院長等人的核准。根據脫北者C的說法，被派出去當學生糾察隊的人對被派遣的區域非常熟悉，而且是由確信他們一定會回到孤兒院的學生組成。

其他層級也擁有自己的糾察隊。學生糾察隊、社勞青糾察隊等機構負責取締花燕。學生糾察隊負責讓該校學生回歸學校，他校學生則交給安全員。如同【表八】所呈現的，取締花燕的團體非常多樣。少年團、社勞青糾察隊依照學校少年團及社

**【表八】青少年與不良分子取締組織**

| 組織名 | 組織屬性 | 取締對象 |
|---|---|---|
| 少年團糾察隊 | 少年團員組織 | 取締各學校不良學生 |
| 社勞青糾察隊 | 社勞青團員組織 | 取締中學不良學生 |
| 學生糾察隊 | 少年團、社勞青團員合作 | 取締地區不良學生 |
| 青年同盟糾察隊 | 社會主義青年同盟成員 | 取締青年同盟成員（成人 30 歲以上） |
| 保安部盤查隊 | 該地區保安員 | 取締社會秩序、市場管控、花燕 |
| 非社格魯巴 | 隸屬各地區團體 | 取締非社會主義之要素（包含花燕） |
| 9.27 常務組 | 由專門人力組成，非常設機構，主要負責了解懸案及集中取締 | 以花燕為主要對象 |

出處：參考崔大碩、朴熙真（2011：89-91），金泰勳及其他 11 人（2010：379），脫北者 C 證詞製表

勞青指導員的指示組成糾察隊，到市場、車站前、公園等地取締在外頭當花燕的未滿十四歲少年團員。一般而言，學校單位的少年團糾察隊和社勞青糾察隊因為不是成人，很難取締成人花燕。另外，即使是該校學生，因為花燕之間凝聚的力量也不小，又會為了保護彼此而出頭，許多學生糾察隊會以合作組團方式出去取締。

學生糾察隊因為無法取締已經畢業的成人，社勞青另外設有糾察隊去取締。因為是隸屬於地區黨委員會的青年同盟部門直接派人出去，學生糾察隊無法取締的成人都屬於他們的取締對象。

我們由【表九】可以看到各層級有不同的處罰程度。首先，在該單位和組織裡會透過第一級教養事業來進行改造。北韓

**【表九】花燕的處罰程度與過程**

| 分級 | 單位 | 組織 | 處罰型態 | 決定 |
| --- | --- | --- | --- | --- |
| 第一級 | 村里、作業班、班級單位 | 少年團、青年同盟 | 自我批判、生活總會 | 低強度教養 |
| 第二級 | 工廠、企業、學校單位 | 青年同盟、黨組織 | 全校面前、全企業所、黨組織 | 決定高強度教養及處罰 |
| 第三級 | 安全部（刑事處罰） | 收監 | 教化所、教養所、處罰勞動 | 勞動教養及教化型 |

出處：參考脫北者 C 證詞製表

所有的工作單位皆有組織存在，並且在組織裡進行教養改造。

所謂「教養改造事業」，指的是對不忠於組織生活的成員下達之處罰，分為思想教養事業和勞動教養改造事業。

思想教養改造是在全體組織成員面前進行自我批判，再接受相互批判，透過組織生活相關規則及學習思想來進行教養改造；勞動教養改造事業則指透過勞動來改造教養，最高必須進行兩年以下的無償勞動。進行無償勞動的場所被稱為教養所，可以分為成人去的一般教養所和青少年去的少年教養所（少年所）。

經過第一級的改造事業後，仍然被判定為反覆脫序時，則換第二級的上級單位來負責改造。比如第一級的不良分子在班級單位、工廠企業所的作業班單位、村里人民班會議進行教養改造事業後，會透過生活總會進行自我批判，然後對不良分子進行互相批判。經過此程序後，仍被判定為完全沒有改善時，就必須進入第二級——在全校學生面前自我批判和互相批判。此外，少年團員得在少年團指導室、社勞青成員在社勞青指導員辦公室，寫下不良行為的反省文，還必須經過一段時間驗證。

若是工廠單位，也得提升原先在作業班自我批判的處罰等級，在整個工廠眾人面前進行。工廠青年同盟組織判斷此人沒有反省時，會向黨組織提案移交安全部。安全部在接收申請後，會將該名不良行為者收監，依照年齡下達教養處分[7]和教化處分。

教化處分要比教養處分高一階，代表必須去教化所，而非教養所。教化所和南韓所說的教導所是一樣的，北韓教化所的官方名稱為「勞動教化所」。

孤兒院的情形也很類似。過著放浪生活的學生被抓回來時，也會在班上進行生活總會，但是由少年團、社勞青指導員親自進行教養改造事業。一九八〇年代學生人數不多，才能讓少年團指導員、社勞青指導員直接干預改造事業。

北韓從解放期間開始推動孤兒政策，也推行過許多項政令。不過，在維護唯一體制的過程中，北韓政府卻沒有好好管理因出身身分而被隔離出來，遭到社會排擠或謾罵的敵對階層、動搖階層的不滿。這導致該階級家庭不和的現象，招來所謂過著放浪生活的「不良青少年」急速擴散。

7 《平毛》裡出現的「興毛」（咸興小毛頭：孤兒出身）於一九七二年左右被抓進三十三號少年療養所，在那裡遇見「清毛」（倭胞出身）。（李哲源，一九九五：二八）

## (2) 管理的變化

### a. 非社格魯巴和九・二七常務組

北韓為了取締勢力擴散的花燕，有人主張早自一九八〇年代初、晚至一九八〇末起，北韓設立了「非社會主義格魯巴」（以下簡稱非社格魯巴）。如同前述，我們將其簡稱為非社格魯巴，根據以證詞為基礎寫成的真人真事改編小說《長白山》，裡頭提到疑似韓國戰爭後產生的孤兒在逃離孤兒院後，形成了花燕。為了取締這些花燕，一九八〇年代初期開始，非社格魯巴這個特別取締班開始展開行動（鄭成善、曹日煥，一九九九：一〇六，一六九）。另外，統一部的研究報告書（崔大碩、朴英子、朴熙真，二〇一〇：四九）裡則推測，非社格魯巴是從一九八九年開始的。非社會主義格魯巴的任務是過濾出一九八〇年代起出現的非社會主義分子，並執行取締與處罰，因為政府認為這些非社會主義分子是擾亂社會主義體制的禍源。

非社格魯巴成立後開始進行取締，透過掌握實情專案，開始大舉將不良分子抓走。掌握實情專案是了解實際情況的一道程序，在北韓社會所發生的所有非社會主義現象都會進行此調查。以成人為對象的「花巴庫」在這個時期開始形成。被非社格魯巴抓到的人，必須在安全部（一九八〇年代當時的安全部）的管理下進行無償勞動。

「花巴庫」是現今勞動鍛鍊隊的前身，目前尚無法得知這個單字當初是如何創造的。不過，一般人將這個詞彙使用於被揭發做了非社會主義行為的人身上，代表著被強制執行幾個月無償勞動之意。日後，「花巴庫」就被改稱為「勞動鍛鍊隊」。被非社格魯巴抓到的成人必須從事無償勞動，進到一九九〇年代後的成人花燕，也同樣被強制送去進行勞動。

前面曾經提過，進到一九九〇年代後，隨著經濟危機爆發，花燕開始擴散。北韓政府取締擴散花燕的事業以一九九七年九月二十七日，中央黨直接派遣九・二七常務組的行動作為起始。九・二七常務組帶著必須了解花燕產生原因，並且樹立對策的任務，被派遣到各地區。他們開始專責處理花燕問題的契機，起於外部的影響力。一九九七年北韓面臨糧食危機時，人權問題突然浮出檯面，並引起國際上對此議題的關注，此後北韓政府才開始採取措施。

一九九〇年代中期，俄羅斯發生伐木工逃脫事件；另外，隨著脫北者越來越多，一九九七年一月在南韓第一次裁定〈保護逃脫北韓人民及支援定居相關法律〉。同年八月二十一日，聯合國人權委員會採納〈對北人權決議案〉，並且敦促北韓已經拖延十年的定期報告書盡快提交。北韓必須要提出的報告書包含女性問題、兒童問題、兒童自由等領域。因為這些問題，國際社會擔憂北韓社會的人權侵害情形。自此時期起，北韓的花燕問題在南韓也開始被付諸公論。[8]

為了解決兒童問題，北韓採取臨時措施，於該年九月二十七日正式派遣九・二七常務組到各區域，大幅取締已經蔓延整個社會的花燕。北韓延遲《兒童權利公約》的理由，也是為了將毀損北韓社會體制優越性的花燕一網打盡，需要爭取時間。但是對花燕的大幅度取締行動，卻無法一次全部結束，整個結構條件上使得取締行動不得不反覆進行。為此，才在九・二七常務組管轄下另外設置救護所。

初期的救護所在抓到花燕後，負責將他們送回居住區域。截至一九九〇年代初期為止，他們都是被臨時收容在安全部拘留所，若父母親前來尋人，就將他們送回去。不過，自一九九〇年代中期開始出現了糧食危機，造成安全部拘留的時間變長，收容花燕出現瓶頸。為了解決此問題，九・二七常務組於一九九七年年末起，設置救護所這種臨時收容所來收容花燕。救護所可以說是「花燕的監獄」，只要被抓進去，直到監護人來之前都得被關著。若監護人沒有來，甚至可能因為營養失調而死去。救護所不僅關青年花燕，也是強制監禁成人花燕的地方，會執行強制勞動（金泰勳、金賢成、宋賢旭、吳景燮、王美楊、李載沅、鄭在勳、鄭學振、諸成浩、韓明燮、許萬豪、黃泰允，二〇一〇：三七六－三七九）。常務組本身也會抓花燕，不過依據情況，有時他們也會和地區的糾察隊或保安員一同合作。根據益友的資料，北韓兩江道惠山市的商業流通非常旺盛，有許多從其他地區像是清津、吉州來的花燕，為了抓他們，花燕救濟所和青年同盟取締格魯巴等機構，會和保安署巡查隊合作取締。（益友，《今日北韓消息》，二七四號，二〇〇九年四月十四日）

為了在惡劣的環境裡活下來，花燕們企圖逃脫，尤其他們的基本特性就是討厭被強制或控制。為了逃離救護所，他們願意承擔任何風險。救護所大抵是改造特定樓層的合住宿舍或旅館，多會選擇二到四樓作為救護所，以防止花燕脫逃。若花燕企圖將被單或被子撕開當成繩索逃跑，有時他們索性連被子都不給了，以免花燕藉機逃走。二樓通常收容無法輕易脫逃的年幼花燕，四樓收容有年紀的青年花燕，不讓他們輕易逃出去。即便如此，花燕仍然企圖從高樓層往下跳，有時一個不小心也會摔斷腿變成殘廢。根據脫北者B的說法，花燕只要被抓進來，年幼的孩子們通常被監禁於二樓，容易逃跑的青少年則是被關在比那更高幾層樓的地方。在這種情況下，使得有些花燕在逃跑時受傷。對這些花燕而言，救護所提供沒營養、份量又不足的餐點，還不如在

8 《韓民族》、《京鄉日報》、《東亞日報》等以一九九七年五月為基準，在那之後大規模地刊載花燕相關新聞。（News Library: http://newslibrary.naver.com/search/searchBy Date.nhn#, 搜尋꽃제비）

外頭自由活動，撿東西或偷東西吃的生存機率要高上許多。因此，即便要承擔風險，他們也會企圖逃離救護所。

為了克服花燕不斷脫逃，以及救護所收容人數的限制，政府設立的代表性管理設施就是孤兒院。這項政策不僅是孤兒院，還包含繼母學院，並且擴散到全國。為了收容並管理一九九〇年代末期以後急速增加的花燕，除了每個地區既有的孤兒院以外，還新設孤兒院或繼母學院。比如二〇〇〇年代初期，在咸鏡北道還只有一間繼母學院位於穩城郡鍾城區。這間繼母學院也被稱為孤兒院，是在二〇〇〇年代中期過後於穩城新設立，大幅收容沒有父母或無法確認住處的花燕。

「現在每天就連三十克的糧食都無法供給我們道的居民，但『孤兒院』卻一分不差地每天供給兩百五十克。因為肚子餓逃跑？……孩子果然是孩子。就算這樣，也不能怪六七歲的小毛頭吧？看看文件，他們絕大多數都是不知道自己父母生死的孩子。如果現在『苦難的行軍』結束，哪一天我們民眾可以好好生活之後，這些孩子仍然會是孤兒嗎？」（李信賢，二〇〇二：四二）

這段文字表示，年幼的花燕多半是連自己父母生死都不知道的孩子，若他們在苦難的行軍結束後，仍然找不到父母時，就只能繼續當孤兒。收容花燕的也不是官方孤兒院，而僅是各個郡行政區裡，利用旅館等改建而成，只能「收容」花燕罷了。糧食同樣不足、無法按時供應，使得難以忍受飢餓的花燕大舉嘗試逃跑。

「泰赫放下話筒後又再次拿起，將仁風旅館的『孤兒院』負責人叫進自己的辦公室。……『現在孤兒院的孩子有多少人？』『一百五十二人。』『不久前還有將近兩百人的，那些孩子都去哪了？』……『你說逃走了？你說得這麼簡單？』」（李信賢，二〇〇二：四一）

北韓政府認定花燕大部分都無法確認父母生死，而的確也有許多人的雙親已經去世。為了解決這些孤兒花燕的問題，在現有的救護所外，另外改造旅館等地為孤兒院。若考慮到救護所的花燕大部分許久未受過教育，那麼在改造孤兒院時，也會需要一個讓他們在組織生活外，同時可以接受教育的空間。因此，新設立的孤兒院很可能會有收容人數的限制。雖然有許多孤兒院新建成，但是因為能支援的體系有限、在已經超越供需能力的情況下，連養活花燕都有困難的孤兒院，甚至出現將他們強制送出去的情況。

「在平安南道一間孤兒院裡任職的高花子（四十八歲）也同樣表示，在自己的孤兒院裡也是一天給一頓粥。她說：『孩子只吃這樣能活下去嗎？這跟要他們去死有什麼兩樣？』並且又說道：『因為真的沒有東西吃了，有很多孤兒院或救濟所甚至把孩子們弄出去。因為他們在裡面生病死掉或餓死，誰也不想要在孤兒院繼續待下去。孩子們想跑走，孤兒院也希望能少點吃飯的人。』」（益友《今日北韓消息》，十三號，二〇〇八年五月二十七日）

### b. 領養孤兒運動

孤兒院是政府優先支援的對象，至少形式上是如此。但是，隨著花燕不斷脫逃以及孤兒院經營困難，政府也無法打造出完善機制。為了解決此問題，政府想出的權宜之計就是提倡領養孤兒（領養花燕）活動。領養孤兒是從一九九〇年代中期接續前面的措施，不過真正開始是在一九九〇年代末期。領養孤兒並非經過官方的認養手續才將花燕帶回家，而是直接把在車站前、市場等地碰到的花燕帶回家養。因此，領養花燕並非由國家政策層面開始盛行，而是由社會上百姓的同情開始。

「九〇年代中期後，將花燕帶回家養的咸鏡北道穩城郡豐西里一位孤兒院院長李熙順，被授予母性英雄稱號，甚至展開『向李熙順看齊』的運動。她剛開始一個、兩個帶回家養，到了二〇〇八年人數居然增長至一百七十人，在此過程中她被冠上孤兒院之名，讓外國訪客看到良好的模範事例。」（益友《今日北韓消息》，三七九號，二〇一〇年十二月一日）

領養政策被該地區選定為必須效仿看齊的道德模範事例。該地區的黨委員會、行政經濟委員會等也有支援一部分，不過他們給的不過是道德獎勵，而非真正需要的物質支援，因此並未帶來太大效果。北韓為了獎勵領養，舉辦「全國母親大會」，若將花燕帶回家扶養，就會給予他們道德獎勵。這個道德獎勵指的是認養花燕時，贈予認養人一個母親英雄名譽。不過，在經濟危機持續的情況下，名譽並無法發揮實際作用，眾人因無法克服物質上的壓力，花燕領養最終大部分以失敗作結。北韓自一九六〇年代起，在各地展開「全國母親大會」，強調女性的角色，將此運用為道德層面的動員機制。這個母親大會，將九〇年代把因經濟危機誕生的花燕帶回家領養的女性打造為「母性英雄」，藉由強調這種道德性，獎勵民眾將社會上令人頭痛的花燕領養走。光要養一名花燕所需要的糧食、各種文具用品等費用都已經令人難以負擔，還要將許多名花燕帶回家養，負擔程度自然是越來越大。因此，需要政府方面的獎勵。

「去年四月底以前，老金家裡的孩子十一人中有七人離家去過花燕生活。農場初級黨秘書和公務員甚至和老金說過，『帶回來的孩子們你就送去孤兒院，只顧好你自己的小孩就好了！』」（益友，《今日北韓消息》，二八九號，二〇〇九年七月二十八日）

如同上述事例所敘述的，將花燕帶回家養需要許多糧食，現實條件卻是糧食不足，使得花燕反覆離家，問題十分嚴重。因此，即使有人認養花燕，也因為經濟條件不足以養活他們，讓領養的家庭生活變得更加艱難。不僅如此，即使領養了他們，許多花燕孩子仍無法忘懷自由自在生活的時期，再次離家。這些情況的根本問題，還是在於缺乏完善的領養程序和管理規定的關係。單純在車站前帶花燕回家，然後向負責的保安所進行申請就了結，其實也的確容易產生問題。其中最大的癥結點，仍在於領養者並未被賦予對領養孩童的責任，致使他們會輕易放棄帶回來的孩子們。

「只要在車站前裝可憐，他們就會帶走看起來聰明的孩子。那個就是領養。隨便這樣帶走就算是領養了……。幾乎沒有什麼程序。我們在孤兒院要領養孩子的話，需要帶文件過去才能領養。但是花燕就不需要了……。」（脫北

者C）

獎勵領養孤兒的「母性英雄稱號」運動也無法收到太大效果後，北韓便採取將花燕收容並隔離於集體農場的措施。如同前面我們探討過的，雖然政府透過各式管控機制來取締花燕，並使他們進入孤兒院、繼母學院就學，又透過母性英雄活動來鼓勵領養花燕，最終卻無法達到預期成效。因此，政府也採取新的替代方案，將花燕送去建設突擊隊，或設立青年集體農場分組制。在平安南道各個市、郡、區的救濟所將八十多名花燕送到白頭山建設突擊隊，但是光脫隊的花燕就多達六十多名。許多花燕因為食物不足而營養失調，甚至得到腸胃疾病。也有花燕因為天氣寒冷感冒，或得到水源傳染病，卻因為情況不允許讓他們接受治療，只能獲得幾顆藥丸服用。因此，花燕們說再待下去就會死掉，許多突擊隊員就這麼逃跑了。留下來的花燕突擊隊員大約是十七名左右，有六十三名花燕逃跑，部分花燕回到自己本來待的救濟所。兩江道道黨組織部的負責指導員因為此事，還到平安南道軍旅去批判相關公務員，並要求他們盡快提出對策。（益友，《今日北韓消息》，二八四號，二〇〇九年六月二十三日）

## c. 花燕的青年分組制

江原道平康郡的合作農場也設有花燕青年小組，他們通常由父母早逝或行蹤不明的五十名花燕青年組成。早上六點三十分起床，從七點三十分起開始農活，一整天都讓花燕們工作。他們說花燕四處流浪後產生壞習慣，對他們實施接近收容所程度的控管。另外，所謂青年小組農場也只是口頭上說說罷了，其實他們在那裡過的是和收容所差不多的生活，除了吃食不像樣之外，管控又嚴格，據說那裡的環境比他們過花燕生活時還要艱難。（益友，《今日北韓消息》，四〇七號，二〇一一年六月十五日）

北韓的農業因為能源不足，無法實行機械化，故以牛隻或單純人力進行農活。因此，在人手不足的插秧、除草、秋收時期，還必須動員各個工廠、企業所、學校等機關去幫忙。農村動員基本上是因為人手不足的關係，才將花燕聚集成青年小組，作為補充年輕勞動力暫時運用。其實，北韓的合作農場已經有青年小組、青年班存在，他們大抵是退伍軍人被集體安排於此，或是由該地區畢業的青年組成，但男性因為有兵役關係，這裡實際上大部分為女性。從二〇〇〇年代中期起，為了管理花燕、運用花燕人力，設置了青年小組（以花燕組成的）、青年班並實施高壓管控。

花燕青年小組設於全國各地，包含江原道平康郡、咸鏡北道會寧市永綏里農場、平安南道平城市等。花燕青年小組並非適用於所有花燕，而是考量是否能夠勞動，並由救護所和旅人集結所將他們編好組送過去。旅人集結所是一個檢查旅客身分的地方，來往不同地區的旅人之中，若沒有旅行證或者被懷疑是放浪者、非法越境者，又或者雖然看起來與一般人無異，但是無法確認到住處的人，都會被收監於此。換句話說，只要在搭乘火車或汽車移動的過程中，沒有準備所需資料，或者非法越境、住處不實，直到確認完成前，都會被關進這個「監獄」。根據益友《今日北韓消息》，二七三號，二〇〇九年四月七日的報導，平安南道平城市為了將花燕用作農場人力，在旅人集結所和花燕救護所各選出三十五名和二十九名花燕組成青年小組。裡頭大部分的人都是必須去孤兒院的未成年花燕，但卻強制將他們安排到青年小組，可見未成年者被強制勞動的事實。

也就是說，不僅是旅人集結所，就連救護所的花燕也會被強制召集安排到勞動現場。在旅行途中若驗不到身分證或本人身分，保安署一般會將他們監禁於旅人集結所。在確認並完成驗證後，會送回原地區；若持續無法確認時，就必須強制從事勞動。勞動過程中有許多人死亡，簡單來說，旅人集結所幾乎就是成人的救護所。

過去高強度的取締行動下，花燕仍然不斷增加，於是在尋找根本解決方案的過程中出現了新措施：若說過去是優先採取讓花燕回家的方案，那麼在這之後，可說政府認知到花燕家庭環境改變的問題，因而轉變為替他們提供臨時住處。在提供臨時住處的方法也浮現瓶頸後，為了克服這一點，政府想出的方法就是強制安排到集體農場。

農場是生產糧食之處，因此這個地方對花燕來說，有一種「若去那邊，也許可以稍微解決吃食問題」的心理誘因。花燕不斷逃離孤兒院或救濟所的理由就是飢餓，需要一個根本對策來解決此問題。在認知到這個問題後，政府所得到的解答就是花燕青年小組。碰到人力問題的合作農場，如果動員花燕提供年輕勞動力，同時也可以某種程度上解決花燕的飢餓問題。這大約是政府判斷至少在吃食問題解決後，他們還能對這些花燕施以高強度的組織管控，也能在某種程度上控制他們對花燕生活自由自在的嚮往，才採取此種措施。

## (3) 管理的弱化和瓶頸

### a. 管控水準的弱化

在經歷經濟危機的同時，北韓社會的管控機制也弱化了許多。這裡指的並非是管控的基本機制完全崩壞，而是執行過程中的管控程度削弱了。雖然政府的管控依舊嚴格，但是在一般社會實行管控的過程中，因為市場而變得弱化。負責取締的有權者進行高壓管控，而削弱管控力道的，就是來自於市場的賄賂問題。

管控變得軟弱無力，和花燕也有一定程度的關聯。一般人民若給負責取締的有權者一定的金錢，負責人在取締時就會放寬一些作為回報。他們之間雖然隨著金錢和權力交換，使得管控程度弱化，但是花燕和管控權力之間沒有特別的利益存在，因此不成立交換關係。花燕們沒有被管理，而是被放任不管。

在執行過程中，政府的管控能力如何被削弱，我們可以從利益關係層面分兩部分來看：

第一，是執行管控權力的保安員即使取締了花燕，他們也無法從物質上獲得好處，少了這樣的誘因，他們只會在「取締期間」暫時進行取締。期間結束後，許多人都會放任花燕不管。

**【圖十】管控執行過程的管理弱化**

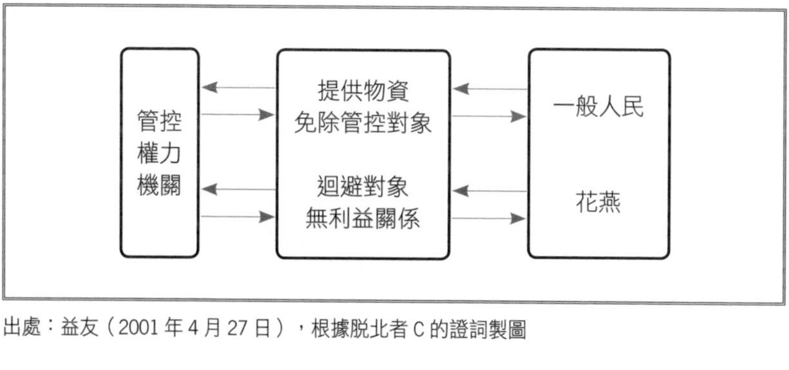


出處：益友（2001 年 4 月 27 日），根據脫北者 C 的證詞製圖

「對他（保安員）來說花燕只是煩人的存在。取締了也沒有成果，收不到賄賂，完全沒有用處。不知道是否因為這樣的關係，一名保安員在聽到一、二月兩個月間，惠山市死了超過四十名花燕的消息，卻說得好像沒什麼事。」

（益友《今日北韓消息》，四〇〇號，二〇一一年四月二十七日）

第二，是親自取締花燕的九・二七常務或保安員，皆未另外獲得取締花燕的獎勵。無論他們再怎麼取締花燕，仍然和升遷與獲得表彰有段距離，這使得他們無法產生積極取締的意願。這些取締員感受不到管理花燕的必要性，使得政府的管控變成形式上執行，實則放任花燕。

### b. 管控的瓶頸

政府的管控力道弱化，也和其管控瓶頸有關聯。這裡的管控瓶頸指的是收容能力的瓶頸、管控機關的瓶頸，以及管理能力的瓶頸。

首先從收容能力的瓶頸來看，指的是經濟危機造成收容花燕後，能夠供給他們的糧食不足。在經濟危機以前，花燕的人數並不多，隨著經濟危機發生、家庭破裂後，花燕的人數也急遽增長。這些花燕在一九九〇年代中期還只有兩萬多名，到了一九九〇年代末期，卻足足增長了有十倍之多，原因就在於糧食。因此，北韓為了管控花燕所必須解決的，就是讓糧食配給恢復正常。

糧食的供給有優先順序。北韓政府將糧食的供給優先順序排為：維護體制的核心菁英、軍隊和軍需業者，然後是一般人民。像花燕救濟所這樣的地方，事實上和配給中斷的一般家庭沒有兩樣。目前北韓沒有能力供給所有家庭糧食，國內生產的糧食，必須被優先分配給維持體制所必需的軍隊以及權力機構等地，能分配給一般人民的數量絕對非常有限。在這樣的整體情況下，收容花燕所需要的糧食問題，同樣也是束手無策。不僅如此，管理花燕的孤兒院或救濟所等機關，也缺乏足夠的糧食支援，因此，依然存在糧食問題所造成的瓶頸。根據脫北者C的證詞，救護所的吃食問題，在救護所設立之初到現在依然沒有解決。花燕不斷循環增加，支援系統卻無法滿足這些需要。在提供完維持北韓體系相對必要機關的糧食後，形式上必須優先供給的孤兒院或救護所，能取得配給的量就會減少許多。根據一九九〇年代末期待在孤兒院的一名脫北者證詞，該區域內的孤兒院應該被優先提供糧食，而他們的糧食卻被幹部偷拿走，將不足的部分以替代用糧食取代。據說孤兒院只能接受毫無營養價值的玉米芯作替代糧食，用這些食物來餵孩子。

在此情況下，花燕只會繼續增加。尤其當市場活躍起來後，帶來的嚴重貧富差異和配給體制動搖，當初北韓強勢的社會管控能力，也就無可避免地逐漸被削弱。這可說是第一個瓶頸。

第二個瓶頸，是管控能力的瓶頸。即使政府設立了以花燕為目標的取締機關，不過相較花燕增加的速度，這些機關的數量實在太少。專門取締花燕的九．二七常務、糾察隊和保安員等，要以這些取締機關來抓人數增加極快的花燕，仍嫌不足。不僅如此，因為花燕擅長避開保安員、九．二七常務、糾察隊等機構的取締，要抓到他們非常困難。眾所皆知的是，花燕主要在車站前、市場等地活動，不過，也有不少花燕搭火車移動，或是到各個村里四處轉換地點行動，很難抓出這些人。另外，也有許多花燕穿著乾淨，或偽裝成父母和子女一樣行動，甚至也有人乾脆集體取得穩定的住處過生活，因此，取締行動也必然會碰到瓶頸。

過去取締花燕的場所主要是車站前和市場。有許多花燕在這兩個地方被抓到，尤其是冬天，一群人為了睡覺聚在一起，很容易被抓走。因此，花燕為了避免此種情況，會尋找新的棲息處，那通常就是工廠企業所的熱水爐室，以及工廠產出的炭灰堆、公寓地下室等。只在市場和車站前取締，已經無法抓到花燕了，找到新棲息處的花燕變得更難取締。行動敏捷的花燕通常很少在白天被抓到，因此取締多半在夜晚執行，而花燕已經躲進政府不知道的新棲息處，要想抓到他們，自然也會碰上瓶頸。

第三，是管理花燕能力不足的部分。為了穩定地管理花燕，政府基本上需要大幅增加孤兒院、救濟所、救護所等管理機關。但是以現今北韓的情況，要擴張管理機關的動員能力是絕對不足的。現行的孤兒院或救濟所已經因為一些問題無法管理妥善，更別說要擴張，絕對不是件易事。

第四，管控的機關和被管控的花燕之間，未成立任何利益交換的關係。行使管控權力的機關若是取締一般人，他們可以利用權力來保護他們，並從人民那收取物質做為報酬，成立利益交換的關係。但是無論怎麼取締花燕，他們也不會給予恰當的報酬，因此，取締機關只會在形式上取締。站在取締機關的立場，花燕是煩人的對象，無法令他們產生要去控管的念頭。

除此之外，花燕感受到的自主性也是使他們難以被控制的因素之一。過去一直到一九九〇年代為止，北韓的組織管控還算成功，一般人民對於必須遵守組織生活的認知也根深蒂固。但是，反覆經歷幾次離家出走和脫離組織過程的花燕，並未擁有此種認知，他們非常習慣自主性活動。當他們已經習慣花燕生活，就難以適應企圖藉由高強度的制度性管控，以維持體制的北韓社會。因此，想要透過現行制度或組織控制手法來強迫擁有自主性的花燕，是非常困難的事情。

根據益友的資料顯示：「不知是否因兩江道惠山市的糧食問題繼續擴大，今年花燕的人數已經增加許多。即使想將花燕再送進救濟所也沒有缺額。」就連定期取締花燕的保安員甚至都說：「抓了要幹嘛，反正也沒位子，因為花燕天天都在增加，若上面叫我們要抓，也不過就是裝個樣子。」（益友《今日北韓消息》，四〇一號，二〇一一年四月二十七日）不僅是惠山市，在平安南道江西郡救護所的收容人數也增加，於是，他們將中學六年級的孩子編進合作農場青年小組來減少人數（益友《今日北韓消息》，三五三號，二〇一〇年七月十四日）。咸鏡北道恩德郡則是在境內活動的花燕增加後，救護所因此移往更寬廣的地方。（益友《今日北韓消息》，二一六號，二〇〇八年九月二十三）

若要說有能好好管控花燕的方法，大概就是將花燕收監於教化所和收容設施等處，從根本防止他們逃跑，除此之外再無他法。不過，就連這個方法要實行起來也不容易。兩江道惠山市、平安南道江西郡、咸鏡北道恩德區等地管理花燕的救護所超過收容人數，即使取締機構能再多抓到人，也是將他們放走，或者乾脆放棄取締。目前北韓的能力不足以收容他們，想再加強管控本身就有難度。

一直以來，北韓雖然以各種方法進行取締和控制，但就結果而論，情況並沒有好轉，花燕的人數反而更為增加。直到一九九〇年代之前，政府的高壓控制還能取得一定程度的效果，但在糧食危機發生之後，花燕人數急遽增加，在這樣的情況變成長期化後，管控的效力就降低了許多。站在長期觀點上來看，這麼多脫離北韓政府控制的花燕，與他們所享受的自主行為模式，自然會對北韓社會帶來負面影響。

再加上花燕彼此凝聚，以組織型態活動的情況變得更加嚴重，有發展為抵抗北韓分子的可能性。他們並不完全止於逃脫救護所和孤兒院等程度的消極性抵抗，甚至出現積極對抗管理和取締機關的事例。

「在江原道鐵原郡和平康郡等地，二〇〇七年因父母雙亡或行不者（行蹤不明者）等沒有監護人的花燕之中，將已經到達出社會年齡的孩子一起安排到農場。本來屬於青年小組、做農活的孩子，在去年結算大會時沒有確實收到現金的分配，因為農場的工作人員吃掉了大半。即使如此，孩子們仍默默做事。然後，今年的七月二十九日，這裡下起暴雨，青年小

**【表十】管控花燕能力的瓶頸**

| 瓶頸 | 問題點 |
|---|---|
| 收容能力 | 收容機關裡無法負擔維持生計的責任 |
| 管控機關 | 相較花燕的增加，能取締的機關趨於弱勢 |
| 管理能力 | 相較花燕的增加，管理、收容空間數量較少 |

出處：參考益友（2008 年 9 月 23 日、2010 年 7 月 14 日）製表

組所負責的玉米田遭到破壞，致使穀物收穫量產生差池，農場的工作人員大聲嚷嚷著：『為何沒有事先準備好對策？』並說：『要砍掉你們今年結算大會的勞動日數和報酬。』孩子們這才回了：『這不對啊，那麼之前沒給我們的現金分配現在都還給我們吧！』他們和工作人員吵了起來。被惹怒的農場管理院長叫出李青年秘書，讓他對青年小組員們進行嚴格的思想鬥爭會議。李青年將青年小組員聚集到宣傳室，讓剛剛反抗公務員的四名孩子站著，毫不留情地打了起來。憤慨的其他孩子衝向李青年秘書，遭到圍毆的李青年秘書被緊急送到醫院。二十名花燕孩子當天就消失不見了。青年小組的花燕一共是二十七名，裡頭二十個人不見了，對農場當然造成很大問題。結果這個問題被人陳情到郡黨裡，郡黨批評：『將事業做得拙劣，無法使青年小組的孩子好好穩定下來，還讓他們逃跑』，並將此問題以日報形式向上級的道黨報告，建議將該農場的管理公務員解雇。」（益友，《今日北韓消息》，二九六號，二〇〇九年九月十五日）

由花燕所組成的青年小組承受高壓統治和組織生活，必須過著近乎監獄的日子，提高了花燕的積極性。換句話說，花燕積極應對組織內的矛盾問題和生計問題，其面貌與過去相比有很大的不同。

花燕應對方式的變化可說是北韓社會的雙重面貌。他們為了解決生計問題所做的行動，雖然造成其他的受害者，並且加重社會混亂，但另一方面，他們也讓我們看到對於北韓無條理政治體制的不滿和抵抗，是我們必須重新仔細研究的重要行為者。

第五章

# 花燕研究總結

衡量北韓社會變遷
花燕是最需要深入探討的對象

在北韓，花燕自糧食危機以前就一直存在，他們是一群脫離社會主義的教育體制、規則、規範、道德和制度的人；是一個讓我們看到，國家在物質上、思想上、組織層面的控制手段，必定存在瓶頸的代表性例子。這裡最重要的論點在於，花燕不同於一般人民，即使他們脫離國家管控，也不會因此感到不安，並且勇於追求自主性。而一般人民只要脫離組織或體制，就會感到非常不安，要不了多久就會自己回去。而這些花燕卻不同，他們並沒有一般北韓人民擁有的居民意識；就算放眼未來，他們的居民意識也沒有成長的可能性。他們難以擁有居民意識的理由非常多樣，其中最核心的因素就是人是否處於管控空間內。管控空間意味著家庭生活、組織生活、職場生活等形成的空間。脫離這些空間的花燕，自然就是不受任何管控、永遠自由自在的族群了。

到目前為止，花燕一詞取自解放期間後蘇聯用語「國傑比耶」發音，亦即浮浪者之意的這種北韓主張，還是最有力的論調。但是解放之後，不僅是屬於蘇聯佔領地的北韓，在南韓也發現使用過此種用語的新證據，對於花燕一詞的起源可能得再往更早之前去尋找。即使如此，花燕一詞和浮浪者不同，因為他們的新特徵和行為方式重新獲得解析，被賦予新的意義。目前，花燕是通稱北韓社會裡進行新行為的某種集體行為者，為純粹的北韓用語。

在北韓，花燕從解放後就持續存在，隨著政治社會的變動暫時消寂後，又開始浮現於檯面，不斷反覆這個過程。即使在各種政治控制和壓迫下，他們仍然持續增加，一九九〇年代又開始擴散，二〇〇〇年代到達能威脅北韓體制封閉性的水準。若說直到一九九〇年代前，北韓政府仍將花燕視為單純的問題兒童，企圖以取締和管控來應付，那麼在那之後，因為急遽增加的花燕人數，政府重新體認到他們正在威脅體制。

北韓政府為了管理並控制花燕，動用了許多手段。比如新設立繼母學院，擴大少年教養所、救護所、孤兒院等，以及獎勵領養孤兒運動、導入花燕青年分組制等，採取了各種措施。從過程來看，在過去若說是帶著些微道德性的教養或低階的管控，那救護所或青年分組制事實上就是以花燕為對象的監獄。意味著在這樣的趨勢下，要想控制花燕變得越來越難，道德教養或低階的控制是失敗的。因此，需要像花燕監獄這樣強而有力的措施。救護所是單純收容花燕的空間，而花燕青年分組制則可說是能經常監視他們並且強迫勞動、沒有額外休息日的監獄，甚至是像收容所一般的地方。

雖然北韓政府欲高壓統治，但是花燕的人數卻不斷增加。花燕脫離政府管控，事實上也沒有能夠控制他們的有效政策或方法。他們透過長期的花燕生活，已經獲得自立生存的方式，並擁有自由的思考意識，要控制他們其實除了改變體制或者動員軍隊等外，並沒有從根本去除的方法。若不動員這些手段，花燕只會持續地擴張。但是要期待體制改變太難，即使透過軍隊來除掉花燕，也會招來社會上的不滿和抵抗，反而有使其更加擴散的隱憂，這些對策是沒有效率的。

花燕的存在意義在於，他們被稱為是北韓社會中帶著最開放意識去行動的群體。在世界上最高壓統治、也是封閉社會的北韓社會裡，保有此特徵的花燕，可以說是未來擁有威脅北韓能力的潛在族群。

北韓過去為了灌輸人民維持體制基礎的思想和理念，透過物質統治來控管一般人民的勞動、意識和自由。以這種方式抵擋和規範人民擴散自由主義意識，藉此維護體制。因為北韓人民已經習慣此種控制規範，即使因為經濟危機飽受飢餓所苦，人民也不敢輕易做非法行為，以致於面臨餓死的情況。在此過程中活下來，且帶有自由主義意識的花燕們，並沒有走回北韓政府的思想和理念統治，而是適應了新的生活。

北韓為了維持體制，最為需要的就是能擁護體制正當性的集團主義意識。因此，花燕保有的自由主義會動搖維持北韓體制的根本。

花燕是一群即使在北韓政府的各種管控下，也未曾被控制住的群體。這些花燕的自由主義意識拒絕北韓政府的控制，不斷反覆逃脫各種控制機關的行為。過去北韓政府為了除掉花燕，動用了多種方法企圖壓制他們，花燕卻不為所動，甚至進化、擴張。尤其他們運用度過經濟危機所累積的生活經驗，變成了追求任誰都無法控制之自由的團體。

花燕是目前北韓在非官方領域中最有組織，也最具抵抗性的團體。在北韓社會中，並沒有不接受政府管控的組織——這裡指的是沒有脫離政府控制，按照人民自主判斷所組成。唯有花燕組成的組織是脫離政府控制的。不過，花燕組織並未擁有完整的指揮體制，他們也沒有全國性的連結網絡，或者擁有特定的理念目標。世上所有的組織通常都是為了成員的共同利益而奔波，只要他們擁有某個特定目標，這些花燕很可能成長為比北韓任一派勢力都還要有抵抗力的團體。

截至目前為止，花燕完全不受政府管控，持續擴散。尤其在二〇〇〇年代以後變得有體系的花燕組織更加擴大，很可能成為能抵抗北韓政府封閉式管控的核心勢力。所有的社會和組織都會有其特定目標，可以說組織是為了實現其目標而存在。即使他們到目前為止未留下對北韓政府的強烈反抗足跡，不過花燕的組織化在日後衡量北韓社會變遷過程時，將會成為最需要探討的重要研究對象。

隨著北韓體系衰退，花燕會變得更強。他們也很有可能在北韓體系急速變化的情況下，扮演阻擋初期社會混亂的角色。一九九〇年代初期，過去俄羅斯的黑手黨在投身警衛事業後，反倒一度扮演穩定社會局面的角色。安德斯・艾斯倫德在《俄羅斯資本主義革命》中提到，在蘇聯解體後穩定混亂的俄羅斯社會環境的，並非腐敗的警察，反而是黑手黨犯罪集團，表示俄羅斯的企業家根本應該感謝這些人。

若將此和北韓的花燕現象做連結，我們可以保守地推測，在已經進到組織化階段的情況下，花燕也許有可能使北韓社會轉變，並且扮演穩定混亂社會的角色。一九九〇年代後花燕開始組織化，他們以保護商人的名義，向他們要求獎勵的現象，也可以試著和這個層面做連結。雖然黑手黨是犯罪集團，他們卻是社會主義體制最大受害者的這點，若投映在北韓的花燕現象，可以找到一些相似之處。因此，花燕不僅可在北韓政府崩壞的過程中扮演重要角色，也不能排除其成長為某種程度防止社會混亂之團體的可能性。

研究北韓花燕的本論文，考量到事例調查頗受限制，和現行尚未有研究資料的這兩點時，在學術方面的著手方式的確有所不足。在前面也曾提過，不僅是理論，就連事例層面也有重重限制，因此研究時有依賴少數經驗資料和採訪的傾向。但即使有諸多限制，本研究的意義在於除了一般大眾所知道的關於花燕的簡單訊息外，還探討了更多層面，以及初次嘗試進行過去未曾成為關心對象的「北韓花燕研究」。

此處僅是保守地評估日後花燕變化的可能性，往後對花燕的研究必須由更具體、更有體系的層面去進行。花燕的存在會在北韓成長為何種勢力？這是此領域所留下的研究課題。

# 參考文獻

## 一、學術論文

金炳露、金成哲，一九九八，〈北韓社會不平等構造與政治社會涵義〉，《統一研究院研究叢書》，第一號，首爾：統一研究院

金榮秀，二〇〇三，〈脫北者問題的發生原因及現住址〉，《脫北者問題的理解》，學術研究報告書，首爾：韓國放送學會

金昌培，二〇〇六，〈滯留中國延邊的北韓花燕研究〉，中央大學碩士學位論文

金昌淳，二〇〇六，〈北韓「全國母親大會」相關研究〉，北韓大學院大學博士學位論文

金泰勳、金賢成、宋賢旭、吳景燮、王美楊、李載沅、鄭在勳、鄭學振、諸成浩、韓明燮、許萬豪、黃泰允，二〇一〇，《北韓人權白皮書》，首爾：大韓律師協會

北韓人權市民聯合，一九九七，《生命與人權》，一九九七年冬季號，第六號

徐有錫，二〇一一，〈淪落為犯罪道具的花燕〉，《北韓》，北韓研究所，月刊十二月

四八〇號，一四二—一四三
申孝淑，二〇〇九，〈北韓社會的特徵與北韓青少年的脫序行為〉，《校正談論》，第三卷第一號，首爾：亞洲校正論壇
李金順、金秀岩、李圭昌、林順熙、崔秀榮，二〇〇九，〈北韓人權白皮書〉，首爾：統一研究院
李武哲，二〇〇三，〈脫北者口述北韓生活〉，《脫北者問題的理解》，學術研究報告書，首爾：韓國放送學會
李星路，二〇〇六，〈北韓社會不平等構造的屬性和加深過程〉，中央大學博士學位論文
李佑榮，一九九九，〈轉換期的北韓社會管控體制〉，《統一研究院研究叢書》，第十一號，首爾：統一研究院
李忠實，二〇〇八，〈花燕的委屈〉，《北韓》，北韓研究所，月刊十月第四四二號
鄭英哲，一九九七，〈北韓社會管控機制的變化和特徵：思想、物質、制度層面之考察〉，《統一問題研究》，總第二十八號，首爾：和平問題研究所
鄭英哲、高成浩、崔奉大，二〇〇五，〈社會管控與組織生活的變化〉，《一九九〇年代以後北韓社會變化》，首爾：韓國放送公社
蔡慶熙，二〇〇七，〈北韓「人民班」相關研究〉，北韓大學院大學碩士學位論文
崔大碩、朴英子、朴熙真，二〇一〇，〈北韓內「非社會主義要素」的擴散情況與人民意

識的變化〉，《統一部研究報告書》，首爾：統一部
崔大碩、朴熙真，二〇一一，〈由非社會主義行為類型看北韓社會的變化〉，《統一問題研究》，總第五十六號，首爾：統一問題研究所
崔宛揆、具甲宇、具秀美、金甲植、金勤植、楊文洙、吳有錫、李美京、李周哲、張世勳、鄭宇坤、崔奉大、咸澤榮，二〇〇六，〈北韓城市的危機與變化：一九九〇年代清津、新義州、惠山〉，慶南大學極東問題研究所北韓研究系列第二十三號，京畿道坡州：韓宇學院

## 二、單行本書籍

金日成，一九七九，《金日成著作集二》，平壤：朝鮮勞動黨出版社
——，一九七九，《金日成著作集四》，平壤：朝鮮勞動黨出版社
——，一九八〇，《金日成著作集五》，平壤：朝鮮勞動黨出版社
——，一九八〇，《金日成著作集六》，平壤：朝鮮勞動黨出版社
——，一九八〇，《金日成著作集七》，平壤：朝鮮勞動黨出版社
——，一九八一，《金日成著作集十三》，平壤：朝鮮勞動黨出版社
——，一九八一，《金日成著作集十四》，平壤：朝鮮勞動黨出版社

——，一九八三，《金日成著作集二十四》，平壤：朝鮮勞動黨出版社
——，一九八四，《金日成著作集二十六》，平壤：朝鮮勞動黨出版社
——，一九八五，《金日成著作集二十七》，平壤：朝鮮勞動黨出版社
——，一九八五，《金日成著作集二十九》，平壤：朝鮮勞動黨出版社
金正日，一九九二，《金正日著作集一》，平壤：朝鮮勞動黨出版社
——，一九九五，《金正日著作集五》，平壤：朝鮮勞動黨出版社
——，一九九二，〈改善並強化洞、人民班事業吧：和平壤市西城區域下新洞公務員的談話〉，一九七二年七月十一日，〈偉大的金正日將軍主要勞作〉，朝鮮勞動黨出版社
——，〈更加發揚光大我們人民政權的優越性吧：告全國人民政權機關公務員講習會參加者之函〉，主體（譯註：主體紀年是北韓於一九九七年起頒布實施的紀年法，以金日成誕生的一九一二年為主體元年。主體一詞可能出自於北韓強調的「主體思想」。）八十一年（一九九二年十二月二十一日）
李信賢，二〇〇二（主體九十一年），《江界精神》，《不滅的嚮導》叢書，平壤：文化藝術出版社
社會科學院語學研究所，二〇〇四（主體九十三年），《朝鮮末辭典》，平壤：科學百科辭典出版社
徐東晚，二〇〇五，《北朝鮮社會主義體制成立辭》，首爾：善仁出版社

元錫祖，二〇〇八，《社會問題論》，首爾：養書院
李星路，二〇〇八，《北韓的社會不平等構造》，首爾：海南出版社
李哲源，一九九五，《平毛》，首爾：金門書館
鄭其鍾，二〇〇一（主體九十年），《閱兵廣場》，《不滅的歷史》叢書，平壤：文化藝術綜合出版社
鄭成善、曹日煥，一九九九，《長白山》一卷，首爾：土地
車文錫，二〇〇二，《反勞動的烏托邦》，首爾：朴鍾哲出版社
統一教育院，二〇〇一，《北韓的理解》，首爾：統一教育院
洪斗升、具海勤，二〇〇四，《社會階層、階級論》，首爾：茶山出版社
紀登斯著，金龍學，朴吉成，金美淑譯，二〇一一，《現代社會學》，首爾：乙酉文化社
安德斯．艾斯侖德著，李雍賢．尹英美譯，二〇一〇，《俄羅斯資本主義的革命》，首爾：戰略與文化

## 三、其他

KBS1，二〇〇四，《我的丈夫是曹正浩》，星期三企劃，六月二十三日
——，一九九八，《一九九八年目前北韓，正發生什麼事？》，星期天特輯，十二月

二十日
京鄉新聞，一九九五，《花燕「平毛」的真人真事小說》，十月二十三日第六面（NewsLibrary: http://newslibrary.naver.com/search/searchByDate.nhn#，檢索日：二〇一一年八月十七日）
國民日報，一九九九，《北韓，將兩百萬居民「強制遷徙」》，綜合新聞，四月三日第二面（NewsLibrary: http://newslibrary.naver.com/search/searchByDate.nhn#，檢索日：二〇一一年八月十七日）
東亞日報，一九九九，《北韓浮浪者二十萬名……社會動搖擴散》，綜合新聞，四月三日第五面（NewsLibrary: http://newslibrary.naver.com/search/searchByDate.nhn#，檢索日：二〇一一年八月十七日）
——，一九四六，《少年犯罪問題希望寄予愛的訓育和設施》，社論，四月二日（NewsLibrary: http://newslibrary.naver.com/search/searchByDate.nhn#，檢索日：二〇一一年八月十七日）
每日經濟，一九九二，《體制不滿蔓延，隱語遽增》，六月二十日第九面（NewsLibrary: http://newslibrary.naver.com/search/searchByDate.nhn#，檢索日：二〇一一年八月十七日）
北韓保健資料網路，二〇〇三，《北韓的孤兒保護設施》，二月八日，http://www.

nkhealth.net/（檢索日：二〇一二年三月九日）

北韓資料中心，一九四八年「朝鮮民主主義人民共和國憲法」，http://unibook.unikorea.go.kr/（檢索日：二〇一二年三月九日）

——，一九七二年「朝鮮民主主義人民共和國社會主義憲法」，http://unibook.unikorea.go.kr/（檢索日：二〇一二年三月九日）

首爾經濟，二〇一一，《北韓花燕老人的集體自殺》，五月一日第六面

首爾新聞，二〇一一，《深陷糧食難的北韓，露宿兒童「花燕急增」……》《百分之五十的軍人營養失調》，六月二十五日第六面

朝鮮.COM，二〇一一，《無法承受寒冷的花燕成群死亡……「北韓政府煽動厭惡」》，十二月十七日，http://news.chosun.com/site/data/html_dir/2011/12/17/2011121700735.html（檢索日：二〇一二年三月七日）

益友，二〇〇六，《黃海南道延白平原裡仗勢欺人的花燕們》，十一號，http://www.goodfriends.or.kr/n_korea/n_korea0.html（檢索日：二〇一二年一月十五日）

——，二〇〇八，《放浪者成千上萬，政府卻束手無策》，一二六號，http://www.goodfriends.or.kr/n_korea/n_korea0.html（檢索日：二〇一二年一月十五日）

——，二〇〇九，《想守護馬鈴薯卻被軍人毆打致死的警衛》，二八六號，http://www.goodfriends.or.kr/n_korea/n_korea0.html（檢索日：二〇一二年一月十五日）

——，二〇〇九，《惠山市，讓其他區域的花燕也進入中等學院》，二七四號，http://www.goodfriends.or.kr/n_korea/n_korea0.html（檢索日：二〇一二年一月十五日）

——，二〇〇八，《說「你們自己想辦法謀生吧」，然後將孤兒院孩子送出去》，一三一號，http://www.goodfriends.or.kr/n_korea/n_korea0.html（檢索日：二〇一二年一月十五日）

——，二〇一〇，《獲得英雄稱號的豐西孤兒院院長，因虐待兒童惡名昭彰》，三七九號，http://www.goodfriends.or.kr/n_korea/n_korea0.html（檢索日：二〇一二年一月十五日）

——，二〇〇九，《無法幫忙將孤兒帶回家養的人居然還批評他們》，二八九號，http://www.goodfriends.or.kr/n_korea/n_korea0.html（檢索日：二〇一二年一月十五日）

——，二〇〇九，《被派去突擊隊的花燕大部分脫逃》，二八四號，http://www.goodfriends.or.kr/n_korea/n_korea0.html（檢索日：二〇一二年一月十五日）

——，二〇一一，《花燕們也討厭農場工作》，四〇七號，http://www.goodfriends.or.kr/n_korea/n_korea0.html（檢索日：二〇一二年一月十五日）

——，二〇〇九，《平城市裡也設有花燕農場》，二七三號，http://www.goodfriends.or.kr/n_korea/n_korea0.html（檢索日：二〇一二年一月十五日）

——，二〇一〇，《江西郡救護所因花燕人員超額，將其編入青年小組》，三五三號，http://www.goodfriends.or.kr/n_korea/n_korea0.html（檢索日：二〇一二年一月十五日）

——，二〇〇八，《恩德郡花燕人數增加，救濟所將遷移擴張》，二一六號，http://www.goodfriends.or.kr/n_korea/n_korea0.html（檢索日：二〇一二年一月十五日）
——，二〇〇九，《抵抗公務員的蠻橫花燕青年小組成員們》，二九六號，http://www.goodfriends.or.kr/n_korea/n_korea0.html（檢索日：二〇一二年一月十五日）
中央日報，二〇一一，《北韓花燕姊妹在火車中居然進行這種才藝表演……老天啊！》，五月八日
統計廳，一九九三～二〇一〇年北韓統計，http://kostat.go.kr/portal/korea/index.action（檢索日：二〇一二年五月十一日）
韓民族新聞，一九九八，《「挨餓的北方」，沒有比這更慘的了》，十二月二十一日，第二十七面（NewsLibrary: http://newslibrary.naver.com/search/searchByDate.nhn#，檢索日：二〇一一年十二月十二日）
————，一九九七，《叫他們去死的世界……百姓都是小狗》，五月二十八日，第二十三面（NewsLibrary: http://newslibrary.naver.com/search/searchByDate.nhn#，檢索日：二〇一一年十二月十二日）

花燕：脫北少年的生死邊界／金革著；郭佳樺譯.
-- 初版. -- 新北市：臺灣商務, 2019.02
376 面；14.8×21公分. -- (人文)
ISBN 978-957-05-3190-9 (平裝)

1.金革　2.回憶錄　3.北韓

783.288　　108000601

人文

# 花燕：脫北少年的生死邊界

作　　者—金革（김혁）
譯　　者—郭佳樺
發 行 人—王春申
總 編 輯—李進文
編輯指導—林明昌
主　　編—張召儀
封面設計—高小茲
內頁排版—張靜怡

業務經理—陳英哲
業務組長—高玉龍
行銷企劃—魏宏量
出版發行—臺灣商務印書館股份有限公司
23141 新北市新店區民權路 108-3 號 5 樓（同門市地址）
電話◎(02) 8667-3712　傳真◎(02) 8667-3709
讀者服務專線◎0800056196
郵撥◎0000165-1
E-mail◎ecptw@cptw.com.tw
網路書店網址◎www.cptw.com.tw
Facebook◎facebook.com.tw/ecptw

局版北市業字第 993 號
初　　版：2019 年 2 月
印 刷 廠：禹利電子分色有限公司
定　　價：新台幣 420 元
法律顧問：何一芃律師事務所




臺灣商務官網　　臉書專頁